_____ 님께

때마다 하나님의 음성에 귀 기울이십시오.
날마다 예수님께 배우십시오.
순간순간 성령님의 지혜를 구하십시오.
하나님이 함께 계시면
당신은 날마다 행복할 수 있습니다.

주님과 함께함으로
감사가 넘치는 하루가 되기를 기도합니다.

_____ 드림

감사의 저녁

Daily Evening

하용조 목사와 함께 하는 365일

하용조 목사와 함께 하는 365일

감사의 저녁

지은이 | 하용조

초판 발행 | 2011년 8월 30일

초판 42쇄 | 2025년 3월 2일

등록번호 | 제3-203호

등록된 곳 | 서울특별시 용산구 서빙고로 65길 38

발행처 | 사단법인 두란노서원

영업부 | 2078-3333 FAX 080-749-3705

출판부 | 2078-3477

책 값은 뒤표지에 있습니다.

ISBN 978-89-531-1644-3 03230

편집부에서 독자의 의견을 기다립니다.

tpress@duranno.com   http://www.Duranno.com

감사의 저녁

하용조 목사와 함께 하는 365일 *Daily Evening*

두란노

CONTENTS

'행복한 아침' 365일 묵상집이 나온 후 하용조 목사님께서는
'감사의 저녁'을 기획하도록 하셨습니다.

어떤 기자의 표현대로
"행복한 아침으로 시작하여 감사의 저녁으로 끝난 인생"
그것이 바로 하용조 목사님의 삶이었습니다.

이제 여러분을 행복한 아침으로 시작하여
감사의 저녁으로 마무리하는 삶으로 초대합니다.

"저녁이란 하루의 시작입니다.
새벽부터 해가 질 때까지 땀 흘려 일한 사람에게 주어지는
감사의 저녁입니다.
해가 지는 저녁은 힘차게 시작한 새벽부터
하루 종일 열심히 일하고 해가 질 때 쉬는 시간입니다.
쉼이란 새로운 시작을 위한 안식과 같습니다.

우리는 오늘도 열심히 살았습니다.
땀을 흘리고 내게 주어진 사명을 감당하고 난 후
해가 지는 저녁에 하나님께 감사함으로 하루를 마감합니다.
그러나 이것은 새날의 시작입니다.
깊은 잠을 자야 새벽에 일찍 일어날 수 있습니다.
저녁을 감사로 마무리하십시오."
(본문 중에서)

두란노 출판부

1월

감사의 저녁

하루 일과를 마치고 잠들기 전까지
주님과 함께하는 시간은 참 행복합니다.

0101
하루의 시작은 저녁입니다

당신은 저녁에 내일을 잘 준비하고 있습니까?

창세기 1장 3절을 보면, 하나님께서 빛을 창조하시는 장면이 나옵니다. 그리고 5절에 "저녁이 되고 아침이 되니 이는 첫째 날"이라고 기록되어 있습니다. 이 말씀은 엿새 동안의 창조 장면마다 반복됩니다. 저녁이 먼저 나오고 그다음 아침이 나옵니다. 그래서 어찌 보면, 진정한 하루의 시작은 저녁이라고 할 수 있습니다.

저녁이란 하루의 시작입니다. 이 저녁은 새벽부터 해가 질 때까지 땀흘려 일한 사람에게 주어지는 감사의 저녁입니다. 해가 지는 저녁은 힘차게 시작한 새벽부터 하루 종일 열심히 일하고 해가 질 때 쉬는 시간입니다. 쉼이란 새로운 시작을 위한 안식과 같습니다.

우리는 오늘도 열심히 살았습니다. 땀을 흘리고 내게 주어진 사명을 감당하고 난 후 해가 지는 저녁에 하나님께 감사함으로 하루를 마감합니다. 그러나 이것은 새날의 시작입니다. 깊은 잠을 자야 새벽에 일찍 일어날 수 있습니다. 저녁을 감사로 마무리하십시오.

■ 하나님이 빛을 낮이라 부르시고 어둠을 밤이라 부르시니라 저녁이 되고 아침이 되니 이는 첫째 날이니라(창 1:5).

하나님께 집중하십시오

당신은 새해에 어떤 목표를 세웠습니까?

하나님은 우리 인간이 더 멋지고, 더 힘 있게, 더 큰 꿈을 가지고 살도록 비전과 미래를 만들어 주셨습니다. 그러나 오늘날 우리 인간의 삶의 모습은 가까스로 살고 있고, 한 발짝 떼는 것도 어려울 정도입니다.

우리는 이제 방향을 바꾸어야 합니다. 우리의 시선을 여호와께로 돌려야 합니다. 여호와를 앙망한다는 것은 한 번 스쳐보는 게 아니라 시선을 그분께 고정하는 것입니다. 하나님께 내 눈을 고정하고, 어떤 위협이 쓰나미처럼 밀려올지라도 휩쓸리지 않고 굳건히 서서 위기를 넘어가야 합니다. 그러면 우리 민족도 살고 우리 후손들도 잘살 수 있습니다.

우리가 생각을 바꾸고, 세상 풍조를 따라가던 삶을 바꾸면 하나님께서 새 힘을 주신다고 말씀하셨습니다. 새 힘은 하나님께서 주시는 힘입니다. 내게 있는 힘이 아닙니다. 하나님께서 주시는 새 힘을 받으면 독수리처럼 날 것입니다. 아무리 걸어도 피곤하지 않을 것입니다.

지금 방향을 바꿔야 합니다. 생각을 바꿔야 합니다. 그리고 하나님께 집중해야 합니다. 말씀에 집중해야 합니다.

■ 오직 여호와를 앙망하는 자는 새 힘을 얻으리니 독수리의 날개치며 올라감 같을 것이요 달음박질하여도 곤비하지 아니하겠고 걸어가도 피곤하지 아니하리로다(사 40:31).

0103

성령과 말씀으로 살아가십시오

새해에 하나님께서 당신에게 약속하신 말씀은 무엇입니까?

믿는 사람들에게는 예수님의 이름으로 귀신을 쫓아내며 새 방언을 말하며 뱀을 집으며 어떤 독을 마실지라도 해를 받지 아니하며 병든 자에게 손을 얹은즉 나음을 얻는 일이 일어납니다(막 16:17-18). 당신이 바로 그런 사람입니다. 성령님이 임하면 당신이 그런 사람이 됩니다.

하나님은 우리에게 두 가지 약속을 하셨습니다. 첫 번째는 "내 영을 네 머리 위에 부어 줄 것"이라는 약속입니다. 성령 받을 그릇을 깨끗이 닦고 하나님을 향해 문을 열어 놓으십시오. 나는 가진 것이 없지만, 하나님을 바라보고 마음을 열고 그분을 기대하면 모두 채워 주십니다. 두 번째는 "내 말을 네 입술에 둘 것"이라는 약속입니다.

우리가 이 세상을 살아가는 힘은 오직 성령과 말씀에 있습니다. 말씀과 성령은 이미 우리에게 임했습니다. 영의 문을 열고 그것을 붙잡으면 하나님의 말씀과 성령의 역사가 당신에게 들어갈 것입니다.

성령과 말씀의 힘으로 절망이 기쁨으로 변하고, 불안이 평화로 변하고, 패배가 승리로 변할 것입니다. 하나님은 그 힘을 이미 우리에게 주셨습니다.

■ 여호와께서 이르시되 내가 그들과 세운 나의 언약이 이러하니 곧 네 위에 있는 나의 영과 네 입에 둔 나의 말이 이제부터 영원하도록 네 입에서와 네 후손의 입에서와 네 후손의 후손의 입에서 떠나지 아니하리라 하시니라 여호와의 말씀이니라(사 59:21).

0104

인생의 끝을 아는 사람

당신은 오늘 하루 동안 무슨 생각을 가장 많이 했습니까?

현명한 사람은 자신이 떠나야 할 때를 미리 안다고 합니다. 미련한 사람은 자신의 한계, 무지, 죽음을 모른 채 삽니다. 그래서 감정대로 본능대로 행동합니다.

어느 해 12월 25일, 큰 경사가 있었습니다. 성탄절을 맞아 99세 되신 할아버지가 세례를 받은 것입니다. 이분은 평생 교회에 다니지 않았지만, 예수님에 관한 이야기를 듣고 하나님을 믿겠다고 결정하고 세례 받기를 원했습니다.

그 할아버지는 한의사였습니다. 많은 환자를 진찰했던 할아버지는 "예수님을 믿는 사람들은 죽을병에 걸려도 죽음을 두려워하지 않는데, 예수님을 믿지 않는 사람들은 충분히 살 병인데도 두려워했다"고 말했습니다. 본인도 세상을 떠날 때가 된 것 같다고 생각하던 차에, 목사님으로부터 영원히 사는 문제에 대해 설명을 들었답니다. 할아버지는 "내가 원하던 것이 바로 이것입니다. 나는 영원히 살고 싶습니다"라고 고백하며 예수님을 영접했습니다.

지혜로운 사람은 인생의 끝을 알고 자신의 죽음을 압니다. 그래서 지혜로운 사람은 하나님을 선택하고 그분 앞으로 나아갑니다.

■ 한번 죽는 것은 사람에게 정해진 것이요 그 후에는 심판이 있으리니(히 9:27).

0105

인생에 대한 세 가지 질문

당신은 오늘 하루 '내 인생 목표'에 대해 생각해 보았습니까?

인생에 대해 근본적인 세 가지 질문을 해 볼 수 있습니다.

하나는 "인간은 어디에서 왔는가?" 하는 것입니다. 삶의 본질에 관한 문제입니다. 부모로부터 온 것인가, 우연히 생겨난 것인가? 둘 다 정답이 아닙니다. 모든 인생은 하나님으로부터 왔습니다. 인간은 동물과 달리 인격적인 존재요, 지적인 존재입니다. 그렇다면 인간을 지으신 그분은 인격적이고 지적인 분일 것입니다.

다음은 "인간은 무엇을 위해 살아야 하는가?" 하는 것입니다. 삶의 의미와 목적의 문제입니다. 사람들은 대부분 이 부분에서 길을 잃고 방황합니다. 인간은 목적 없이 사는 존재가 아니요, 무의미한 존재도 아닙니다. 인간은 하나님을 위해 살다가 그분께로 가는 분명한 목적과 의미를 가진 존재입니다.

마지막으로, "인간은 죽으면 어디로 가는가?" 하는 것입니다. 인간의 종말에 관한 문제입니다. 사람이 죽으면 모든 것이 끝납니까? 아닙니다. 죽음 이후에는 영원한 삶이 기다립니다. 하나님께로 돌아가는 것입니다. 지금 이 땅에서의 삶은 그때를 준비하는 것입니다.

당신은 이 세 가지, 인생에 대한 근본적인 질문 앞에 확실한 답을 가지고 살고 있습니까?

■ 인생들의 혼은 위로 올라가고 짐승의 혼은 아래 곧 땅으로 내려가는 줄을 누가 알랴(전 3:21).

0106

균형 잡힌 믿음을 구하십시오

당신의 신앙은 어느 한쪽으로 치우쳐 있지 않습니까?

극단적인 신앙은 위험합니다. 건강한 신앙은 모든 면에서 균형이 잡혀 있습니다. 신체가 건강하다는 것은 어느 한 부분만 발달한 게 아니라 전체가 골고루 발달한 것을 말합니다.

크리스천에게는 믿음과 행동의 균형이 필요합니다. 십자가와 부활의 균형이 필요합니다. 십자가에서 죽는 일과 함께 언제나 부활의 영광도 누려야 한다는 말입니다. 또한 근로와 휴식의 균형이 필요합니다. 침묵할 때와 웅변할 때를 구별하여 조화롭게 행동해야 합니다.

때에 알맞고, 한쪽으로 치우치지 않는 균형 잡힌 믿음을 구하십시오.

■ 범사에 기한이 있고 천하 만사가 다 때가 있나니 날 때가 있고 죽을 때가 있으며 심을 때가 있고 심은 것을 뽑을 때가 있으며 죽일 때가 있고 치료할 때가 있으며 헐 때가 있고 세울 때가 있으며 울 때가 있고 웃을 때가 있으며 슬퍼할 때가 있고 춤출 때가 있으며 돌을 던져 버릴 때가 있고 돌을 거둘 때가 있으며 안을 때가 있고 안는 일을 멀리 할 때가 있으며 찾을 때가 있고 잃을 때가 있으며 지킬 때가 있고 버릴 때가 있으며 찢을 때가 있고 꿰맬 때가 있으며 잠잠할 때가 있고 말할 때가 있으며 사랑할 때가 있고 미워할 때가 있으며 전쟁할 때가 있고 평화할 때가 있느니라(전 3:1-8).

내면의 경쟁심을 버리십시오

누군가와 함께 일할 때 어떤 마음으로 일합니까?

하나님의 일을 할 때는 경쟁심을 버리고 자존심을 내세우지 말아야 합니다. 우리 내면이 이런 것에 지배당하지 않도록 하는 것이 정말 중요합니다.

좋은 뜻과 동기로 일해도, 내면에서는 서로 시기하고 질투하며 경쟁하는 모습을 종종 봅니다. 이것은 세상 사람들이 일하는 방식입니다. 가정이나 직장에서도 마찬가지입니다. 겉으로는 좋아 보여도 내면을 들여다보면 개인적인 욕심으로 가득합니다. 그래서 수단과 방법을 가리지 않으며, 포장되고 과장된 언행으로 일관합니다. 심지어 상대방의 이기심이나 질투심, 명예심을 이용해 그를 부리는 교활한 사람들도 있습니다.

사랑과 섬김, 한마음, 비전을 가지고 진실하게 일하는 사람을 만나기란 쉽지 않습니다. 당신이 먼저, 사심 없이 섬기고 높이며 격려하는 동역자가 되십시오. 우리가 따라야 할 예수님의 리더십과 영적 권위는 겸손함에서 오는 것입니다. 낮아질 대로 낮아져 진정 겸손한 사람을 보면 감동이 옵니다. 겸손한 마음은 함께 일하는 이들에게 감동을 줍니다.

■ 이러므로 우리 각 사람이 자기 일을 하나님께 직고하리라 그런즉 우리가 다시는 서로 비판하지 말고 도리어 부딪칠 것이나 거칠 것을 형제 앞에 두지 아니하도록 주의하라(롬 14:12-13).

0108
인생 시공자의 순종

오늘 하루, 말과 생각과 행동에 있어서 누구를 따라 살았습니까?

좋은 모델이 있다면 그대로 복사해서 수많은 복제품을 양산할 수 있습니다. 신앙생활도 마찬가지입니다. 우리에게는 예수님이라는 정말 좋은 모델이 있습니다. 우리는 새로운 무언가를 하는 게 아니라, 예수님께서 보이신 모범대로 닮아 가면 됩니다. 새로운 무언가를 하려면 어려움이 따르지만, 본을 보고 그대로 따라 하면 좀 쉽습니다. 그래서 신앙생활처럼 쉬운 것이 없는지도 모릅니다.

건축설계사가 설계했는데 시공자가 마음에 들지 않는다고 임의로 바꾸면 안 됩니다. 설계 도면 그대로 시공해야 합니다. 철근이나 시멘트의 양을 조금이라도 빼거나 더하면 이상한 건물이 되거나 불량 건물이 됩니다.

본을 보고 따라가는 것을 가리켜 순종이라고 합니다. 마음대로 하는 것이 아니라, 모든 것에 본을 보이신 예수님께서 사신 대로 따라가는 것입니다. 항상 따라 한다고 생각하면 재미가 없어 보일 수도 있습니다. 그러나 순종해 보십시오. 얼마나 재미있는지 모릅니다. 그뿐입니까. 죽은 자가 살아나고 삼십 배, 육십 배, 일백 배의 열매가 맺히는 기적이 일어납니다. 순종하는 자에게 복이 있습니다.

■ 내가 너희에게 행한 것같이 너희도 행하게 하려 하여 본을 보였노라(요 13:15).

0109

새벽의 사람

하루 일과를 끝내고 편안한 상태에서 쉬지 못하는 이유가 있습니까?

하루 일과를 끝내고 밤이 되면 편안한 상태에서 속히 잠자리에 들어야 합니다. 나쁜 짓은 대부분 밤에 일어납니다. 그래서 하나님은 사람들을 밤에 자도록 하셨습니다. 밤에는 잠을 자고 휴식을 취해야 합니다. 밤늦게 자는 사람은 정신분열증이나 우울증에 걸릴 확률이 높습니다.

밤이 깊고 낮이 가까이 왔습니다. 그러므로 어두움의 일들을 벗어 버리고 빛의 갑옷을 입읍시다. 낮에 행동하듯이 단정하게 행동합시다. 방탕하거나 술 취하지 말고 음란과 호색하지 말며 다투거나 시기하지 말고 오직 주 예수 그리스도로 옷 입고 정욕을 채우려고 육신의 일을 애쓰지 마십시오(롬 13:12-14).

이 말씀으로 어거스틴은 탕자 생활을 청산하고 하나님의 자녀로 돌아오는 결정적인 계기를 마련했습니다.

우리는 밤의 일에서 벗어나야 합니다. 크리스천은 일찍 자고 일찍 일어나는 새벽의 사람입니다. 자신의 의지를 주님 앞에 드리고 새벽을 깨우십시오.

■ 하나님이 그 성 중에 계시매 성이 흔들리지 아니할 것이라 새벽에 하나님이 도우시리로다(시 46:5).

사랑의 정신

오늘 하루, 당신은 이웃을 얼마나 사랑했습니까?

우리 자신을 돌아볼 때나 우리가 사는 시대를 바라볼 때면 사랑이 가장 결핍되어 있음을 깨닫습니다. 여러 가지 일을 해내고 있지만, 내면은 사랑의 그림자마저 찾기 힘들 정도로 각박해져 있습니다.

그러나 기억하십시오. 예수님께서 하신 모든 말씀의 정점에는 항상 사랑이 있습니다. 모든 것은 사랑으로 통하고 사랑을 위해 존재하며 사랑을 목표로 합니다. 예배나 성경 공부, 기도하는 것도 마찬가지입니다. 나 자신의 만족이나 성장을 위한 것이 아닙니다. 오직 하나님을 사랑하고 이웃을 사랑하는 것에 집중되어야 합니다.

성경은 이 세상에 사랑보다 더 높은 사상이 없고, 사랑보다 더 큰 철학이 없으며, 사랑보다 더 높은 가치가 없다고 말합니다. 사도 요한은 이렇게 말합니다. "사랑하는 여러분, 우리가 서로 사랑합시다. 사랑은 하나님에게서 난 것이기 때문입니다. 사랑하는 사람은 누구나 다 하나님께로부터 났고 하나님을 압니다. 사랑하지 않는 사람은 하나님을 알지 못합니다. 하나님은 사랑이시기 때문입니다(요일 4:7-8).

하나님을 빼놓고 사랑을 말할 수 없고, 사랑을 빼놓고 하나님을 말할 수 없습니다. 하나님을 아는 우리가 먼저 사랑을 회복해야 합니다.

■ 새 계명을 너희에게 주노니 서로 사랑하라 내가 너희를 사랑한 것 같이 너희도 서로 사랑하라(요 13:34).

0111

내가 죽으면 기적이 시작됩니다

하루를 돌아볼 때, 주님의 제자로서 부족함 없이 살았다고 생각합니까?

예수님을 따르는 삶을 가리켜 "제자의 길을 간다"라고 말합니다. 그 길을 가고자 하는 사람이 꼭 기억해야 할 말씀이 있습니다.

"그때에 예수께서 제자들에게 말씀하셨습니다. '누구든지 나를 따르려거든 자기를 부인하고 자기 십자가를 지고 따라야 한다'"(마 16:24).

예수님께서 하신 말씀에 제자도의 핵심 사항이 있습니다. 첫째, 자신을 부인하는 것입니다. 자아가 살아 있는 상태에서는 주님을 따를 수 없습니다. 우리가 주님을 따르려 할 때마다 개인의 생각, 가치, 습관, 문화가 걸림돌이 됩니다. 이를 부인하고 예수님을 따르는 것이 제자도입니다. 둘째, 자신의 십자가를 지는 것입니다. 주님이 맡겨 주신 사명, 주님이 보내 주신 사람, 심지어 내게 주어진 고난까지도 묵묵히 감당하는 것이 또한 제자도입니다.

이를 위해 주님은 우리 안에 성령님을 주셨습니다. 자신을 십자가에 못 박고 생명의 성령이 우리 안에 있으면 비로소 제자도가 완성됩니다. 그때부터 성경 말씀이 이해되고 즐거워지고 항상 좋아 어쩔 줄 모르는 기적의 삶이 시작되는 것입니다.

■ 이와 같이 너희 중의 누구든지 자기의 모든 소유를 버리지 아니하면 능히 내 제자가 되지 못하리라(눅 14:33).

0112

열정대로 살고 있습니까

오늘 아침에 묵상한 말씀을 하루 내내 기억하고 그대로 지켰습니까?

시몬 베드로와 예수님의 대화를 봅시다(요 13:36-37 참조). 베드로가 예수께 물었습니다. "주여, 어디로 가십니까?" 예수께서 대답하셨습니다. "내가 가는 곳으로 네가 지금은 올 수 없지만 나중에는 오게 될 것이다." 그러자 베드로가 다시 묻습니다. "주여, 어째서 제가 지금은 주님을 따라갈 수 없습니까? 주를 위해서라면 제 목숨도 바치겠습니다."

성경을 읽다 보면 베드로처럼 예수님께서 하시는 말씀을 이해 못할 때가 있습니다. 하나님의 말씀은 예언적 성격을 지녀서 당장 이해하기 힘들 수 있지만 틀린 것이 아닙니다. 이해할 수 없더라도 순수한 마음으로 믿어야 합니다.

우리도 베드로처럼 착각에 빠질 수 있습니다. 기도하는 것이 당장 이뤄질 줄로 착각하고, 내가 느끼는 열정과 헌신의 감정대로 살고 있다고 착각합니다. 기도하는 마음과 '목숨까지 바쳐 주님을 따르겠다'는 열정은 순수하고 진실일 수 있습니다. 그러나 문제는 실제 행동과 삶이 따라 주지 않는다는 것입니다. 그런데도 자신이 그렇다고 착각하는 것입니다. 이것이 이율배반적인 인간의 본모습입니다.

오늘도 기도와 열정대로 살아갈 수 있도록 성령님의 도우심을 구하십시오.

■ 내 형제들아 만일 사람이 믿음이 있노라 하고 행함이 없으면 무슨 유익이 있으리요 그 믿음이 능히 자기를 구원하겠느냐(약 2:14).

0113

성령을 따라 사는 삶

오늘 하루, 영의 유익을 위해 무슨 일을 했습니까?

우리는 육신 속에 삽니다. 육신은 잠을 자고 밥을 먹으며 생리 현상을 느끼는 등 본능의 지배를 받습니다. 때리면 아픔을 느끼고 병이 들기도 합니다. 우리는 이러한 육신의 삶에 굉장히 익숙해 있습니다. 그래서 날마다 육신을 가꾸고 삽니다. 그러나 성경은 '육은 무익하고 살리는 것은 영'이라고 말했습니다.

로마서 8장 5-9절은 이렇게 말합니다. "육신을 따라 사는 사람은 육신의 일을 생각하지만 성령을 따라 사는 사람은 성령의 일을 생각합니다. 육신의 생각은 죽음이지만 성령의 생각은 생명과 평안입니다. 육신의 생각은 하나님을 적대하는 것입니다. 그것은 하나님의 법에 복종하지 않을 뿐더러 복종할 수도 없습니다. 육신 안에 사는 사람들은 하나님을 기쁘시게 할 수 없습니다. 그러나 하나님의 영이 여러분 안에 거하시면 여러분은 육신에 있지 않고 성령 안에 있습니다. 누구든지 그리스도의 영이 없으면 그리스도의 사람이 아닙니다."

기도나 봉사조차도 그리스도의 영이 없으면 육으로 하는 것입니다. 그리스도의 영이 없으면 그리스도의 사람이라고 말할 수 없습니다. 우리는 종교적인 차원을 넘어 예수님께서 말씀하신 영적 세계로 들어가야 합니다. 그 영적 원리를 이해하고 직접 경험해야 합니다.

■ 살리는 것은 영이니 육은 무익하니라 내가 너희에게 이른 말은 영이요 생명이라(요 6:63).

0114

영의 옷으로 갈아입는 법

오늘 하루 동안 지은 모든 죄악을 십자가의 보혈로 씻어 달라고 기도하십시오.

우리가 육의 본능을 이기고 영의 옷으로 갈아입는 데는 두 가지 방법이 있습니다. 하나는 십자가의 법칙이고, 다른 하나는 성령의 법칙입니다. 이에 관한 말씀은 성경 전편에 걸쳐 기록되어 있습니다.

'십자가의 법칙'은 예수님께서 십자가에 못 박혀 죽으시고 부활하신 사실을 믿는 것입니다. 갈라디아서 2장 20절은 이렇게 말합니다. "나는 그리스도와 함께 십자가에 못 박혔습니다. 그러므로 이제 더 이상 내가 사는 것이 아니라 내 안에 그리스도께서 사시는 것입니다. 지금 내가 육체 안에 사는 것은 나를 사랑하셔서 나를 위해 자신의 몸을 내주신 하나님의 아들을 믿는 믿음으로 사는 것입니다."

우리의 옛사람이 십자가에 못 박히지 않으면 어떤 방법으로도 육의 본능을 깨뜨릴 수 없고, 영의 옷을 갈아입을 수 없습니다.

'성령의 법칙'은 로마서 8장 1-2절 말씀에 잘 나와 있습니다. "그러나 이제 그리스도 예수 안에 있는 사람들은 정죄를 받지 않습니다. 이는 그리스도 예수 안에 있는 생명의 성령의 법이 죄와 죽음의 법에서 여러분을 해방했기 때문입니다."

생명의 성령의 법이 우리를 죄와 사망의 법에서 해방시킨다고 말씀하셨습니다. 예수님께서 부활하신 후 처음으로 주신 메시지가 "성령을 받으라"였습니다. 성령을 받아야 모든 일을 능히 해낼 수 있습니다.

■ 우리는 그리스도 안에서 그의 은혜의 풍성함을 따라 그의 피로 말미암아 속량 곧 죄 사함을 받았느니라(엡 1:7).

0115

마음에 근심하지 말라

당신이 지금 염려하는 문제는 무엇입니까?

우리는 하나님을 잘 믿는 척하지만, 사실은 마음속에 근심, 걱정, 염려들을 한 짐씩 지고 살아갑니다. 이는 믿음의 태도가 아닙니다. 우리는 살아계신 하나님을 믿음으로써 마음에 근심하지 말아야 합니다.

사람을 죽이고 파멸시키는 가장 무서운 것은 암이 아니라 마음의 근심입니다. 암이나 에이즈, 사스는 우리 몸을 파괴하지만, 근심하는 마음은 우리 영혼을 파괴합니다. 마음에 근심이 없어야 하나님께서 주신 축복을 무한대로 받을 수 있습니다.

우리가 근심하면 하나님이 보이지 않습니다. 하나님께서 존재하시지 않아서가 아니라, 근심하는 마음이 가득해서 그분을 볼 수 없는 것입니다. 지하실에 갇혀 있으면 하늘에 태양이 떠 있어도 볼 수 없듯이, 근심에 사로잡히면 하나님의 존재와 능력을 느끼지 못합니다.

또한 근심하는 마음은 우리 미래의 문을 닫아 버립니다. 근심하는 마음은 아직 일어나지도 않은 최악의 상태를 상상하게 합니다. 좋은 것을 생각지 않고 항상 부정적이고 절망적이며 파괴적인 것을 생각하게 합니다. 그래서 근심하는 사람은 모든 것을 쉽게 포기합니다. 미래의 문을 닫고 파멸만을 기다립니다.

근심하는 마음을 하나님 앞에 내려놓고 그 자리를 믿음의 기도로 채우십시오.

■ 너희는 마음에 근심하지 말라 하나님을 믿으니 또 나를 믿으라(요 14:1).

0116

근심을 이기는 길

당신의 근심들이 허상이라는 사실을 인정하십시오.

태양은 우리 믿음과 상관없이 항상 존재합니다. 우리가 믿는다고 태양이 더 반짝이고, 믿지 않는다고 태양이 없어지는 것이 결코 아닙니다. 태양의 존재를 믿거나 믿지 않는 것은 개인의 문제일 뿐 태양의 문제는 아닙니다. 그와 마찬가지로 사람들의 믿음에 상관없이 하나님은 항상 살아 계십니다. 그런데 사탄은 우리에게 자꾸 하나님이 없다고 말합니다. 그래서 근심하게 만듭니다.

근심하는 마음의 배후에는 거짓의 영인 사탄이 있음을 인식해야 합니다. 염려의 귀신이 들면 걷잡을 수 없이 불안해지고 남을 의심하기 시작합니다. 상식적으로 생각하더라도 근심은 근심일 뿐 사실이 아닙니다. 근심하던 일이 실제 상황으로 연결되는 경우는 극히 일부이며, 대부분은 피해망상 또는 과대망상에 불과합니다.

따라서 근심, 의심, 어둠의 더러운 세력을 대적해야 합니다. 그래야 마음에 평강을 얻을 수 있습니다. 우리에게는 하나님이 계십니다. 하나님은 우리에게 근심을 이길 수 있는 능력과 평강을 주십니다.

■ 너희 염려를 다 주께 맡기라 이는 그가 너희를 돌보심이라(벧전 5:7).

인생의 참 의미를 찾는 첫걸음

하나님께서 왜 당신을 창조하셨다고 생각합니까?

안경이나 시계를 생각해 보십시오. 안경이나 시계가 존재한다는 것은 그것을 만든 누군가가 있다는 것입니다. 그것들은 특별한 목적을 갖고 만들어졌습니다. 안경은 좋지 않은 시력을 보완하여 잘 보려고 제작되었습니다. 시계는 시간을 정확히 알기 위해 제작되었습니다.

사람도 마찬가지입니다. 사람을 만든 존재가 있고, 또한 그 만든 목적이 있다는 것입니다. 우리는 그 존재가 하나님임을 믿습니다. 하나님은 목적을 갖고 사람을 창조하셨습니다. 이 사실을 발견하고 그 뜻대로 사는 것에 인생의 참 의미가 있습니다.

성경은 하나님의 존재에 대해 절대로 논하지 않습니다. 창세기는 창조 사역을 통해 하나님의 행하심을 말씀할 뿐, 하나님의 존재에 대해서는 말씀하지 않습니다. 오직 선언할 뿐입니다. 하나님은 이미 존재하시는 분이기 때문입니다.

시편 14편 1절에는 "어리석은 사람들은 그 마음속으로 '하나님이 없다'라고 말합니다"라는 말씀이 있습니다. 우리는 살아 계신 하나님이 존재하심을 믿음으로써 어리석음에서 벗어나, 하나님께서 우리를 만드신 목적을 따라 살아야 합니다. 그것이 인생의 참 의미를 찾는 길입니다.

■ 집마다 지은 이가 있으니 만물을 지으신 이는 하나님이시라(히 3:4).

0118

우리에게는 천국이 있습니다

오늘 하루, 천국에 대해 몇 번이나 생각했습니까?

죽음은 인생의 끝이 아닙니다. 죽음은 영원을 여는 문에 불과합니다. 우리는 죽음을 거부하지 말아야 합니다. 성도에게 죽음은 선물이 됩니다. 죽음은 부활의 몸으로 주님께 가는 통로이기 때문입니다.

무신론자의 최대 고민은 죽은 후에 어디로 가느냐는 것입니다. 불교에서 말하는 것처럼 우리는 죽은 후에 윤회하는 것일까요? 아니면 귀신이 되어 떠돌아다니는 것일까요? 다 틀렸습니다. 많은 주장에도 불구하고 결론은 하나입니다. 예수 그리스도를 믿는 사람은 천국에 간다는 것입니다. 우리는 죽음을 앞두고 두려워하거나 방황할 필요가 없습니다. 예수 그리스도를 믿은 믿음으로 천국에 갈 것이기 때문입니다.

천국은 하나님의 통치로 다스려지는 곳입니다. 그토록 우리를 괴롭히던 죽음, 눈물, 슬픔, 애통, 질병 등이 전혀 없는 곳입니다. 다른 말로 하면 천국은 부족함이 없는 곳입니다. 믿음으로 구원받은 우리에게는 죽음 후에 그러한 천국이 기다리고 있습니다.

죽음은 결코 끝이 아닙니다. 죽음 후에는 하나님의 심판이 기다리고 있습니다. 그 심판을 통해 누군가는 천국으로, 누군가는 지옥으로 갈 것입니다. 지금 그 심판을 준비하며 살고 있습니까?

■ 한번 죽는 것은 사람에게 정해진 것이요 그 후에는 심판이 있으리니(히 9:27).

0119

천국으로 가는 유일한 길

당신은 다원주의적인 생각이나 행동을 하고 있지 않습니까?

예수 그리스도는 하나님 아버지께로 가는 유일한 길이고, 그 길을 비춰주는 진리입니다. 그 진리 안에 생명이 있습니다. 세상에 진리는 오직 하나입니다. 바로 예수 그리스도입니다. 우리는 그 진리시요 참 생명인 예수님을 통해서만 천국에 갈 수 있습니다. 인간의 천국행은 노력으로 이루어지지 않습니다. 오직 예수 그리스도를 믿을 때만 가능합니다.

그러나 인간 세계에는 속이는 영이 존재합니다. 기독교만 절대 진리가 아니며 우리가 아버지의 집으로 가는 길은 전후좌우에 있다고들 말합니다. 기독교, 불교, 유교, 이슬람교 모두 좋은 것이며, 결국 하나가 되어야 한다고 주장합니다. 심지어 크리스천이라고 말하는 사람들 마음에도 이러한 생각이 들어와 있습니다.

속지 마십시오. 참된 진리는 복잡하거나 여러 갈래가 아닙니다. 진리는 오직 예수 그리스도 한 분이십니다.

■ 다른 이로써는 구원을 받을 수 없나니 천하 사람 중에 구원을 받을 만한 다른 이름을 우리에게 주신 일이 없음이라 하였더라(행 4:12).

0120

성령님이 내주하십니까?

철저히 회개하고 성령님을 사모하면 그분을 체험할 수 있습니다.

누구나 성령님을 경험하면 모든 것이 달라집니다. 찬송을 부르거나 기도할 때 예전과 다른 능력이 나타납니다. 하나님께서 성령님을 통해 늘 회개하도록 인도하십니다. 예수님에 대한 깊은 애정을 갖게 하십니다. 또한 진리를 머리로 이해하는 것을 넘어 가슴으로 이해하게 하십니다.

　우리 안에 성령님을 모시면 더 이상 우리는 고아가 아닙니다. 예수님은 우리를 고아와 같이 버려두지 않고 다시 오시겠다고 약속하셨습니다. 어떤 사람은 우주의 고아처럼 살아갑니다. 그러나 성령님이 내주하면 고독이나 외로움은 우리의 것이 아닙니다. 성령님을 마음에 모신 사람에게는 오직 기쁨, 감사, 찬양, 승리, 축복, 믿음이 있을 뿐입니다.

　간절히 성령님을 사모하십시오. 하나님은 성령을 사모하는 이에게 성령을 보내 주십니다.

■■ 그러므로 어리석은 자가 되지 말고 오직 주의 뜻이 무엇인가 이해하라 술 취하지 말라 이는 방탕한 것이니 오직 성령으로 충만함을 받으라(엡 5:17–18).

0121

말씀을 생각나게 하시는 성령님

위급한 상황에서 어떤 말씀이 떠오른 적이 있습니까?

보혜사 성령님은 진리의 영입니다. 세상의 수많은 이론과 과학과 철학과 사상이 기독교를 공격해 왔고 지금도 공격하고 있지만, 오늘날까지 기독교가 역사의 중심에 있는 것은 보혜사 성령님의 인도하심 때문입니다.

성령님은 우리에게 임하셔서 무엇보다 신구약 성경의 영적 진리를 깨닫게 해 주십니다. 보혜사 성령님은 예수님께서 하신 말씀을 자꾸 생각나게 하십니다. 아무리 어려운 상황에 처해도 성령님과 함께하면 하나님의 음성을 들을 수 있습니다. 사업하다 부도가 나서 가정과 회사가 풍비박산 나고 이리저리 쫓겨 다녀도 성령님이 들려주시는 하나님 말씀을 듣는다면 다시 살게 됩니다.

하나님 말씀을 기억하는 사람은 상황이 아무리 어려워도 이겨 낼 수 있습니다. 아무리 고통스러워도 견딜 수 있습니다. 전쟁이나 고난 중에도 하나님 말씀을 생각하면 곧 평안을 얻을 수 있습니다.

■ 보혜사 곧 아버지께서 내 이름으로 보내실 성령 그가 너희에게 모든 것을 가르치고 내가 너희에게 말한 모든 것을 생각나게 하리라(요 14:26).

0122

열매를 맺는 비결

오늘 하루, 당신은 예수님께 붙어 있었습니까? 아니면 혼자였습니까?

사랑, 행복, 축복은 어디서 시작하는 것일까요? 관계입니다. 우리는 살면서 많은 관계를 맺고 살아갑니다. 남녀 관계, 부모 자식 관계, 친구 관계, 직장 동료 관계, 스승과 제자 관계 등 수많은 관계가 있습니다. 인간은 이런 관계들을 떠나서 존재할 수 없습니다.

관계가 형성되면 친밀해집니다. 관계가 좋으면 좋은 감정이 생기고 축복을 경험합니다. 반대로 관계가 깨어지면 정반대 현상이 생깁니다. 얼굴 붉히고 서로 미워하는 감정이 생깁니다. 자칫하면 저주로 끝나고 맙니다. 그래서 관계를 잘 맺는 것은 매우 중요합니다.

인간끼리의 관계도 중요하지만, 가장 중요한 것은 하나님과의 관계입니다. 하나님과의 관계가 깨어지면 모든 관계가 깨어집니다. 반대로 하나님과의 관계가 회복되면 다른 관계들도 회복됩니다. 그러므로 우리는 하나님과의 관계를 돈독하게 지켜야 합니다.

나뭇가지는 나무에 붙어 있을 때 생명을 얻고 열매를 맺듯 우리도 예수님께 붙어 있어야 생명을 얻고 열매 맺는 기적을 경험합니다. 그것이 구원이요 믿음입니다. 그것이 하나님과 나 사이의 깨어진 관계를 회복하는 길입니다. 날마다 예수님께 붙어 있으십시오. 삶에 열매를 맺는 기적을 경험할 것입니다.

■ 내 안에 거하라 나도 너희 안에 거하리라 가지가 포도나무에 붙어 있지 아니하면 스스로 열매를 맺을 수 없음 같이 너희도 내 안에 있지 아니하면 그러하리라 (요 15:4).

0123

하나님의 가지치기

당신이 겪는 고난이 하나님의 가지치기인지 생각해 보십시오.

성경의 영적 원리는 있는 사람은 더 받고, 없는 사람은 있는 것까지 빼앗긴다는 것입니다. 믿음이 있는 사람은 믿음이 더 생길 것입니다. 믿음이 없는 사람은 불쌍해서 믿음을 주는 것이 아니라 더 없어집니다. 이 원리는 하나님의 가지치기라고 할 수 있습니다.

하나님은 우리를 사랑하시고 좋은 열매 맺기를 원하십니다. 그래서 우리 인생도 가지치기를 하십니다. 우리에게 나쁜 습관과 성격이 있다면, 절대 그냥 두시지 않습니다. 적당한 때에 수술을 하십니다. 사소해 보여도 나중에 우리 인격은 물론 인생까지 망가뜨릴 수 있기 때문입니다.

인생에서 겪는 고통들도 하나님의 가지치기 원리로 해석해야 합니다. 하나님은 우리 믿음의 수준만큼만 우리를 손보십니다. 이것이 하나님의 방법입니다. 하나님께서 가지치기를 하실 때 원망하면 안 됩니다. 너무하다고 불평해도 안 됩니다. 하나님은 정확한 때 수술하십니다. 실수가 없으십니다.

하나님께서 당신에게서 어떤 가지를 쳐 내시고 있습니까? 세 가지를 명심하십시오. 먼저 하나님의 가지치기를 받아들여야 합니다. 그다음에는 인내해야 합니다. 마지막으로 감사해야 합니다. 그러면 그 가지치기가 복으로 연결될 것입니다.

■ 무릇 내게 있어 열매를 맺지 아니하는 가지는 아버지께서 그것을 제거해 버리시고 무릇 열매를 맺는 가지는 더 열매를 맺게 하려 하여 그것을 깨끗하게 하시느니라 (요 15:2).

0124

날마다 기적이 일어나는 삶

오늘 하루 중 예수님으로 인해 기적이 일어났습니까?

나는 한계가 있는 존재지만, 주님은 무한하신 존재입니다. 나에게는 불가능이 있지만, 주님에겐 불가능이 없습니다. 나는 실수가 많지만, 주님은 완전하십니다. 나는 사람들에게 상처를 주지만, 주님은 어느 누구에게도 상처를 주신 적이 없습니다. 그분이 내 안에 계시면 나의 부족한 부분이 보완됩니다. 나의 약함도 강해지고, 미련함도 지혜로워집니다.

그것이 바로 기적입니다. 주님이 우리 안에 계시고, 내 안에 계시면 기적이 일어납니다. 나는 기적을 일으키는 주체는 아니지만, 내 안에 계신 예수 그리스도께서 초월적인 삶을 주시기 때문에 날마다 기적이 가능한 삶을 삽니다.

주님이 내 안에 계시다는 것은 하나님 말씀이 내 안에 있다는 것과 같은 뜻입니다. 오늘도 말씀 안에서 기적을 꿈꾸십시오.

■ 내가 그리스도와 함께 십자가에 못 박혔나니 그런즉 이제는 내가 사는 것이 아니요 오직 내 안에 그리스도께서 사시는 것이라 이제 내가 육체 가운데 사는 것은 나를 사랑하사 나를 위하여 자기 자신을 버리신 하나님의 아들을 믿는 믿음 안에서 사는 것이라(갈 2:20).

나의 사랑 안에 머물라

하루를 지내면서 당신은 예수님의 사랑에 대해 몇 번이나 생각했습니까?

예수님의 사랑 안에 머무는 것은 매우 중요합니다. 예수님의 사랑은 죄책감과 상처투성이인 우리 영혼을 회복시키고 치유하기 때문입니다. 예수님의 사랑 안에 머문다는 것은 그분을 위해 사역하고 헌신하고 봉사하는 것을 말하는 게 아닙니다. 무엇을 하고 있든 그분과 교제하며 그분의 사랑을 먹는 것입니다. 예수님은 그분의 사랑 안에 머물 때, 방황하고 병든 영혼을 회복하시겠다고 약속하셨습니다.

예수님은 사랑이십니다. 하지만 그 말만으로 우리 삶에 변화가 일어나지 않습니다. 나를 사랑하신다는 확고한 믿음이 있어야 합니다. 주님의 사랑만 확신한다면 십자가도 질 수 있고 무슨 일이든지 해낼 수 있습니다. 우리가 헌신하지 못하고 행동하지 못하는 이유는 주님의 사랑에 대한 확신이 없기 때문입니다.

예수님의 사랑은 변함이 없고 확실하며 영원합니다. 그 사랑은 치유와 회복의 능력이 있습니다. 우리가 어떤 인생을 살았든, 어떤 죄를 지었든 상관없이 모든 것을 치유하고 회복시킵니다.

■ 나의 사랑하는 자가 내게 말하여 이르기를 나의 사랑, 내 어여쁜 자야 일어나서 함께 가자(아 2:10).

0126

충만한 기쁨이 주는 선물

하루 내내 기쁨이 충만했습니까? 방해 요소는 무엇이었습니까?

주님의 기쁨이 충만한 얼굴에는 불안이 끼어들 수 없습니다. 주님의 기쁨이 넘쳐 나는 언어, 표정, 눈동자, 얼굴을 가진 사람은 모든 사람에게 사랑을 받습니다. 반대로, 얼굴에 기쁨이 없고 찾아오는 사람들을 거절하고 신경질 내는 사람 곁에는 아무도 없을 것입니다.

예수님 안에 머무는 사람에게는 참 기쁨이 주어집니다. 예수님의 사랑 안에 머무는 사람에게는 진정한 기쁨이 있습니다. 그분의 계명을 지키는 사람은 참 기쁨을 얻습니다.

이 기쁨은 세상이 주는 것이 아니고 하나님께서 주시는 영원한 것입니다. 배가 고파도, 병들어도, 모함과 배신을 당해도, 죽음을 맞아도 항상 솟아나는 하나님의 선물입니다. 그 기쁨은 외형적인 것이 아니라 내면적인 것이며, 물질적인 것이 아니라 영적인 것입니다.

우리에게 하나님께서 주신 기쁨이 있을 때 몸의 모든 세포가 되살아납니다. 긴장하면 소화도 잘 되지 않고, 심지어 피부도 나빠집니다. 그러나 주님이 주신 기쁨이 넘쳐나면 몸도 더 건강해지고, 말투도 봄바람처럼 부드러워지고, 눈빛마저 다정해집니다. 뿐만 아니라 기쁨은 죄도 용서하고 어떤 실수도 회복시켜 줍니다.

■ 내가 이것을 너희에게 이름은 내 기쁨이 너희 안에 있어 너희 기쁨을 충만하게 하려 함이라(요 15:11).

0127

서로 사랑하라

내 이웃을 내 몸과 같이 사랑하려고 노력했습니까?

"내 계명은 이것이다. 내가 너희를 사랑한 것과 같이 너희도 서로 사랑하라"(요 15:12). 예수님은 성경에 기록된 수많은 계명 중에서 최고의 계명을 사랑이라 말씀하셨습니다. 이 계명은 기독교의 본질을 이루는 것이기도 합니다.

신구약 성경 전체를 녹여서 한 단어로 정의한다면 바로 '사랑'입니다. 하나님을 믿고 십자가의 도를 따르는 그리스도의 제자라면, 우리 삶은 한마디로 형제에 대한 사랑으로 일관해야 합니다. 기독교는 사랑을 빼면 아무것도 아닙니다.

요즘 사람들은 사랑 대신 권력을 택하는 경향이 있습니다. 가정, 직장, 사회 등 자신이 속한 곳에서 권력을 가지려고 합니다. 권력은 자신의 영향력을 많이 발휘해 남을 지배하려는 힘을 말합니다. 자신의 말 한마디로 모든 일을 이루려 하는 것이 현대인들 대부분의 욕망입니다.

그러나 예수님께서 말씀하신 최고의 계명은 '서로 사랑하라'는 것입니다. 사랑은 가장 힘이 셉니다. 어떤 실수나 허물도 서로 사랑으로 극복하면 얼마든지 뛰어넘을 수 있습니다.

■ 누구든지 하나님을 사랑하노라 하고 그 형제를 미워하면 이는 거짓말하는 자니 보는 바 그 형제를 사랑하지 아니하는 자는 보지 못하는 바 하나님을 사랑할 수 없느니라 우리가 이 계명을 주께 받았나니 하나님을 사랑하는 자는 또한 그 형제를 사랑할지니라(요일 4:20-21).

최고의 사랑

예수님은 당신에게 어떤 존재입니까?

예수님은 친구를 위해 목숨을 버리면 이보다 더 큰 사랑이 없다고 말씀하셨습니다. 그러나 요즘 세상은 친구를 위해 목숨을 버리기는커녕 친구를 상대로 사기나 치지 않으면 다행이라는 마음이 들게 합니다.

친구를 위해 목숨을 버리는 것이 최고의 사랑이라고 말씀하신 예수님은 또한 이렇게 말씀하셨습니다. "나는 이제부터 너희를 종이라고 부르지 않겠다. 종은 주인의 일을 알지 못하지만 나는 너희에게 내 아버지께 들은 것을 모두 알려 주었으니 친구라고 부르는 것이다"(요 15:15).

예수님과 우리는 주인과 종의 관계가 아니라 친구 관계라고 말씀하십니다. 주인과 종은 상하 관계이고, 일방적인 관계이며, 자유가 없는 관계이고, 의무만 있고 특권이 없는 관계입니다. 그런데 예수님은 우리를 종이라 하지 않고 친구라고 말씀하십니다. 그리고 친히 우리를 위해 자신의 목숨을 버리심으로 그 진정성을 보여 주셨습니다. 이는 하나님께 대한 개념의 대혁명을 이루신 것입니다.

우리는 보통 사람끼리는 친구가 될 수 있지만 신과 인간은 친구가 될 수 없다고 생각합니다. 그러나 하나님은 사람에게 친구가 되어 주셨습니다. 하나님은 아브라함에게도 "너는 나의 벗"이라고 말씀하셨습니다. 예수님은 우리를 친구라고 불러 주십니다. 일방적으로 섬기는 관계가 아니라 서로 사랑을 나누는 인격적인 관계라고 확정해 주십니다.

■ 사람이 친구를 위하여 자기 목숨을 버리면 이보다 더 큰 사랑이 없나니 너희는 내가 명하는 대로 행하면 곧 나의 친구라(요 15:13-14).

0129

크리스천의 무기, 용서와 사랑

지금 마음에 용서하지 못하는 누군가가 있지 않습니까?

오늘날 우리 사회를 구원할 수 있는 영원한 가치는 용서와 사랑입니다. 시대와 역사, 문화와 환경마저 초월한 영원한 가치는 바로 용서와 사랑입니다. 모든 민족과 나라와 언어와 인종을 뛰어넘는 것도 용서와 사랑입니다. 그래서 예수님은 우리가 서로 사랑하면 모든 율법을 완성하는 것이라고 말씀하셨습니다. 사랑은 율법의 완성이며 주님의 최고 명령입니다.

그러나 세상은 우리가 경험한 주님의 사랑과 정반대 가치관을 갖고 있습니다. 사람들은 서로 미워하고 비판하며 고발함으로써 각자가 원하는 바를 얻으려고 합니다. 피투성이가 되도록 서로 싸웁니다. 그들이 싸우는 모습을 자세히 살펴보면 마치 짐승과도 같습니다.

세상 사람들은 축복이 아니라 저주, 용서가 아니라 복수, 생명이 아니라 죽음을 찾아 헤맵니다. 이 같은 어둠에 있기 때문에 빛이 찾아와도 환영하지 않으며 결코 받아들이지 못하는 것입니다. 그러나 크리스천에게는 언제나 용서와 사랑이 있어야 합니다.

■ 너희가 서로 사랑하면 이로써 모든 사람이 너희가 내 제자인 줄 알리라(요 13:35).

0130

성령님의 임재와 고난

당신이 당했던 고난 중에서 성령님의 임재로 인해 겪은 고난이 있습니까?

성령님이 임하시면 우리는 예수 그리스도에 대해 알게 되고, 그분이 주님이심을 증거하게 됩니다. 그런데 예수 그리스도에 대해 증거하면 많은 핍박과 환난이 뒤따릅니다. 예수 그리스도를 증거하다가 출회를 당하고 목숨까지 잃은 것이 기독교의 역사입니다. 기독교는 순교를 통해 세상을 변화시켜 왔으며 그 역사는 지금도 계속되고 있습니다.

핍박이나 환난을 당할 때, 우리가 살아날 길은 오직 성령 충만뿐입니다. 우리는 '성령을 받았다'는 사실을 좀 더 높은 차원에서 이해할 필요가 있습니다. 성령을 받은 후에 건강해지고 모든 일이 잘 풀렸다는 차원에 머물면 안 됩니다. 한걸음 더 나아가 성령의 능력으로 모든 핍박과 환난을 이겨 냈다고 고백할 수 있어야 합니다. 오늘날 한국이나 세계 기독교가 큰 세력을 형성하고 있으면서도 공허한 이유는 교회 안에 진정한 순교자가 없기 때문입니다.

성령 충만을 받은 우리는 세상을 향해 당당하게 크리스천임을 밝혀야 합니다. 때로는 그들로부터 조롱이나 핍박을 받으며 고난 속으로 들어가 승리하는, 차원 높은 믿음의 경지를 체험해야 합니다. 우리 시대에 진정한 순교자가 되어야 합니다.

■ 너희가 세상에 속하였으면 세상이 자기의 것을 사랑할 것이나 너희는 세상에 속한 자가 아니요 도리어 내가 너희를 세상에서 택하였기 때문에 세상이 너희를 미워하느니라(요 15:19).

0131

예수님께서 가장 먼저 하신 일

잠자리에 들기 전에 꼭 해야 할 일은 무엇입니까?

예수님께서 제자들의 발을 씻겨 주신 것은 그들의 발이 더럽기 때문이 아닙니다. 문화나 습관을 따르신 것도 아닙니다. 단순히 남을 섬기는 겸손과 섬김의 도리를 가르치시는 메시지도 아닙니다. 이는 그보다 훨씬 더 깊은 구원의 상징적 의미와 영적 통찰력이 있는 사건입니다.

발을 씻는 것은 회개를 가리키고 목욕하는 것은 구원을 가리킵니다. 구원받은 자는 다시 구원을 논할 필요가 없습니다. 우리는 이미 목욕을 한 사람이지만 손발은 항상 더럽습니다. 우리는 예수님을 믿고 구원받았지만 순간마다 더러워진 것을 그분의 이름으로 회개해야 합니다. 이것이 곧 '발 씻기'입니다.

유월절 전에, 예수님은 자신이 이 세상을 떠나 아버지께로 가실 때가 되었다는 것을 아셨습니다. 그렇게 죽음을 앞두고 예수님은 최후의 만찬을 위해 열두 제자를 마가의 다락방으로 모이게 합니다. 그때 가장 먼저 하신 일은 음식을 먹는 것이 아니라 제자들의 발을 씻겨 주신 것입니다. 그만큼 회개가 중요했기 때문입니다.

잠자리에 들기 전, 오늘 하루의 삶을 되돌아보며 회개할 것이 무엇인지 살펴보십시오. 그리고 조용히 하나님께 용서를 구하는 기도를 드리십시오.

■ 하나님의 뜻대로 하는 근심은 후회할 것이 없는 구원에 이르게 하는 회개를 이루는 것이요 세상 근심은 사망을 이루는 것이니라(고후 7:10).

태초 전부터 하나님은 꿈이 있으셨습니다.
그 꿈은 우리에게 생명을 주어
풍성한 삶을 살게 하는 꿈입니다.
하나님의 꿈을 꾸어야 인간은 행복해집니다.
하나님의 꿈을 꾸어야 열매가 아름답습니다.
하나님의 꿈을 꾸어야 영혼을 살립니다.

예수 그리스도로 꿈꾸십시오.
새로운 소망으로 다시 일어설 것입니다.

2월

소망을 이루기 위한 연습

소망은 생각이나 감정으로 자라는 것이 아니라
말씀의 씨앗을 통해 자라납니다.

죽음에 처해도 흔들리지 마십시오

당신은 오늘 하루 성령님의 역사를 경험했습니까?

예수님께서는 온 인류를 구원하시기 위해 인간의 몸을 입고 세상에 오셨습니다. 그리고 십자가에 못 박혀 죽으심으로써 좌절과 절망과 죽음에 빠진 인류를 구원하셨습니다. 예수님은 죽음을 이기고 부활하셔서 인류 구원을 완성하셨습니다.

그렇다면 예수님께서 이루신 인류 구원의 완성을 대대에 걸쳐 온 인류에게 전한 것은 누구일까요? 바로 성령님이십니다. 예수님은 부활하여 하늘로 오르시면서 우리에게 성령님을 주셨습니다. 성령님이 계시지 않는다면 지금까지도 예수님은 인간의 모습으로 오대양 육대주를 친히 돌아다니시면서 구원의 소식을 전하셔야만 했을지도 모릅니다. 그러나 그런 방식으로는 온 인류의 구원을 이룰 수 없을 것입니다.

예수님의 모습을 볼 수 없어도 아무 문제가 없습니다. 성령님이 오셔서 든든하게 우리를 지켜 주시기 때문입니다. 우리가 실패나 죽음에 처해도 흔들리지 않는 믿음을 갖게 되는 것은 바로 성령님의 역사 때문입니다.

■ 말하는 이는 너희가 아니라 너희 속에서 말씀하시는 이 곧 너희 아버지의 성령이시니라(마 10:20).

0202

하나님의 집은 영원한 안식처

당신은 살다가 돌아갈 집이 있습니까?

우리는 누구나 태어나고 자란 집이 있습니다. 집은 우리의 안식처이자 재충전하는 곳이며 삶의 희망을 쌓아가는 곳입니다. 피곤하고 지쳐 있을 때 쉴 수 있는 곳입니다.

집이라는 장소에는 특별한 의미가 있습니다. 해 뜨면 나갔다가 해 지면 돌아오는 곳, 그런 집이 없다면 고향이 없는 것과 다름없습니다. 하루 해가 지면 돌아가야 할 곳이 집입니다. 지금 우리가 살고 있는 집은 거저 얻은 것이 아닙니다. 이 집을 위해 수고하고 땀을 흘려서 내 이름이 적힌 문패를 달 수 있었습니다.

하지만 이렇게 수고해서 얻은 집보다 더 중요한 집이 있습니다. 내 영혼이 갈 집입니다. 이 집은 우리가 이 세상에서 어떻게 사느냐에 따라 결정됩니다. 당신은 하나님의 집이 나의 영원한 안식처임을 믿습니까? 그 집에 거하는 자는 누구입니까?

■ 내 평생에 선하심과 인자하심이 반드시 나를 따르리니 내가 여호와의 집에 영원히 살리로다(시 23:6).

0203

꿈을 현실로 만드십시오

하나님께서 어떤 꿈과 비전을 주셨습니까?

노아는 방주를 짓는 꿈이 있었습니다. 그것은 굉장히 고독한 싸움이었습니다. 불가능한 싸움이었습니다. 내 이성과 상식과 합리성을 거부해야 하는 일이었습니다. 노아는 하나님께서 주신 것이기 때문에 그 꿈을 현실로 만들었습니다.

아브라함에게는 믿음의 조상이 되는 비전이 있었습니다. 아브라함은 하나님의 약속, 곧 "내가 네 자손을 하늘의 별같이 많게 할 것이며 이 모든 땅을 네 자손들에게 줄 것이니 땅의 모든 나라들이 네 자손들로 인해 복을 받을 것이다"(창 26:4)라는 말씀을 붙들었습니다. 수없이 넘어지고 깨지고 실패하고 실수했지만 결국 그 꿈을 위해 걸어갔습니다. 젖과 꿀이 흐르는 가나안으로 가는 비전을 이뤄 나갔습니다.

구약의 수많은 예언자들은 죽음 앞에서, 수많은 고난 앞에서도 두려워하지 않았습니다. 외롭고 힘들었지만 타협하지 않았습니다. 하나님으로부터 받은 말씀이 있었기 때문입니다. 하나님의 음성을 들었기 때문에 그렇게 살지 않을 수 없었습니다. 하나님의 음성에 귀를 기울이십시오. 꿈과 비전을 주실 것입니다. 하나님의 약속은 틀림없습니다.

■ 이 묵시는 정한 때가 있나니 그 종말이 속히 이르겠고 결코 거짓되지 아니하리라 비록 더딜지라도 기다리라 지체되지 않고 반드시 응하리라(합 2:3).

0204

성령의 카메라에 초점을 맞추고

오늘도 죄인임을 고백하고 회개했습니까?

많은 사람이 스스로 죄인임을 인정하지 않으려 합니다. 인간은 누구나 죄를 짓는다면서 책임을 회피하고 변명하려 합니다. 그러나 성령님이 임하시면 모든 태도가 달라집니다. 강팍했던 마음이 무너지고 스스로 죄와 허물을 인정합니다. 또한 자기 고집이나 합리화, 선함을 자연스럽게 포기합니다. 그 모두가 위선이고 거짓이었음을 고백합니다.

하나님 없이 사는 사람들은 세상에 종말이 있다는 사실을 믿지 않습니다. 죽지 않고 영원히 살 것처럼 착각합니다. 그러나 성령님이 오셔서 깨닫게 하시면 세상에 종말이 온다는 것을 인정하게 됩니다. 이런 영적 깨달음은 한꺼번에 이뤄지지 않습니다. 믿음의 수준만큼 점차적으로 깨닫게 됩니다. 이것이 성령님의 역사입니다.

카메라의 초점이 맞지 않으면 안개 낀 것처럼 뿌옇게 보입니다. 하지만 그 초점을 정확하게 맞추면 모든 것이 선명해 보입니다. 마찬가지로 우리가 성령님과 연합하면 예수님의 실체를 선명하게 볼 수 있습니다. 우리 자신의 인생도 분명하게 볼 수 있습니다.

■ 그러나 진리의 성령이 오시면 그가 너희를 모든 진리 가운데로 인도하시리니 그가 스스로 말하지 않고 오직 들은 것을 말하며 장래 일을 너희에게 알리시리라(요 16:13).

0205

진리로 인도하시는 성령님

당신이 말하고 행동하고 생각하는 것의 기준은 무엇입니까?

우리는 무엇이 옳고 그른지에 대해 가치 기준을 갖고 살아갑니다. 그러나 그 가치 기준은 시대, 사상, 문화, 환경에 따라 얼마든지 달라집니다. 이렇게 계속 변하다 보면, 세상에 영원한 것은 하나도 남지 않게 될 것입니다. 사람은 저마다 사고방식, 체질, 취향이 다르고 생각하는 것도 다릅니다. 똑같은 사물을 두고, 어떤 사람은 좋다고 말하고 또 다른 사람은 나쁘다고 말합니다. 이렇게 제각각이니 올바른 가치 기준을 정할 수 없습니다.

그래서 우리에게는 진리의 성령님이 필요합니다. 성령님은 우리를 진리 가운데로 인도하셔서 모든 것을 평정하는 바르고 확고한 가치 기준을 확립해 주십니다. 세상 기준으로 판단했던 것들을 하나님의 기준으로 판단하게 되고, 세상 상식으로 생각했던 것들을 하나님 말씀을 근거로 생각하게 되는 것입니다.

진리는 시대를 초월하고 상황을 뛰어넘어 항상 옳고 바르며 영원히 변하지 않는 것을 말합니다. 그게 바로 하나님 말씀인 것입니다. 우리는 그 말씀 위에서 올바른 가치 기준을 가지고 살아야 합니다.

■ 진리가 예수 안에 있는 것 같이 너희가 참으로 그에게서 듣고 또한 그 안에서 가르침을 받았을진대(엡 4:21).

빼앗길 수 없는 기쁨

당신의 기쁨의 원천은 어디입니까?

이집트에 가면 스핑크스와 피라미드를 볼 수 있습니다. 일평생 호화로운 무덤을 만들어 내세를 준비하는 것이 그들의 신앙이었습니다. 그러나 죽음을 이기지 못했으니 참 허무한 종교 행위입니다.

기독교는 죽음으로 끝나는 종교가 아닙니다. 예수님은 십자가에서 죽으셨지만 죽음의 권세를 이기고 부활하셨습니다. 절대 절망에 갇혀 있지 않으십니다. 예수님의 무덤 안은 텅 비어 있었습니다. 왕의 왕께서 부활하셔서 독수리가 창공을 향해 날아가듯, 하나님의 세계로 올라가신 것입니다.

부활은 기쁨을 낳습니다. 그래서 믿는 자의 본질은 기뻐하는 것입니다. 기독교는 기쁨의 종교입니다. 죽어도 다시 살아나고 천국으로 향하니 슬퍼하고 싶어도 슬퍼할 일이 없습니다. 믿는 자는 어떤 험한 일을 당해도 그것을 기쁨으로 바꿀 수 있습니다. 이것이 기독교이고 예수님입니다.

■ 주 안에서 항상 기뻐하라 내가 다시 말하노니 기뻐하라(빌 4:4).

0207

'약속'의 기도

당신은 '희망'의 기도를 합니까? '약속'의 기도를 합니까?

하나님께 원하는 것을 이루어 달라고 하는 것은 '희망'의 기도입니다. 인간의 이성과 상식으로는 희망의 기도밖에 할 수 없습니다. 그러나 진짜 기도는 성령님이 임하시는 '약속'의 기도입니다. 인간의 이성이나 생각으로 기도하는 게 아니라 성령님을 따라 약속의 기도를 하는 것입니다. 그때 우리 생각에 혁명이 일어나고 믿음의 패러다임에 변화가 찾아옵니다.

예수님은 "너희가 무엇이든 아버지께 구하면 아버지께서 내 이름으로 주실 것이다"(요 16:23)라고 말씀하셨습니다. 우리의 기도는 이미 응답받은 것입니다. 우리의 기도는 약속 가운데 응답되는 것입니다. 진정한 믿음은 약속을 의지해 하나님께 나아가게 합니다. 날마다 약속의 기도로 하나님께 나아가십시오. 지금 인생은 고통이고 목마름이지만, 곧 가장 아름다운 축복으로 채워질 것입니다.

■ 오직 믿음으로 구하고 조금도 의심하지 말라 의심하는 자는 마치 바람에 밀려 요동하는 바다 물결 같으니 이런 사람은 무엇이든지 주께 얻기를 생각하지 말라(약 1:6-7).

0208

오직 주님의 빛

오늘 하루 무엇을 바라보며 살았습니까?

요즘 주변 상황을 보면 이만저만 걱정되는 것이 아닙니다. 정치, 경제, 사회 등 모든 분야에서 희망을 발견할 수 없습니다. 사람들은 심리적 공황 상태에 빠져 있습니다. 그러나 걱정하지 마십시오. 하나님께서 우리 민족을 지켜 주시고 복을 주실 것입니다. 하나님을 향한 절대적인 믿음을 가지십시오. 그러면 궁극적으로 승리를 얻을 것입니다.

우리가 환경 때문에 겪는 어려움은 그리 중요하지 않습니다. 그런 것은 안개와 같습니다. 태양이 떠오르면 안개는 순식간에 사라져 버립니다. 바람이 불고 폭풍우가 몰아치더라도 걱정하지 마십시오. 그런 것들도 지나가고 나면 그만입니다. 안개도, 바람도, 폭풍우도 영원한 것이 아닙니다. 영원한 것은 오직 주님의 빛뿐입니다. 빛을 바라보며 사십시오.

■ 일어나라 빛을 발하라 이는 네 빛이 이르렀고 여호와의 영광이 네 위에 임하였음이니라(사 60:1).

환난에서 담대해지십시오

평안을 누리지 못하고 담대하지 못한 이유는 무엇입니까?

예수님은 제자들에게 세상에서 환난을 당할 것이라고 미리 말씀하셨습니다. 세상은 우리를 시기하고 질투합니다. 무슨 수를 써서라도 우리를 불안하게 만들고 힘들게 합니다.

그 모든 환난을 이기는 최고의 비결은 예수님의 평안을 누리는 것입니다. 예수님께서 주시는 평안은 세상이 주는 것과 다릅니다. 주님의 평안은 우리로 하여금 환난을 이기게 하고도 남습니다. 배신을 당하고 분노가 일어 갈등할 때도 예수님의 평안으로 극복하십시오.

우리가 환난을 당할 때 담대하게 주님의 평안에 거할 수 있는 이유가 있습니다. 예수님께서 세상을 이기셨기 때문입니다. 우리는 전쟁에서 승리하는 것이 아니라, 승리한 전쟁 가운데 있는 것입니다. 이미 우리는 세상을 이기고 승리했습니다. 세상을 이기신 예수님께서 우리와 함께합니다. 두려워하지 말고 담대하십시오.

■ 이것을 너희에게 이르는 것은 너희로 내 안에서 평안을 누리게 하려 함이라 세상에서는 너희가 환난을 당하나 담대하라 내가 세상을 이기었노라(요 16:33).

0210

'창조'와 '부활'의 믿음

예수님께서 부활하신 것을 진리라고 여기고 있습니까?

기독교는 두 가지 진리 위에 세워져 있습니다. 하나는 삼라만상을 주관하시는 하나님의 '창조'입니다. 인간도 하나님의 창조물이라는 사실은 두말할 나위가 없습니다. 또 하나는 성자 하나님이신 예수 그리스도의 '부활'입니다. 인간은 태어나 모두 죽으며 그 후에 여러 모양으로 부활합니다. 그러나 인간은 이러한 사실을 잘 믿으려고 하지 않습니다.

지난 2천 년 동안 예수님의 부활은 많은 사람들에 의해 증언되어 왔습니다. 만약 예수님의 부활이 거짓이라면 2천 년 동안 진행되어 온 역사의 검증 과정에서 부활 신앙은 도태되고 말았을 것입니다.

그러나 오랜 세월 동안 부활은 더욱 힘을 얻고 지금까지 진리로 받아들여지고 있습니다. 오늘날 교회가 존재하고 부흥하는 까닭은 예수님의 부활이 있기 때문입니다. 크리스천들은 과연 자신의 믿음이 창조와 부활의 토대 위에 있는지 잘 살펴야 할 것입니다.

■ 예수께서 이르시되 너는 나를 본 고로 믿느냐 보지 못하고 믿는 자들은 복되도다 하시니라(요 20:29).

0211

내 인생의 주인은 하나님

태초에 하나님께서 우주 만물을 만드셨음을 진심으로 믿습니까?

하나님께서는 인간을 하나님의 형상과 모양을 본떠 지으셨습니다. 형상은 하나님의 모습을 의미하고 모양은 하나님의 품성을 의미합니다.

아담은 하나님께서 지으신 최초의 인간입니다. 마태복음에 기록된 예수의 족보는 아브라함까지 거슬러 올라갑니다. 그러나 누가복음에 기록된 예수의 족보는 아담까지 올라갑니다. 그리고 아담 위에 아담을 직접 지으신 하나님이 있다는 것입니다. 여기서 창조 이론이 생겨났습니다.

최초의 인간인 아담은 하나님께서 직접 만드셨습니다. 진화된 것이 아닙니다. 하나님은 세상에 있는 재료를 가지고 아담을 만든 뒤 생명을 불어넣으셨습니다. 하나님은 아담을 비롯한 우주 만물과 인간을 지으셨을 뿐 아니라 그 소유권도 가지고 계십니다. 그 소유권은 영원합니다. 만물도, 우리 인생도 하나님이 주인이십니다.

■ 이것은 아담의 계보를 적은 책이니라 하나님이 사람을 창조하실 때에 하나님의 모양대로 지으시되 남자와 여자를 창조하셨고 그들이 창조되던 날에 하나님이 그들에게 복을 주시고 그들의 이름을 사람이라 일컬으셨더라(창 5:1-2).

0212

폭풍 속에서도 함께하시니

오늘 일어난 일들 속에서 하나님의 섭리를 깨달았습니까?

크리스천에게는 우연의 사건이 없습니다. 이 사실을 꼭 기억하십시오. 모든 일이 다 내 뜻대로 되는 것 같지만 사실은 그 안에 하나님의 놀라운 섭리와 계획이 숨어 있습니다. 어떤 이들은 그것을 잘 깨닫지만 어떤 이들은 잘 모르고 지나칩니다. 알든 모르든 하나님의 사랑하는 자녀에게는 하나님의 놀라운 계획이 언제나 함께합니다.

예수 그리스도를 진정으로 알게 되면 왜 하나님께서 우리를 여기에 두시고, 이러한 상황에 두셨는가를 깨닫습니다. 그래서 우리는 환경이 나를 행복하게 하는 것이 아니라 그리스도가 나를 행복하게 한다는 사실을 비로소 알게 됩니다.

하나님은 우리 마음을 지키십니다. 우리 마음을 붙드십니다. 그것이 얼마나 큰 축복인지 모릅니다. 폭풍 속에서도 하나님께서 우리와 함께하시니 두려울 것이 없습니다.

■ 아무 것도 염려하지 말고 다만 모든 일에 기도와 간구로, 너희 구할 것을 감사함으로 하나님께 아뢰라 그리하면 모든 지각에 뛰어난 하나님의 평강이 그리스도 예수 안에서 너희 마음과 생각을 지키시리라(빌 4:6-7).

0213

하나님의 은총의 날개 아래서

오늘 하루 더렵혀진 당신의 영혼을 주의 보혈로 씻었습니까?

지금도 전 세계 도처에서 인간이 자처한 재앙들이 일어납니다. 인간 마음속에 분노와 저주와 미움이 살고 있을 때 얼마나 무서운 파괴와 결과를 가져오는지 모릅니다. 거기에서 죄의 모습을 봅니다. 인간이 지옥을 만드는 것을 봅니다. 죄가 있는 곳이 지옥입니다. 죄를 짓는 순간부터 지옥에 살게 됩니다. 죄가 내 안에 있으면 괴롭고, 혈압이 오르고, 소화가 안 되고, 잠을 못 이룹니다.

하나님의 성령이 한 순간이라도 나를 붙잡지 않는다면 우리는 타락할 수밖에 없습니다. 누구나 주의 성령이 떠나면 쓰레기에 불과합니다. 하나님의 성령이 나를 붙드시기 때문에, 하나님의 은총이 나를 붙드시기 때문에 우리 삶이 이 정도라도 유지되는 것입니다. 하나님 앞에 서는 날까지 하나님의 은총 아래서, 하나님의 날개 아래서 평안하게 사시길 바랍니다.

해가 지기 전에 하루 동안 지은 모든 죄를 주의 보혈로 씻으십시오. 그리고 진정한 평안 가운데 잠자리에 드십시오.

■ 그의 노염은 잠깐이요 그의 은총은 평생이로다 저녁에는 울음이 깃들일지라도 아침에는 기쁨이 오리로다(시 30:5).

0214

사람들의 박수를 받을 때

당신은 박수를 받을 때 예수님의 영광을 떠올립니까?

인생에는 높이 올라가는 순간이 있습니다. 높이 있을 때, 사람들이 박수를 보낼 때, 하는 일이 잘될 때 예수님을 바라보아야 합니다.

　예수님은 오병이어의 기적 이후 군중들의 환호에 휩쓸리지 않으시고 군중을 해산시키신 후 산으로 오르셨습니다. 공격받는 것도 위기이지만 높이 드러나는 것도 위기입니다. 어느 날 생각지도 못한 진급을 하고 높은 자리에서 영향력을 행사하는 것도 위기가 될 수 있습니다. 예수님은 위기 때마다 군중들을 버리고 홀로 산에 올라 하나님을 만나고 묵상과 성찰의 시간을 보내셨습니다.

　사람들이 박수를 보낼 때, 하는 일이 잘될 때, 우리는 그런 예수님을 생각해야 합니다.

■ 그런즉 선 줄로 생각하는 자는 넘어질까 조심하라(고전 10:12).

0215

죄는 전염병과 같습니다

하나님 앞에 지은 죄를 해결할 수 있는 방법은 무엇입니까?

죄에는 전염성이 있습니다. 죄는 절대로 혼자 짓지 않습니다. 술은 혼자 먹지 않고 마약도 혼자 하지 않습니다. 여자는 혼자 죄를 짓지 않고 남자에게도 죄를 짓게 합니다. 사도 바울은 "그들이 이 같은 일을 행하는 자는 사형에 해당한다고 하나님께서 정하심을 알고도 자기들만 행할 뿐 아니라 또한 그런 일을 행하는 자들을 옳다 하느니라"(롬 1:32)라고 말합니다.

선악과를 먹은 후에 인간은 하나님처럼 되지 않고 사탄처럼 변해 버렸습니다. 죄를 짓고 나면 수치심이 생깁니다. 죄는 전염병처럼 번져 양심에 부끄러움을 남기고 인격에 부끄러움을 가져옵니다.

하나님 앞에 지은 죄는 인간의 방법으로는 해결할 수 없습니다. 무화과나무로 가린다고 해서 부끄러움이 없어지는 것이 아닙니다. 가릴수록 더 보이고 감출수록 더 커지는 것이 죄입니다. 하나님 앞에 지은 죄는 하나님의 방법으로만 해결할 수 있습니다. 그래서 하나님은 가죽 옷을 입혀 주셨습니다. 그 가죽 옷은 예수 그리스도를 만나는 것입니다. 죄는 우리 노력으로 해결하지 못합니다. 예수 그리스도의 보혈로만 해결할 수 있음을 꼭 기억하십시오.

■ 여호와 하나님이 아담과 그 아내를 위하여 가죽옷을 지어 입히시니라(창 3:21).

0216

동일한 문화, 동일한 죄

당신 집안의 전통과 관습 속에 남아 있는 죄는 없습니까?

애굽의 박물관에 전시된 유물을 보며 깜짝 놀란 적이 있습니다. 그들의 화장술과 미용술은 현대인이 따라갈 수 없을 만큼 대단했습니다. 또한 예나 지금이나 크게 다르지 않은 문화와 학문의 공통점도 발견했습니다. 원시인들의 고독과 허무는 현대인과 크게 다르지 않았습니다. 우리가 일상생활에서 겪는 모든 사회 현상은 이미 아담이 살던 시대나 예수님께서 살던 시대나 동일하게 있었습니다.

죄 역시 마찬가지입니다. 어느 곳이든 어느 시대든 동일한 모습으로 나타납니다. 고대든 현대든 죄의 현상은 동일합니다. 죄는 처음부터 죄입니다. 죄가 진화되어서 오늘날과 같은 세상을 만든 것이 아닙니다. 예수님 당시에도 오늘날과 동일한 불치병이 있었습니다. 죄가 있는 곳에는 반드시 병과 죽음이 있기 때문입니다.

조금 나아진 세상에서 살고 있다고 생각하십니까? 어제보다 나은 오늘을 살고 있습니까? 세대를 거쳐 여전히 반복되는 죄는 없는지, 내 삶을 전진하지 못하도록 붙잡는 죄는 없는지 곰곰이 살펴보시기 바랍니다.

■ 창세로부터 그의 보이지 아니하는 것들 곧 그의 영원하신 능력과 신성이 그가 만드신 만물에 분명히 보여 알려졌나니 그러므로 그들이 핑계하지 못할지니라 하나님을 알되 하나님을 영화롭게도 아니하며 감사하지도 아니하고 오히려 그 생각이 허망하여지며 미련한 마음이 어두워졌나니 스스로 지혜 있다 하나 어리석게 되어 썩어지지 아니하는 하나님의 영광을 썩어질 사람과 새와 짐승과 기어다니는 동물 모양의 우상으로 바꾸었느니라(롬 1:20-23).

0217

예수님의 보혈만이 죄를 없앤다

2천 년 전에 죽은 예수님의 피가 우리 죄를 씻을 수 있다고 믿습니까?

죄는 우리가 해결할 수 없습니다. 예수 그리스도의 보혈만이 죄를 없애 줍니다. 그렇다면 2천 년 전에 죽은 예수 그리스도의 피가 어떻게 내 죄를 사할 수 있을까요? 어떻게 인류의 죄를 사할 수 있을까요?

두 가지 이유가 있습니다. 첫째, 죄인은 죄인을 용서할 수 없고 하나님만이 인간을 구원할 수 있기 때문입니다. 예수 그리스도가 하나님의 아들이 아니라 평범한 인간이었고 4대 성자 중 한 사람에 불과했다면 그는 구원자가 될 수 없었을 것입니다. 그 자신이 죗값으로 죽어야 하기 때문입니다. 인간의 몸을 입으셨지만 그는 하나님의 아들입니다. 죄인이 아니기에 우리 죄를 용서하실 수 있는 것입니다.

둘째, 예수가 하나님이었다는 사실만으로는 우리 죄를 용서하고 우리를 구원할 수 없습니다. 죄의 삯은 사망입니다. 따라서 죄를 씻기 위해서는 누군가가 죽어야 합니다. 죽음 없이는 죄를 없앨 수 없습니다. 누군가 우리를 위해 죽었을 때 죄가 없어지는 것입니다. 그것이 예수님의 보혈의 능력이며 효과입니다.

■ 그가 빛 가운데 계신 것 같이 우리도 빛 가운데 행하면 우리가 서로 사귐이 있고 그 아들 예수의 피가 우리를 모든 죄에서 깨끗하게 하실 것이요(요일 1:7).

0218

거절감의 상처 치유법

누군가로부터 거절당할 때 어떤 마음이 듭니까?

뱃속에 있을 때 부모가 낙태를 하려고 했던 아이는 성장한 이후까지 그 상처가 남는다고 합니다. 자라면서 부모에게 받은 상처가 깊은 사람은 결혼해서도 배우자에게 거절당할까 봐 두려움에 사로잡혀 삽니다.

우리는 온통 거절당함의 사회에서 살고 있습니다. 때로 입시에 떨어지고, 때로 청혼을 거절당하기도 합니다. 거절감을 가지고 사는 사람은 다른 사람들이 자신을 환영해 주지 않는다고 생각합니다. 때로 그들은 거절당하지 않으려고 잔뜩 날을 세우고 상대를 공격합니다.

거절감이 생기는 이유는 잘못된 예배를 드렸기 때문입니다. 예배가 받아들여지지 않은 사람은 얼굴에 분이 드러납니다. 마음이 불편해지며 원망과 불평을 쏟아 놓고 작은 일에도 화를 냅니다. 그러나 참된 예배를 드린 사람은 기쁨이 충만합니다. 바른 예배는 거절감의 상처를 치유합니다. 예수 그리스도에게 나아가면 어렸을 때부터 받았던 거절감의 상처가 치유됩니다.

참된 예배를 드려야 합니다. 예배가 온전히 드려질 때 우리 안에 있는 분노와 거절감의 상처가 사라집니다. 우리의 안색이 밝아집니다.

■ 가인과 그의 제물은 받지 아니하신지라 가인이 몹시 분하여 안색이 변하니(창4:5).

구원을 갈망하십시오

영원한 구원을 갈망하며 살고 있습니까?

인간은 죽을 수밖에 없는 존재입니다. 구백삼십 세를 산 아담도 결국에는 죽었습니다. 백 년을 살다가 죽는 것이나 천 년을 살다 죽는 것이나 죽는 것은 마찬가지입니다.

죄를 지은 인간은 반드시 죽게 되어 있습니다. 그런데 중요한 것은, 아담이 가인의 족보에 있지 않고 셋의 족보에 있다는 것입니다. 이것은 아담이 저지른 실수를 둘째 아담인 예수 그리스도가 회복한다는 것을 의미합니다. 만일 아담이 가인의 족보에 있다면 아담도 결국 멸망하는 자였겠지만 그렇지 않았습니다.

고린도전서 15장 45절을 보십시오. "첫 사람 아담은 생명이 있는 영이 됐다라고 한 것처럼 마지막 아담은 생명을 주는 영이 됐습니다." 아담은 죄를 짓고 메시아를 기다리는 첫 번째 사람이었습니다. 그는 구백삼십 년을 살면서 끊임없이 메시아를 기다렸습니다. 죄 지었고 실수를 했지만 계속해서 하나님의 이름을 부르고 에덴동산으로 돌아가기를 갈망했습니다. 하나님은 그를 멸망하는 자로 두지 않으셨습니다. 회복의 족보에 두시는 영광을 주셨습니다. 구원을 갈망하는 사람들에게는 하나님의 영광이 있습니다.

■ 초상집에 가는 것이 잔칫집에 가는 것보다 나으니 모든 사람의 끝이 이와 같이 됨이라 산 자는 이것을 그의 마음에 둘지어다(전 7:2).

타락이 극에 달하면

요즘 자주 일어나는 자연재해를 예수님의 눈으로 해석해 보십시오.

우리나라는 여름이면 집중 호우가 찾아옵니다. 특히 최근 들어서는 게 릴라성 호우가 자주 발생합니다. 이런 비는 하루 전에 갑자기 나타나서 비를 뿌리고 사라지기 때문에 기상청에서도 예측하기 어려운 이상 현상이라고 합니다. 어떤 해에는, 보름 동안 이어진 집중 호우에 10만 명이 넘는 이재민이 생기고 많은 사람이 죽었습니다. 농경과 가옥이 침수되었습니다.

이런 비를 보면 노아 시대의 홍수를 생각하게 됩니다. 40주야 동안 쉬지 않고 비가 내려서 지구를 다 덮었습니다. 사실 비가 내린 것이 아니라 쏟아진 것입니다. 하늘에서 물이 쏟아지고 땅에서 지하수가 쏟아져 나오는 엄청난 사건이었습니다. 그것은 인류의 총체적 심판이었습니다. 이 심판은 인류의 마지막 심판인 불의 심판에 대한 예고이기도 합니다.

심판과 저주는 타락과 부패 때문에 임합니다. 타락이 극에 이르면 심판이 임합니다. 죄로 말미암아 모든 사물이 다 썩고 부패하기 때문입니다. 지구가 신음하는 것을 소홀히 여기면 안 됩니다.

■ 모든 사람은 결혼을 귀히 여기고 침소를 더럽히지 않게 하라 음행하는 자들과 간음하는 자들을 하나님이 심판하시리라(히 13:4).

0221

예수님의 족보

예수님의 족보에 들어갈 수 있는 사람은 누구라고 생각합니까?

마태복음 1장에 기록된 예수님의 족보를 보면 다섯 명의 여자가 나옵니다. 다섯 명의 여자 중 마지막에 나온 마리아는 순결하고 거룩한, 남자를 알지 못하는 여자지만 앞서 나온 네 명의 여자는 조금 수상한 사람들입니다. 첫 번째로 나온 다말과 네 번째의 밧세바는 불륜을 저지른 사람들이었고 두 번째 여자인 라합은 기생이었으며 세 번째 나온 룻은 이방인이었습니다. 당시에 이방인은 개 취급을 당했습니다.

그러나 그들은 모두 예수님의 족보에 있는 사람들입니다. 예수님의 족보 가운데 이런 여자들이 있는 이유는 "이방인도 오라, 불륜을 저지른 사람도 오라, 기생도 오라, 거룩한 자도 오라, 내가 너희를 용서하고 구원해 주겠다."는 하나님의 조건 없는 사랑 때문입니다.

　예수님은 창녀의 친구가 되셨고, 세리의 친구가 되셨습니다. 세상에서 실패한 자들의 친구가 되기도 하셨습니다. 예수님 앞에 나가지 못할 사람은 아무도 없습니다. 세상에서 가문이 좋은 사람이나 좋지 못한 사람이나 다 예수님께로 올 수 있습니다.

■ 그의 집에 앉아 잡수실 때에 많은 세리와 죄인들이 예수와 그의 제자들과 함께 앉았으니 이는 그러한 사람들이 많이 있어서 예수를 따름이러라(막 2:15).

안식의 복을 누리십시오

인생에서 안식의 중요성을 깨닫고 있습니까?

하나님은 6일 동안 만물을 창조하신 뒤 일곱째 날에는 창조를 완성하셨습니다. 무엇을 만드신 것이 아니라 즐기신 것입니다. 그것이 창조의 결론입니다. 중요한 것은 하나님께서 만드신 것을 즐기는 것입니다. 이것이 축복입니다. 하나님께서 창조하신 만물과 그 위대하신 능력을 감상하고 기뻐하고 즐기는 것이 바로 안식일이었습니다. 따라서 모든 창조에는 안식이 있어야 합니다. 그때 축복과 회복이 일어납니다.

일이라는 것은 끝이 있습니다. 끝이 있을 때 시작이 있습니다. 일을 쉬지 않고 하는 사람들을 '일중독자'라고 합니다. 또 일만 계속하기 위해 태어난 사람은 '노예'라고도 부릅니다. 노예는 일의 가치를 느끼지 못하고 일합니다. 노예는 그저 일하기 위해 존재하는 것입니다. 이스라엘 백성들이 애굽에서 아무런 목적 없이 4백 년 동안 노예로 일했던 것을 기억해 보십시오.

끊임없이 쉬지 않고 일을 하면 몸도 땅도 고장이 납니다. 하나님의 창조의 질서에는 쉼이 있습니다. 나는 과연 노예로 살고 있습니까, 하나님의 창조 질서에 따라 살고 있습니까?

■ 하나님이 그가 하시던 일을 일곱째 날에 마치시니 그가 하시던 모든 일을 그치고 일곱째 날에 안식하시니라(창 2:2).

0223

고난이 없는 꿈은 백일몽

당신이 겪는 고난은 하나님의 꿈과 비전을 이루기 위한 것인가요?

하나님의 꿈은 고난이라는 대가를 치릅니다. 고난이 없는 꿈은 백일몽에 불과합니다. 하나님께서 주신 꿈은 단순한 이상도, 낭만도, 미래의 장밋빛 약속도 아닙니다. 참된 꿈, 진짜 꿈은 언제나 시련을 만나고 고난을 겪기 마련입니다. 따라서 진정한 크리스천이라면, 땅의 꿈이 아니라 하늘의 꿈, 순간적인 꿈이 아니라 영원한 꿈을 가슴에 품고 고난 겪는 것을 당연하게 여기십시오.

시련을 만나는 것은 억울하거나 우연한 일을 당하는 것이 아니라 정도를 걷고 있다는 증거입니다. 고난과 시련을 통과해야, 꿈은 꽃을 피우고 열매를 맺습니다. 하나님의 꿈을 가진 열일곱 소년 요셉의 삶이 그것을 증명해 줍니다.

꿈을 가진 사람들은 환경을 탓하지 않습니다. 꿈을 가진 사람은 남이 보지 못한 길을 걷고 남이 하지 않는 말을 합니다. 꿈을 가진 사람들에게는 길이 보입니다. 목표가 보입니다. 가시에 찔리고, 돌에 넘어지고, 억울한 일을 당하고, 곧 숨이 넘어가 죽을 것 같지만 그 사람에게는 현실의 고통이 아니라 미래의 목표가 보입니다. 약속이 보이는 것입니다. 꿈이 보이는 것입니다.

■ 고난 받는 자는 그 날이 다 험악하나 마음이 즐거운 자는 항상 잔치하느니라(잠 15:15).

0224

나의 힘이 되시는 여호와여!

불과 바람과 생명수로 오시는 하나님을 느껴 보았나요?

참된 힘은 하나님으로부터 옵니다. 다윗은 "내 힘이 되신 여호와여, 내가 주를 사랑합니다"(시 18:1)라고 고백합니다. 이어서 그는 "여호와는 내 바위시요, 내 산성이시요, 나를 건져 내는 분이시며 내 힘이신 내 하나님은 내가 피할 바위십니다. 내 방패, 내 구원의 뿔, 내 산성이십니다"(시 18:2)라고 했습니다.

누구든지 하나님을 만나 본 자마다 하나님의 힘을 느낍니다. 하나님은 죽은 자의 하나님이 아니라 산 자의 하나님이며 살아 계신 하나님이기 때문입니다.

한걸음 더 나아가 이 하나님의 힘은 성령님을 통해 더 실감할 수 있습니다. 그분은 불로 오시고 바람으로 오시고 생수가 되셔서 우리에게 기름 부어 주십니다. 이 불을 체험하고, 생명의 바람을 호흡하고, 영원한 생명수를 마셔야 합니다. 그때 비로소 하나님의 힘이 우리 안에 역사하십니다. 죄를 불태우고 모든 어두운 세력을 몰아내고 생명을 부어 주십니다. 우리의 힘이 되시는 여호와를 좀 더 가까이서 풍족하게 경험하시기를 바랍니다.

■ 여호와는 나의 힘과 나의 방패이시니 내 마음이 그를 의지하여 도움을 얻었도다 그러므로 내 마음이 크게 기뻐하며 내 노래로 저를 찬송하리로다(시 28:7).

0225

성경은 지혜의 통로

당신은 삶 속에서 위로부터 오는 신령한 지혜를 구합니까?

우리는 지식과 정보의 홍수 속에서 살고 있습니다. 그러나 거기에는 지혜가 없습니다. 그 많은 지식과 정보는 지혜롭게 쓰이지 않으면 사람에게 해를 끼치기 마련입니다.

야고보서 3장 13절에서는 "너희 중에 지혜와 총명이 있는 자가 누구냐. 그는 선행으로 말미암아 지혜의 온유함으로 그 행함을 보일지니라"라고 했습니다. 여기서 총명이란 참 지식을 말합니다. 지식에는 세상 지식과 하나님의 지식이 있습니다. 지혜도 마찬가지입니다. 세상 지혜가 있고 하나님의 지혜가 있습니다. 야고보서에서 말하는 것은 하나님의 지식과 하나님의 지혜입니다.

지혜와 총명의 원뜻은 지식을 동반한 지혜입니다. 다시 말하면 지식을 동반한 지혜를 가진 사람이 누구냐는 것입니다. 지식이 없는 지혜는 아무것도 아닙니다. 능력이 없습니다. 반대로 지혜가 없는 지식은 사람을 죽입니다. 따라서 세상 지혜가 아니라 하나님으로부터 오는 지혜, 세상 지식이 아니라 하나님으로부터 오는 참 지식을 가지라는 말씀입니다.

성경은 지혜에 대해 많이 언급합니다. 특별히 잠언에는 얼마나 많은 하나님의 지혜가 담겼는지 모릅니다. 성경은 하나님의 지혜로 가득 차 있습니다. 성경을 읽으면 지혜를 얻을 수 있습니다.

■ 너희 중에 누구든지 지혜가 부족하거든 모든 사람에게 후히 주시고 꾸짖지 아니하시는 하나님께 구하라 그리하면 주시리라(약 1:5).

0226

죄를 이기는 비결

오늘 당신의 시간과 육체를 의의 병기로 사용했습니까?

구원받은 자는 이미 예수님의 십자가와 함께 그 죄의 정욕을 십자가에 못 박았습니다. 더 이상 우리 몸에서 죄가 왕 노릇할 수 없다고 판결 받은 사람입니다. 이제 이런 십자가로부터 나온 판결문을 가지고 구체적으로 우리 몸에 있는 죄를 구속 또는 체포해야 합니다.

무엇보다 첫 번째는 죄로 하여금 죽을 우리 몸에서 왕 노릇하지 못하게 해야 합니다. 이렇게 선언하십시오. "너는 이미 십자가에서 죽었다. 너의 죄의 권능과 영향력을 더 이상 행사할 수 없다. 내 몸에서 떠나라. 나는 예수의 이름으로 너를 체포한다."

두 번째는 몸의 사욕에 순종하지 말아야 합니다. 육신은 우리로 하여금 죄를 짓도록 유혹합니다. 욕망을 갖게 합니다. 육신의 욕망을 꺾지 않으면 죄를 꺾지 못합니다. 갈라디아서 5장 19-21절에 보면 죄의 욕망이 구체적으로 나옵니다. "곧 음행과 더러운 것과 호색과 우상 숭배와 주술과 원수 맺는 것과 분쟁과 시기와 분냄과 당 짓는 것과 분열함과 이단과 투기와 술 취함과 방탕함과 또 그와 같은 것들"입니다.

세 번째는 자신의 몸을 의의 병기로 드려야 합니다(롬 6:13). 우리 몸이 불의의 병기로 사용되면 빼어 버리거나 찍어 버리는 것이 낫다고 성경은 말합니다. 몸과 시간과 지식과 은사들과 돈과 건강 등 우리가 가진 모든 것이 하나님께서 쓰시는 산 제물이요, 의의 병기가 되길 원합니다.

■ 그러므로 너희는 죄가 너희 죽을 몸을 지배하지 못하게 하여 몸의 사욕에 순종하지 말고(롬 6:12).

은혜의 보좌로 나오십시오

날마다 하나님의 은혜의 보좌 앞에 나아가고 있습니까?

하나님은 우리를 위해 은혜의 보좌를 만들어 놓으셨습니다. 그것은 하나님의 보좌에, 그 존전에 있습니다. 이 은혜의 보좌는 하나님의 통치와 보호와 자비와 은총을 상징합니다. 은혜의 보좌에서는 예수 그리스도의 이름으로 누구든지 용서를 받을 수 있습니다.

예수님께서 십자가에서 피 흘려 돌아가신 것은 바로 이를 예비하시기 위함입니다. 은혜의 보좌 앞에서는 누구든지 새로워지고 거듭나고 성령의 인치심을 받을 수 있습니다. 이것이야말로 성도와 하나님과의 만남의 클라이맥스입니다.

바로 지금, 주의 보혈로 씻김 받고 은혜의 보좌 앞에 담대히 나아가십시오. 우리 하나님께서 바로 당신을 위해 은혜의 보좌를 준비해 놓으셨습니다. 좀 더 관찰해 보고, 좀 더 생각해 보고, 좀 더 알아보고 믿어야겠다고 생각하십니까? 이제는 결단하고 은혜의 보좌 앞에 아무 염려 말고 담대히 나아가십시오. 그곳에서 용서와 치유와 회복의 은혜를 경험할 것입니다.

■ 그러므로 우리는 긍휼하심을 받고 때를 따라 돕는 은혜를 얻기 위하여 은혜의 보좌 앞에 담대히 나아갈 것이니라(히 4:16).

0228

독생자의 영광을 바라보십시오

당신은 날마다 주의 영광을 봅니까?

"우리가 그의 영광을 보니 아버지의 독생자의 영광이요"(요 1:14)라는 말씀이 있습니다. '독생자의 영광'이라는 말은 원어로 두 가지 뜻을 가지고 있습니다. 하나는 '독생자의 영광'이고, 또 하나는 '독특한 영광'이라는 뜻입니다. 독생자 예수 그리스도의 영광은 어떤 것과도 비교할 수 없는 독특하고 특이한 것입니다.

예수님의 얼굴은 하나님의 얼굴이며, 독특한 영광의 얼굴입니다. 2천 년이 지난 지금도 예수님의 얼굴을 보면 누구나 감격해합니다. 예수님을 믿는다는 것을 실감합니다. 우리 안에 거하시는 예수님을 만나는 것이 바로 예수님의 얼굴을 보는 것이며 그분을 믿는 일입니다.

많은 사람이 예수님을 영접한 후에 공허함을 느끼며 의심을 품고 낙심하는 것은 독생자의 영광을 본 적이 없기 때문입니다. 그러나 기억하십시오. 하나님의 아들이신 예수님은 우리와 동거하십니다. 그래서 우리는 독생자의 영광을 경험할 수 있습니다.

■ 주께서 행하신 일을 주의 종들에게 나타내시며 주의 영광을 그들의 자손에게 나타내소서(시 90:16).

3월

만물이 소생하는 기쁨

들판의 꽃 한 송이, 풀벌레 한 마리도
하나님의 영광 아닌 것이 없습니다.

0301

사랑의 합주곡

당신은 믿음과 소망과 사랑을 어느 정도 갈망합니까?

사랑의 합주에서 빠지면 안 될 악기가 세 가지 있습니다. 믿음, 소망, 사랑입니다. 이 중 한 가지만 빠져도 불협화음이 일어납니다.

"믿음 소망 사랑, 이 세 가지는 언제까지나 남아 있을 것인데"(고전 13:13)라는 말씀을 그냥 지나치면 안 됩니다. 믿음, 소망, 사랑은 성부, 성자, 성령이 하나인 것처럼 삼위일체의 관계입니다. 그중 특히 중요한 역할을 하는 것이 사랑입니다.

사랑과 하나님은 긴밀하게 연결되어 있습니다. 하나님은 사랑이십니다. 하나님에게서 사랑이 나옵니다. 믿음은 예수 그리스도와 연결되어 있습니다. 히브리서는 "믿음의 창시자요 완성자신 예수를 바라봅시다"(히 12:2)라고 말합니다. 예수님을 바라보면 믿음이 나옵니다. 산을 옮길 만한 믿음이 나옵니다. 예수님을 바라보면 죽은 자가 살아나는 믿음이 나옵니다. 또 소망에 관한 성경 구절을 찾아보면 모두 성령님과 관련이 있습니다.

이처럼 사랑은 성부, 믿음은 성자, 소망은 성령과 관련이 있습니다. 믿음, 소망, 사랑은 삼위일체가 되어 서로 도와주고 격려하고 영향력을 줍니다. 우리 삶에서 사랑의 합주가 널리 퍼지기를 바랍니다.

■ 너희의 믿음의 역사와 사랑의 수고와 우리 주 예수 그리스도에 대한 소망의 인내를 우리 하나님 아버지 앞에서 끊임없이 기억함이니(살전 1:3).

영혼에 샘물이 넘쳐흐르려면

참 사랑을 받고 싶을 때는 언제입니까?

인간은 사랑을 감정적으로 표현합니다. 그래서 변화가 많습니다. 반면 하나님의 사랑은 감정적이 아니라 의지적입니다. 하나님은 죄 많은 인간을 사랑하기로 결정하셨습니다. 그래서 기분이 나빠도 사랑하시고 우리가 잘못해도 사랑하십니다. 사랑은 의지이기 때문입니다.

부부 간의 사랑도 마찬가지입니다. 감정이 아니라 의지로 해야 합니다. 의지적으로 상대방이 어떤 말을 하든, 어떤 실수를 하든 용서하고 받아들여야 하는 것입니다.

하나님은 인간을 사랑하기 위해 존재하시고 인간은 하나님의 사랑을 받기 위해 존재합니다. 사랑을 필요로 하지 않는 인간은 하나도 없습니다. 그런데 그 사랑을 인간의 사랑으로 채우려 하기 때문에 실망합니다. 하나님의 사랑으로 마음의 방향을 바꾸십시오. 그러면 우리 영혼에 샘물이 흘러넘치는 것 같은 감동과 치유와 회복이 일어날 것입니다.

■ 하나님의 사랑이 우리에게 이렇게 나타난 바 되었으니 하나님이 자기의 독생자를 세상에 보내심은 저로 말미암아 우리를 살리려 하심이라(요일 4:9).

0303

비로소 열리는 믿음의 세계

상식에 얽매어 믿음으로 나아가지 못하지는 않습니까?

이성과 합리성은 하나님을 거부합니다. '어떻게 하나님께서 천지를 창
조하셨느냐? 어떻게 예수님께서 물 위를 걸을 수 있느냐? 어떻게 죽은
자가 살아날 수 있느냐?'며 말씀을 거부합니다. 그런데 이상하게도 내
안에 믿음이 생기면 하나님에 대해 모든 것을 믿을 수 있습니다. 하나님
을 생각하면 어렵고 힘든 상황에서도 마음이 평안합니다. 하나님이 믿
어집니다. 내 마음의 문이 열리는 것을 경험합니다.

내가 하나님을 믿어서 믿음이 생긴 것이 아니라 하나님께서 믿음을
주셨기 때문에 믿어지는 것입니다. 믿음이 있으면 자꾸만 하나님에 대
해 좋은 생각이 듭니다. '하나님은 하실 수 있다'는 생각이 들고 믿어집
니다.

그리고 가장 중요한 사실, 예수 그리스도께서 나를 위해 십자가에 못
박혀 돌아가셨다는 것을 믿게 됩니다. 이것을 어떻게 설명할 수 있겠습
니까. 이 믿음의 세계는 상식적으로는 도저히 이해되지 않고, 잡히지도
않고, 동의할 수도 없습니다. 그런데 내 안에 성령이 계시면 믿음의 세계
가 열리기 시작합니다. 하나님께서 행하신 모든 일이 보이기 시작합니
다. 그 축복의 장으로 지금 당장 들어오시기를 바랍니다.

■ 곧 그 아이의 아버지가 소리를 질러 이르되 내가 믿나이다 나의 믿음 없는 것을 도
와 주소서 하더라(막 9:24).

불가능을 가능케 하는 믿음

당신은 이성, 합리성의 세계를 벗어나려고 노력합니까?

우리는 합리성의 세계에 살고 있습니다. 하나님을 믿지 않는 사람들은 합리성, 상식, 이성이 기준입니다. 그래서 세상은 합리성을 중심으로 움직입니다. 그러나 믿음의 세계는 이와 다릅니다. 합리성, 이성에는 기적이 없지만 믿음은 언제나 불가능을 가능케 합니다. 없는 것을 있게 하고, 보이지 않는 것을 보게 하고, 죽은 자를 살립니다.

우리는 이성의 세계에 살지만 실제로 이성과 합리성을 초월한 일들에 부딪히곤 합니다. 평상시에는 이성과 합리성을 기준으로 사는 것 같지만 위기를 맞으면 달라집니다. 인생의 위기, 폭풍, 죽음, 절망에 부딪히면 이성과 합리성을 찾지 않습니다. 합리성에 공을 들인다고 해결할 수 없기 때문입니다. 그 순간 이성과 합리성은 잊어버리고 믿음의 세계로 들어갑니다.

믿음은 바라는 것들의 실체며 보지 못하는 것들의 증거입니다. 하나님의 약속을 바라보는 것입니다. 말씀을 붙들고 보이지 않는 것을 보고, 바라는 것을 보는 것입니다. 이것이 믿음의 세계입니다.

■ 믿음은 바라는 것들의 실상이요 보이지 않는 것들의 증거니 (히 11:1).

하나님께 속한 완전한 사랑

당신은 성숙한 사랑을 하고 있습니까? 미숙한 사랑을 하고 있습니까?

성숙하다는 말은 '무르익었다'는 뜻입니다. 대보름 때 뜨는 보름달처럼 꽉 찬 것을 말합니다. 성숙한 사람과 이야기해 본 적이 있습니까? 겸손이 느껴질 것입니다. 그에게서는 겸손뿐 아니라 지혜와 통찰력이 드러납니다. 그와 이야기하면 모든 것이 확실하고 분명해지며 쉬워집니다. 그래서 성숙한 사람 곁에는 자꾸 가고 싶어집니다.

성숙하지 못한 사람은 어떤 사람일까요? 우선 그 사람과 이야기를 해 보면 답답합니다. 했던 말을 반복해서 또 하게 합니다. 일이 자꾸 꼬이고 열매가 맺히지 않습니다. 어린아이처럼 매사에 미숙합니다. 미숙해서 남에게 상처를 주고 실수하는 경우가 많습니다.

완전한 사랑이 하나님께 속한 사랑이고 불완전한 사랑이 인간에게 속한 사랑입니다. 성숙한 사랑은 타인에게 덕을 끼칩니다. 반면 미숙한 사랑은 다른 사람에게 불편을 끼칩니다.

■ 내가 어렸을 때에는 말하는 것이 어린 아이와 같고 깨닫는 것이 어린 아이와 같고 생각하는 것이 어린 아이와 같다가 장성한 사람이 되어서는 어린 아이의 일을 버렸노라(고전 13:11).

0306

경청과 배려의 기술

오늘 하루 다른 사람의 말을 경청하고 배려하는 삶을 살았습니까?

남을 배려할 줄 모르는 사람은 항상 자기 것만 챙기기 급급합니다. 그리고 자기의 사랑을 강요합니다. 상대방에게 필요한 사랑을 나누어 주지 않습니다. 또한 배려심 있는 사람은 다른 사람의 말을 경청합니다. 『배려』라는 책과 『경청』이라는 책이 화제가 된 적이 있습니다. 이런 책이 나올 정도로 경청과 배려의 기술이 우리에게 필요합니다.

예수님께서 우리를 얼마나 배려하시는지 알고 있습니까? 우리가 상처받을까 봐, 힘들까 봐 세심하게 배려하십니다. 예수님은 약한 자, 병든 자, 힘없는 자를 배려하십니다. 또 예수님은 우리 이야기를 잘 들어 주십니다.

성숙한 사람은 사리를 분별하고 속 깊은 뜻을 이해합니다. 상대방의 말보다 생각을 먼저 깨닫고, 또 더 나아가 상대방 생각보다 의도를 먼저 알아차리려고 합니다. 어른은 사소한 문제에 집착하지 않습니다. 사소한 문제로 싸우지 않습니다. 이해심이 크기 때문입니다.

■ 내 사랑하는 형제들아 너희가 알지니 사람마다 듣기는 속히 하고 말하기는 더디 하며 성내기도 더디 하라(약 1:19).

기적을 부르는 아가페 사랑

하나님의 사랑을 흉내 내기만 해도 기적이 일어남을 알고 있습니까?

하나님의 사랑을 표현할 때 '아가페'라는 단어를 씁니다. 이 사랑은 조건 없는 사랑, 거저 주는 사랑, 희생하는 사랑, 포기하는 사랑을 말합니다. 이것은 오직 하나님께만 허락된 사랑입니다.

하나님께서 인간을 그렇게 사랑하시기 때문에 성령님을 힘입어 우리도 이 사랑을 흉내 낼 수 있습니다. 하나님의 사랑을 흉내 내기만 해도 기적이 일어납니다. 회복이 일어나고 축복이 일어납니다. 고린도전서 13장에 나오는 사랑은 인간적인 사랑이 아닙니다. 하나님의 완전한 사랑, 영원한 사랑인 아가페를 이야기합니다.

하나님의 사랑은 오래 참습니다. 그러나 우리는 오래 참다 맙니다. 간혹 오래 기다린다 해도 허무주의적인 실존을 좇습니다. 하나님의 사랑은 친절합니다. 상대방이 실수를 하더라도 끊임없이 웃고 또 웃습니다. 시기하지 않고, 자랑하지 않고, 교만하지 않습니다. 예수님은 자기유익을 구하시지 않았고, 성내시지 않았고, 원한을 품으시지 않았고, 불의를 기뻐하시지 않았습니다. 진리와 함께 기뻐하셨습니다.

한순간만이라도 이렇게 살아 보시기 바랍니다. 그 한순간 한순간이 쌓여 새로운 인생이 됩니다.

■ 인자가 온 것은 섬김을 받으려 함이 아니라 도리어 섬기려 하고 자기 목숨을 많은 사람의 대속물로 주려 함이니라(막 10:45).

0308

영원까지 이어지는 사랑

오늘 말하고 행동했던 모든 것에 사랑이 깃들어 있었습니까?

영원까지 가져갈 수 있는 것이 무엇일까요? 사랑입니다. 사랑은 현재에도 필요하고 미래에도 필요하고 영원까지 필요합니다. 하나님이 사랑이시기 때문입니다. 하나님이 계신 곳에는 언제나 사랑이 있습니다.

　목회를 하면서 완전한 것과 부분적인 것이 무엇일까 생각해 봤습니다. 건물, 의자, 성도 수, 조직, 시스템, 이런 것들은 부분적인 것입니다. 부분적인 것이 틀렸다는 것이 아닙니다. 우리는 교회가 사라질 때까지 그 일을 계속할 것입니다.

　그런데 이 부분적인 것이 완전해지려면 어떻게 해야 할까요? 사랑이라는 아교가 들어가야 합니다. 우리 말이나 삶에 사랑이 묻어 있어야 합니다. 내가 하는 것은 모두 부분적인 것입니다. 거기에 사랑이 들어가야 완전한 것이 됩니다.

　사회도 마찬가지입니다. GNP가 올라가고 각종 경제 지표가 좋아져야 행복해지는 것이 아닙니다. 우리 심장에 사랑이 흘러야 합니다. 정치에도 사랑이 필요하고, 교육에도 사랑이 필요하고, 경영에도 사랑이 필요합니다. 건강한 국가는 그것을 고민합니다. 결국 우리는 '사랑'을 놓치 말아야 합니다.

■ 그런즉 믿음, 소망, 사랑, 이 세 가지는 항상 있을 것인데 그 중의 제일은 사랑이라 (고전 13:13).

0309

사랑은 화내지 않습니다

오늘 하루 어떤 일에 화를 내지 않았습니까?

화 때문에 괴로워하는 사람이 굉장히 많습니다. 화를 내고 후회하고, 그러고도 또 화를 냅니다. 늘 화가 문제입니다.

사람은 희로애락을 느낍니다. 이런 감정 자체를 죄라고 할 수는 없습니다. 감정은 그냥 감정입니다. 감정에는 옳고 그름이 없습니다. 죄와 상관없이 그냥 기뻐하는 것이고 그냥 슬퍼하는 것이고 그냥 분노하는 것입니다. 화를 내는 것이 죄는 아니지만 죄로 변하기가 매우 쉽습니다.

왜 화가 날까요? 거절감, 상처, 억울한 누명을 쓴 경험이나 불의한 일을 겪은 경험 때문입니다. 그래서 비슷한 경우를 만나면 화가 치밀어 오릅니다.

성경에는 사랑이 있으면 아무리 어려운 일을 겪어도 화를 내지 않는다고 했습니다. 사랑은 화를 내지 않습니다. 사랑이 있는 사람은 화라는 함정에 빠지지 않는다는 것입니다. 빠졌다 할지라도 금방 빠져나옵니다. 빨리 빠져나오면 나중에 화낼 일이 생겨도 자연스럽게 마음이 누그러집니다.

■ 화를 내어도 죄를 짓지 말며 해가 지도록 분을 품지 말고 마귀에게 틈을 주지 말라 (엡 4:26-27).

이기심을 버리고 사랑하십시오

당신은 얼마나 자기중심적인 사고를 가지고 있습니까?

사람들이 서로 싸우고 미워하고 대적하는 이유가 뭘까요? 욕심 때문입니다. 왜 욕심이 생깁니까? 이기심 때문입니다. 세상이 자기중심적으로 돌아가야 한다는 생각 때문입니다. 그래서 자기 생각, 자기주장에 반대하는 사람은 다 공격하고 싶어합니다.

하지만 참 사랑은 자기의 유익을 구하지 않습니다. 예수님의 말과 행동, 기적 속에서는 이기심을 찾아볼 수 없습니다. 예수님은 자신을 위해 하신 것이 없습니다. 예수님은 오로지 하나님의 뜻을 위해 일하셨습니다. 병자들을 위해, 귀신들린 자들을 위해, 외로운 자들을 위해 일하셨기 때문에 누구든지 예수님을 좋아하는 것입니다.

이기심을 포기하십시오. 사람들이 당신을 찾아올 것입니다. 누구나 당신을 좋아하게 될 것입니다.

■ 아무 일에든지 다툼이나 허영으로 하지 말고 오직 겸손한 마음으로 각각 자기보다 남을 낫게 여기고(빌 2:3).

0311

행복을 나눠 주는 사람

당신은 오늘 주변 사람들에게 얼마나 선한 영향력을 끼쳤습니까?

초대교회 사람들은 찬양하는 공동체, 사람들에게 존경과 칭찬을 받는 공동체였습니다. 그래서 날마다 구원받는 사람의 숫자가 늘어났습니다. 사람들은 예나 지금이나 돈 벌고, 인기를 얻고, 권력을 얻는 데 온통 관심을 집중합니다. 기업은 이윤을 내기 위해 혈안이 되어 있습니다. 그러나 교회는 다릅니다. 교회는 예배를 드리고, 성만찬을 하고, 그리스도를 묵상하고, 봉사하고 헌신하고, 목숨을 걸고 예수 그리스도를 증언하기 위해 모입니다.

어떻게 이런 기적 같은 공동체가 가능할까요? 사도행전 2장 1절에 그답이 있습니다. 오순절날 무엇이 임했습니까? 성령이 임했습니다. 성령을 받으면 축제가 시작됩니다. 기쁨이 생기고, 기적이 일어나고, 말씀과 찬양, 기도가 터져 나옵니다. 성령이 임하면 새로운 세상, 새로운 공동체가 나타납니다. 방언하고, 찬양하고, 얼굴색이 달라집니다. 성령 충만에서 비롯한 구원과 기쁨과 행복은 퍼지게 되어 있습니다.

받은 복을 나누는 사람이 되십시오. 퍼 주면 또 생깁니다. 다른 사람을 도와주면 하나님께서 축복을 더 주십니다. 그것이 사도행전의 정신입니다.

■ 하나님을 찬미하며 또 온 백성에게 칭송을 받으니 주께서 구원 받는 사람을 날마다 더하게 하시니라(행 2:47).

십자가 승리를 선언하라

당신은 구약 속의 십자가를 믿고 있습니까?

언 땅이 녹고 꽃이 활짝 피고 만물이 소생하는 봄처럼 기독교는 춤을 추고 소리를 지르고 아름다운 삶을 선포하는 종교입니다. 기독교는 사랑을 나누고 고난 속에서 포기하지 않고 사탄과 싸워서 승리하는 종교입니다. 이것이 십자가입니다.

흔히 갈보리 언덕에 선 십자가만을 생각합니다. 하지만 그것이 전부가 아닙니다. 십자가는 신약 시대에 갑자기 톡 나타난 것이 아닙니다. 십자가 사건은 창세기부터 예언된 하나님의 역사입니다. 사탄은 십자가 때문에 무저갱으로 떨어졌지만 아직 역사는 끝나지 않았고 주님은 오시지 않았습니다.

이런 의미에서 구원은 두 가지로 해석될 수 있습니다. 십자가로 이미 완성된 구원과 종말에 받을 구원입니다.

십자가를 생각할 때마다 두 가지를 기억하십시오. 사탄은 이미 죽었습니다. 십자가에 완전히 패배했습니다. 이것을 선언하십시오. 선언하면 사탄은 떠나고 죄악이 물러갑니다. 동시에 긴장을 풀지 마십시오. 아직 주님이 재림하지 않으셨습니다. 그동안 정신 차리고 깨어 있어야 합니다. 사탄의 속임수에 빠지지 않아야 합니다.

■ 내가 너로 여자와 원수가 되게 하고 네 후손도 여자의 후손과 원수가 되게 하리니 여자의 후손은 네 머리를 상하게 할 것이요 너는 그의 발꿈치를 상하게 할 것이니라 하시고(창 3:15).

0313

인간이 구원받아야 하는 이유

인간의 힘으로 죄의 굴레를 벗어날 수 있습니까?

인간이 구원을 받아야 하는 이유는 간단합니다. 인간이 죄의 저주 아래 있기 때문입니다. 이것은 마치 몸속에 암세포가 있는 것과 같습니다. 암세포는 제거해야 합니다. 제거하지 않으면 시간의 차이는 있지만 결국 죽습니다. 마찬가지로 인간은 본질적인 죄의 문제를 해결하지 않으면 진정한 삶을 얻을 수 없습니다.

죄의 문제를 해결하는 방법은 무엇입니까? 하나님은 단 한 가지 방법만을 주셨습니다. 십자가입니다. 십자가가 유일한 방법입니다.

인간은 그동안 여러 가지 방법으로 죄의 굴레를 벗어 버리려고 애썼습니다. 철학, 윤리, 종교, 사상 등으로 죄의 문제를 해결하려고 했습니다. 하지만 할수록 불가능하다는 것을 알게 되었습니다. 가장 큰 문제는 죄를 단순하게 생각하는 데 있습니다. 흔히 죄를 단순한 잘못, 규범에서 벗어난 것 정도로 생각합니다.

하지만 죄는 그렇게 쉽게 용서받고 타협할 수 있는 것이 아닙니다. 죄인 스스로 해결할 수 있는 것도 아닙니다. 십자가만이 죄를 해결할 수 있습니다. 인간의 몸으로 오셨지만 하나님과 동등하신 예수님의 십자가 사건만이 우리 죄를 해결할 수 있습니다.

■ 그러면 이제 우리가 그의 피로 말미암아 의롭다 하심을 받았으니 더욱 그로 말미암아 진노하심에서 구원을 받을 것이니(롬 5:9).

0314

십자가는 하나님의 뜻입니다

악한 세대에서 우리를 구원할 수 있는 것은 무엇입니까?

로마병정이 예수님을 십자가에 못 박았습니다. 유대인들이 예수님을 죽이라고 외쳤습니다. 그러나 주님께서 십자가를 지심은 하나님의 뜻입니다. 십자가는 그 누구의 의도나 뜻이 아니라 바로 하나님의 계획이었다는 것입니다.

예수님께서 스스로 십자가를 지신 것은 하나님의 뜻에 순종하기 위한 믿음의 행동이었습니다. 주님께서는 하나님의 뜻임을 정확하게 알았기 때문에 순종할 수 있었던 것입니다. 우리가 방황하고 있다면 하나님의 뜻을 정확하게 깨닫지 못했기 때문입니다. 하나님의 뜻이라면 고통도 쉽습니다.

십자가의 목적은 단 하나입니다. 악한 세대에서 우리를 구원하기 위해서입니다. 십자가는 하나님의 뜻이요 인간을 구원하기 위해 자신의 몸을 내어 준 순종의 사건입니다. 십자가가 없다면 은혜와 평강도 없고 구원도 없고 하나님께 드릴 영광도 없습니다. 십자가는 하나님의 뜻입니다.

■ 그리스도께서 하나님 곧 우리 아버지의 뜻을 따라 이 악한 세대에서 우리를 건지시려고 우리 죄를 대속하기 위하여 자기 몸을 주셨으니 영광이 그에게 세세토록 있을지어다 아멘(갈 1:4-5).

0315

눈앞에 벌어진 명백한 사건

당신은 삶 속에서 분명하게 보이는 십자가를 믿습니까?

십자가는 부인할 수 없는, 눈앞에 벌어진 명백한 사건입니다. 십자가 사건은 어느 구석진 골목이나 모퉁이에서 생긴 일이 아닙니다. 옛사람에게만 보이는 사건이 아닙니다. 꿈을 꾼 것도 아니고 환상을 본 것도 아닙니다.

그러나 성령을 받지 못한 사람은 아무리 똑똑해도 이해하지 못합니다. 성령을 받아야만 십자가의 신비로운 비밀을 알게 됩니다. 요즘 성령 사역, 성령 운동, 기적과 은사 등을 많이 추구하는데, 이런 것만 반복하면 금세 공허해집니다. 그 안에 십자가가 빠져 있기 때문입니다. 십자가가 있는 성령 운동은 영원합니다.

성령은 율법으로 얻어지지 않습니다. 오직 십자가의 복음을 깨닫는 자에게만 성령이 임합니다. 십자가를 묵상하고 십자가를 사랑하고 십자가를 선전하고 자랑하면 성령이 하늘의 문을 열고 무더기로 쏟아집니다. 십자가의 복음을 받아들이십시오. 성령이 임할 것입니다.

■ 어리석도다 갈라디아 사람들아 예수 그리스도께서 십자가에 못 박히신 것이 너희 눈 앞에 밝히 보이거늘 누가 너희를 꾀더냐 내가 너희에게서 다만 이것을 알려 하노니 너희가 성령을 받은 것이 율법의 행위로냐 혹은 듣고 믿음으로냐 너희가 이같이 어리석으냐 성령으로 시작하였다가 이제는 육체로 마치겠느냐(갈 3:1-3).

0316
믿는 자가 받는 핍박

십자가 핍박을 두려워하지 않을 담대함이 있습니까?

십자가의 복음은 우리에게 아이러니한 삶을 살게 합니다. 십자가를 믿는 자에게는 박해가 있습니다. 십자가를 말하면 사람들은 욕을 합니다. 핍박을 하고 박해합니다. 예수님 이야기를 하면 좋아하는데 십자가 이야기를 하면 싫어합니다. 십자가를 자랑하면 신경질을 내고 싫어합니다. 참 이상합니다.

그래서 우리는 자꾸 십자가를 숨기려는 어리석은 행동을 합니다. 교회도 마찬가지입니다. 괜히 뜨거운 감자를 건드렸다가 욕이나 먹고 얻는 게 하나도 없기 때문에 십자가의 복음을 자랑하지 않습니다.

십자가는 유대인에게는 걸리는 것이요 이방사람에게는 어리석은 일이지만 우리에게는 하나님의 능력이요, 지혜입니다. 십자가를 자랑할 때 핍박이 온다는 사실을 기억하고 핍박을 두려워하지 마십시오. 십자가는 보물이요, 복음의 핵심이기 때문입니다.

■ 형제들아 내가 지금까지 할례를 전한다면 어찌하여 지금까지 박해를 받으리요 그리하였으면 십자가의 걸림돌이 제거되었으리니(갈 5:11).

0317

십자가만 자랑합시다

그동안 무엇을 자랑하고 다녔습니까?

우리가 진정으로 십자가의 본질과 십자가의 진실을 깨닫는다면 십자가 외에는 더 이상 자랑할 것이 없다고 고백할 것입니다. 사도 바울은 십자가를 깨닫고 나서 고린도전서 2장 2절에서 "내가 여러분 가운데서 예수 그리스도, 곧 십자가에 못 박히신 그분 외에는 아무것도 알지 않기로 작정했기 때문입니다"라고 말했습니다.

십자가는 우리 신앙의 중심이고 핵심 가치이며 절대 가치입니다. 십자가 이상도 없고 십자가 이하도 없습니다. 세상이 내게 대해 못을 박고 나는 세상에 대해 못을 박았습니다. 그래서 나는 세상을 부러워하지 않고, 세상 때문에 살고 죽지 않습니다. 십자가는 부활로 변하고, 부활은 성령으로 변하고, 성령은 십자가를 온 세상에 퍼지게 합니다.

예수님께서 십자가에서 이루신 구원은 염소와 송아지의 피를 발라서 해 주신 것이 아닙니다. 내가 영원한 구원을 받은 것은 예수 그리스도가 거룩하신 피를 단번에 흘림으로 말미암은 것입니다. 십자가는 영원히 빛날 것입니다. 십자가는 온 인류를 구원할 것입니다. 십자가의 능력은 모든 죄와 사탄의 세력을 끊어 버릴 것입니다. 십자가는 우리 믿음의 근거입니다. 십자가는 우리가 증거할 내용의 핵심입니다.

■ 그러나 내게는 우리 주 예수 그리스도의 십자가 외에 결코 자랑할 것이 없으니 그리스도로 말미암아 세상이 나를 대하여 십자가에 못 박히고 내가 또한 세상을 대하여 그러하니라(갈 6:14).

0318

성화의 길

마음속에 죄와 욕망과 정욕이 살아 있습니까? 죽었습니까?

십자가는 성화의 길입니다. 십자가에 못 박혔다는 것은 육신과 동시에 죄와 욕망과 정욕이 못 박힌 것을 의미합니다. 십자가에서 몸은 죽었는데 정욕과 욕망은 그대로인 사람들이 있습니다.

정욕과 욕망이 나를 지배하면 음행과 더러움, 방종, 우상숭배, 다툼, 질투, 분노, 이기심, 분열, 술 취함, 방탕 등이 나를 지배합니다. 이 정욕의 지배 속에서 살고 싶으십니까?

이 모든 것을 십자가에 못 박으십시오. 시체로 만들어 버리십시오. 성령이 임하면 가능합니다. 성령이 임하면 사랑과 기쁨과 화평과 친절과 오래 참음과 선함과 신실함과 온유와 절제 같은 법들이 내 몸 안에서 살아날 것입니다.

예전에는 입이 거칠고, 행동도 험악했던 사람이 어느 날 갑자기 말과 행동이 변한 것을 봅니다. 십자가는 사람들에게 성령의 열매를 맺게 할 뿐 아니라 성화의 길을 걷게 합니다. 모든 악한 것이 내 몸에서 빠져나가 그 자리가 깨끗해지고 향기가 납니다. 성령의 아름다운 열매들이 맺힙니다. 이것이 크리스천이 걸어야 할 성화의 길입니다.

■ 그리스도 예수의 사람들은 육체와 함께 그 정욕과 탐심을 십자가에 못 박았느니라 만일 우리가 성령으로 살면 또한 성령으로 행할지니(갈 5:24-25).

죄를 쉽게 생각하지 마십시오

우리의 어떤 잘못이나 악행도 하나님께서 용서할 거라고 생각합니까?

죄를 쉽게 여기는 사람들은 말합니다. "하나님은 사랑이시니까 그냥 용서해 주시면 되지 않느냐"고 말입니다. 사랑과 용서의 하나님이신 것은 맞습니다. 아무리 크고 흉악한 죄를 지었다 할지라도 하나님은 우리를 무조건 용서하고 무한히 사랑하십니다.

하지만 하나님은 동시에 공의의 하나님이십니다. 작은 죄 하나도 용납하시지 않는 분이십니다. 그러면 인간은 어떻게 됩니까? 간단합니다. 죽습니다. 심판받습니다. 한 번 죽는 것은 사람들에게 정해진 일이며 그 후에는 심판이 있습니다(히 9:27). 우리는 하나님의 공의 앞에서는 어떤 가능성도 없습니다. 이것이 인간의 운명입니다.

인간을 죽이면 하나님의 사랑이 무너지고, 인간을 살리면 하나님의 공의가 무너집니다. 하나님 스스로 공의를 무너뜨릴 수도 없고, 사랑을 무너뜨릴 수도 없습니다.

하나님은 이 문제를 어떻게 해결하실까요? 하나님 자신이 인간 대신 죽기로 결정하신 것입니다. 죄는 인간이 지었지만 죽음은 하나님께서 치르신 것입니다. 그래서 하나님의 공의도, 사랑도 무너뜨리지 않고 바로 세울 수 있게 된 것입니다. 인간으로서는 상상조차 할 수 없는 일입니다. 이것이 십자가 사랑입니다.

■ 그뿐 아니라 이제 우리로 화목하게 하신 우리 주 예수 그리스도로 말미암아 하나님 안에서 또한 즐거워하느니라(롬 5:11).

못 말리는 인간의 죄성

당신 안에 아직도 죄의 특성이 남아 있습니까?

존 스토트에 의하면, 죄는 다섯 가지 헬라어로 표현된다고 합니다. '하마르티아'는 표적에서 벗어난 것, 목표에 이르지 못한 것, 목적에서 이탈한 것을 뜻합니다. '아디키아'는 불의나 부정을 말합니다. '포네리아'는 사악하고 부패한 종류의 악을 말할 때 사용합니다. '파라바시스'는 침입, 침해, 한계를 벗어나는 것을 말합니다. '아노미아'는 불법, 무법, 탈법 등 법을 넘어설 때 쓰는 단어입니다. 이렇게 죄는 단순하지 않습니다. 한 단어 안에 다양한 의미와 현상이 있습니다.

죄는 드러난 어떤 악한 행동이나 악한 사고가 아니라 하나님을 떠난 인간의 실존 자체입니다. 그러나 사람들은 죄의 수많은 현상 가운데 하나만 죄라고 하면서 죄를 단순하게 생각합니다. 그래서 하나님을 무시하고, 하나님께 반항하는 사람들이 생겨납니다. 그런 사람은 죄의식이 없습니다. 죄에 대한 감각조차 없습니다.

그런 한심한 우리 죄를 없애기 위해 하나님께서는 그 아들을 십자가에 못 박으셔야 했습니다. 이 사실을 숨기지 마십시오. 하나님 스스로 죽기로 작정한 것이었습니다. 십자가는 감정적 사랑도, 의지적 사랑도, 지성적 사랑도 아닙니다. 인간의 한계를 뛰어넘는 거룩한 사랑입니다.

■ 우리가 아직 죄인이었을 때에 그리스도께서 우리를 위하여 죽으심으로 하나님께서 우리에 대한 자기의 사랑을 확증하셨느니라(롬 5:8).

0321

죄 사함과 기쁨의 선언

당신 안에 십자가가 나타나는 때는 언제입니까?

하나 더하기 하나는 둘입니다. 이것은 감정적으로 논쟁할 문제가 아니라 받아들여야 할 사실입니다. 마찬가지로 하나님의 공의와 사랑은 무조건적으로 받아들여야 할 사실입니다. 인간은 본질적으로 죄인이라는 것도 받아들여야 합니다. 그래야 십자가가 내 안에서 나타나기 시작합니다.

사도 바울은 십자가를 두 가지 선언으로 결론짓습니다.

첫째, 죄 사함의 선언입니다. 십자가는 하나님과 우리 사이를 화해시킨 사건입니다. 이제 우리는 하나님과 원수가 아닙니다. 예전에는 죄인이었지만 이제는 죄인이 아닙니다. 따라서 십자가는 죄 사함의 선언입니다.

둘째, 기쁨의 선언입니다. 십자가는 하나님의 사랑, 공의를 만족시키면서 인간을 구원하는 유일한 길입니다. 따라서 기뻐할 수밖에 없습니다. 십자가는 장송곡이 아니라 개선가입니다. 부활입니다.

■ 곧 우리가 원수 되었을 때에 그의 아들의 죽으심으로 말미암아 하나님과 화목하게 되었은즉 화목하게 된 자로서는 더욱 그의 살아나심으로 말미암아 구원을 받을 것이니라(롬 5:10).

0322

십자가는 능력입니다

내 속에 잠자는 악을 어떻게 이길 수 있을까?

십자가는 사탄의 권력과 권세를 무장 해제시켰습니다. 이것은 마치 강도에게서 무기를 빼앗아 버린 것과 같습니다. 무기를 빼앗긴 강도는 달리 할 수 있는 일이 없습니다. 하나님은 이 모든 일을 은밀하게 하시지 않고 공개적으로 하셨습니다. 누구든지 예외 없이, 모든 사람이 알도록 하신 것입니다. 이것이 바로 십자가 사건입니다.

그렇기 때문에 십자가는 능력입니다. 우리는 십자가로 구원을 받았지, 부활로 구원받은 것이 아닙니다. 십자가가 구원이라면 부활은 확인입니다. 우리를 구원하는 것은 십자가입니다. 따라서 십자가가 기독교 신앙의 중심이 되는 것이며, 부활은 십자가 뒤에 따라오는 영광입니다. 부활은 십자가를 확인시켜 준 사건입니다.

십자가에서 죄가 제거되고, 십자가에서 사탄의 권세가 무장 해제되고, 악이 제거되었습니다. 따라서 십자가는 슬픔, 고통이 아닙니다. 크리스천이 십자가를 보는 순간 기뻐하고 즐거워하고 환호성을 지르고 감동하는 이유가 여기 있습니다.

■ 사망아 너의 승리가 어디 있느냐 사망아 네가 쏘는 것이 어디 있느냐 사망이 쏘는 것은 죄요 죄의 권능은 율법이라 우리 주 예수 그리스도로 말미암아 우리에게 승리를 주시는 하나님께 감사하노니(고전 15:55-57).

0323

십자가를 통과했습니까?

십자가를 통과한 사람, 보혈을 통과한 사람은 어떻게 살까요?

크리스천의 삶은 '예수를 믿느냐, 믿지 않느냐'도 중요하지만 '십자가를 통과했느냐, 통과하지 못했느냐'가 더 중요합니다. 교회에 와서 예배도 드리고 헌금도 하고 봉사도 하지만 십자가를 모를 수 있습니다. 이런 사람은 백이면 백 모두 사탄에게 지고 맙니다. 십자가를 붙들지 않고 예수님의 겉모습만 붙들고 있기 때문입니다.

당신은 십자가를 통과했습니까? 보혈을 통과했습니까? 십자가를 통과한 사람, 보혈을 통과한 사람은 어떻게 살까요? 예수님께서는 이렇게 말씀하셨습니다. "누구든지 나를 따르려면 자기를 부인하고 날마다 자기 십자가를 지고 따라야 한다"(눅 9:23).

인간의 최대 우상은 돈이나 권력이 아니라 자기 자신입니다. 우리 자신은 가장 아름답고 귀한 존재이면서 동시에 가장 무서운 존재입니다. 자기가 살아 있으면 괴롭습니다. 계속 갈등하고 미워하고 시기하고 질투합니다. 인간은 욕망 덩어리이기 때문입니다. 그러나 십자가를 진 사람은 자기를 부인합니다. 자기를 부인하는 것은 쉬운 일이 아닙니다. 하지만 십자가를 경험한 사람은 자기 자신을 이길 수 있습니다.

■ 이에 예수께서 제자들에게 이르시되 누구든지 나를 따라 오려거든 자기를 부인하고 자기 십자가를 지고 나를 따를 것이니라(마 16:24).

0324

날마다 내 십자가를 져야 합니다

오늘 십자가를 져야 할 의무를 저버리지 않았습니까?

십자가를 경험한 사람은 스스로 십자가를 집니다. 여기서 혼동하지 말아야 할 것이 있습니다. 내가 예수님의 십자가를 지는 것이 아닙니다. 오직 죄가 없으신 예수님만이 온 인류를 위한 십자가를 지실 자격이 있습니다. 내가 져야 할 십자가는 따로 있습니다.

내가 져야 할 십자가는 무엇일까요? 가족, 친구, 동료를 위한, 나라와 민족을 위한 십자가입니다. 이것이 십자가를 경험한 우리가 져야 할 십자가입니다.

사실 십자가는 누구든지 피하고 싶습니다. 고통이요, 고난이요, 죽음인 십자가를 누가 좋아하겠습니까? 그러나 그 십자가를 내가 져야 합니다. 자식을 위한 십자가, 남편을 위한 십자가, 아내를 위한 십자가를 다른 사람이 질 수 없습니다. 내가 져야 합니다.

예수님의 말씀을 보면 '날마다 십자가를 지라'라고 했습니다. 한두 번은 십자가를 질 수 있습니다. 큰맘 먹고 딱 한 번 희생할 수 있습니다. 하지만 예수님은 십자가가 매일매일 찾아온다고 하십니다. 매일 십자가를 지는 것이 크리스천의 삶입니다.

■ 또 무리에게 이르시되 아무든지 나를 따라오려거든 자기를 부인하고 날마다 제 십자가를 지고 나를 따를 것이니라(눅 9:23).

0325
자기를 부인한다는 뜻

당신은 스스로를 존귀하게 여깁니까?

'자기를 부인한다'는 것은 내 모든 것을 부인한다는 뜻이 아닙니다. 죄를 부인한다는 뜻입니다. 내 속에 있는 악한 요소들은 무섭게 부인하고 거절해야 합니다. 동시에 내 안에 있는 선하고 희망적이고 영적이고 하나님을 사랑하는 것은 격려해야 합니다.

하나님은 우리를 공중에 나는 새보다, 들풀이나 꽃보다도 더 존귀하게 여기십니다(마 6:26, 30). 우리는 나 자신을 귀하게 생각해야 합니다. 자기를 부인하는 것과 자기를 학대하는 것은 다릅니다. 하나님께서 우리에게 하시듯이 스스로를 존귀하게 여기고 격려하고 축복하고 긍정적으로 생각하십시오.

이와 함께 자기를 부인하는 또 다른 모습은, 사랑하되 원수까지 사랑하는 것입니다. 내 자신을 사랑하고 이웃을 사랑하고 가족을 사랑하는 것은 쉽습니다. 그러나 나를 힘들게 하고 괴롭히고 내 인생을 깎아 먹는 사람을 사랑하기는 쉽지 않습니다. 우리는 사랑하기 힘드니까 그 사람을 피합니다. 무관심하게 아예 보지 않습니다. 하지만 예수님은 그 사람들을 사랑하라고 하십니다. 예수님은 적극적인 사랑을 원하십니다.

■ 인자가 온 것은 섬김을 받으려 함이 아니라 도리어 섬기려 하고 자기 목숨을 많은 사람의 대속물로 주려 함이니라(막 10:45)

십자가를 잘못 믿은 죄

당신은 십자가를 진정으로 믿습니까? 믿는 척만 하는 것은 아닙니까?

우리가 왜 크리스천으로서의 삶을 실패하는 줄 아십니까? 원하지 않아서가 아니요, 의지가 없어서도 아닙니다. 예수님 말씀대로 잘 살고 싶은데 안 되는 이유는 딱 하나입니다. 죄 때문입니다. 내 안에 있는 죄가 나를 크리스천답게 살지 못하게 하고, 시기, 질투, 미움, 분노, 염려, 근심 등을 만들어 내는 것입니다.

이 사실은 우리를 다시 고민하게 합니다. '나는 예수도 믿고, 세례도 받고, 교회도 다니고, 설교도 열심히 듣는데 왜 죄가 없어지지 않을까?'

그 이유를 알기 위해서는 원죄가 무엇인지를 알아야 합니다. 죄는 내 의지, 지식, 행위로 없앨 수 있는 것이 아닙니다. 내 원죄는 십자가로만 없앨 수 있습니다. 결론적으로 십자가를 잘못 믿은 것입니다. 십자가를 믿는 척만 하면 내 안에 있는 죄가 없어지지 않습니다.

내 안에 있는 죄가 없어지지 않았기 때문에 내가 원하지 않는 일들을 하게 되는 것입니다. 그래서 자기 십자가를 피하게 되고, 원수의 뺨을 때리고 싶고, 섬기기보다 섬김을 받고 싶어 합니다. 이것이 인간의 본성입니다. 십자가를 피하지 말고 온전하게 믿어야 내 안에 있는 죄가 사라집니다.

■ 그런즉 우리가 무슨 말을 하리요 은혜를 더하게 하려고 죄에 거하겠느냐 그럴 수 없느니라 죄에 대하여 죽은 우리가 어찌 그 가운데 더 살리요 무릇 그리스도 예수와 합하여 세례를 받은 우리는 그의 죽으심과 합하여 세례를 받은 줄을 알지 못하느냐(롬 6:1-3).

죄를 이기는 결정타

죄의 문서가 찢기고 죄가 순식간에 사라지는 방법을 아십니까?

바이러스가 몸속에 숨어 있으면 겉보기에는 건강합니다. 바이러스가 나를 속이기 때문입니다. 하지만 때가 되면 바이러스가 활동을 시작합니다. 그러면 그 사람은 병이 듭니다.

크리스천의 삶도 마찬가지입니다. 내가 정신을 똑바로 차리고 사는 동안은 죄를 짓지 않습니다. 그러나 어떻게 우리가 1년 열두 달, 하루 24시간 죄를 짓지 않고 살 수 있겠습니까? 우리는 우리가 모르는 사이에 넘어지고 또 넘어질 수밖에 없습니다.

우리는 죄와 싸울 수 없습니다. 싸우면 반드시 집니다. 죄를 이길 수 있는 결정타는 십자가입니다. 십자가를 믿느냐 믿지 않느냐에 달려 있습니다. 보혈의 피를, 십자가에서 고난 받으신 예수 그리스도를 내가 믿으면 그 즉시 내 죄의 문서는 찢겨지고 죄가 순식간에 사라집니다.

죄는 어디서 죽었습니까? 십자가입니다. 그래서 십자가를 바라보고 십자가의 피를 진정으로 믿으면 내가 착하게 살았든지 악하게 살았든지 상관없이 인격적, 도덕적으로 죄가 사라집니다.

■ 그리스도 예수의 사람들은 육체와 함께 그 정욕과 탐심을 십자가에 못 박았느니라(갈 5:24).

0328

단번에 사라진 죄

당신은 오늘 지은 모든 죄에 대해 십자가의 능력을 믿습니까?

예수님은 우리 죄를 위해 반복해서 죽으실 필요가 없습니다. 한 번 죽으심으로 우리 죄를 해결하셨습니다. 우리는 예수 그리스도의 죽음을 한 번만 믿으면 됩니다. 그러면 죄가 단숨에 사라집니다. 내 안의 죄가 십자가로 말미암아 죽었습니다. 이것은 내가 노력해서 죽은 것이 아닙니다.

예수님의 십자가가 내 죄를 완전히 해결했다, 단번에 해결했다는 사실을 믿어야 합니다. 십자가를 믿지만 죄가 죽었다는 사실을 선포하지 못하고, 죄의 시체를 건져 내지 못해서 괴로워하고 있습니까? 이 시간에 '아, 내 안에 아직도 죄의 시체가 있구나'라고 느끼는 분은 예수님의 십자가가 내 죄를 완전히 해결했다는 사실을 믿고 선포하십시오. 죄는 내 안에 더 이상 살아날 수 없다고 입으로 시인하고 마음으로 믿으면 죄는 능력을 잃어버립니다. 선포하면 죄는 우리 안에서 재생할 수 없습니다. 예수는 살아나도 죄는 살아나지 못합니다.

예수님께서 2천 년 전에 십자가에 못 박혀 죽으셨습니다. 그 능력이 지금도 살아 있습니다. 이 사실을 인정하고 믿어야 합니다. 죄가 살아나려고 하면 선포하십시오. 죄는 단숨에 죽었고 우리는 살았습니다.

■ 이와 같이 너희도 너희 자신을 죄에 대하여는 죽은 자요 그리스도 예수 안에서 하나님께 대하여는 살아 있는 자로 여길지어다(롬 6:11).

0329

세상에서 가장 충격적인 제사

이 시간 제사의 제물이 되신 주님을 생각해 보십시오.

이스라엘 백성은 늘 제사를 드렸기 때문에 제사에 대해 잘 알았습니다. 제사에는 반드시 제물이 필요합니다. 제물이 없는 제사는 없습니다. 소든 양이든 비둘기든 제물을 잡아서 하나님께 제사를 드렸습니다.

사도 바울은 제단 위에서 제물이 피를 흘리고 소리 없이 죽어 가는 모습을 예수님께 비유했습니다. 예수님께서 십자가에서 채찍에 맞고, 조롱을 당하고, 가시 면류관을 쓰고, 창에 찔리는 모습이 제단 위 제물과 같다고 말합니다.

매우 충격적인 그림입니다. 그러나 우리는 이런 그림을 그리지 않고 예수님께서 죽으신 사건을 이론적으로만 접근합니다. 그래서 예수님의 죽음이 우리 양심과 도덕, 영혼에 아무런 충격을 주지 못하는 것입니다.

인간의 죄를 씻기 위해서는 생명이 필요합니다. 돈으로 사거나 매를 맞거나 고문을 당하는 것으로는 죄를 씻을 수 없습니다. 그래서 인간의 죄를 씻기 위해 하나님께서 자신의 생명을 내어 놓으신 것입니다. 참으로 엄청난 사건이 아닐 수 없습니다. 십자가를 천천히 묵상하면 기절할 만큼 충격을 받습니다. 나를 위해 내 자녀가 죽는 것보다 더 큰 사건이요, 자녀를 위해 부모가 죽는 것보다 더 큰 사건입니다.

■ 그는 우리 죄를 위한 화목 제물이니 우리만 위할 뿐 아니요 온 세상의 죄를 위하심이라(요일 2:2).

왜 피를 흘리셨나?

주님의 피 흘리심과 주님께서 우리를 사랑하시는 것과 어떤 관계가 있습니까?

왜 주님께서 피를 흘려야 했을까요? 피가 생명이기 때문입니다(레 17:11). 화목제물의 핵심은 예수 그리스도의 십자가요, 십자가의 핵심은 십자가에 흘리신 피입니다. 고난이나 조롱은 부가적인 것입니다. 피가 뿌려지지 않았다면 죄도 사라지지 않았고 생명을 얻지도 못했습니다.

내가 하나님을 사랑했기 때문에 하나님께서 화목제물을 주신 것이 아닙니다. 우리는 보통 내가 먼저 하나님을 사랑한 줄로 착각합니다. 내가 헌금을 하고, 내가 하나님을 예배했다고 생각합니다. 그러나 성경은 이렇게 말합니다. "내가 하나님을 사랑한 것이 아니라 하나님께서 먼저 나를 사랑하셨다."

하나님께서 나를 사랑하셨기 때문에 하나님께서 제물을 드린 것입니다. 사랑과 긍휼과 자비가 크신 하나님께서 인간을 살려야겠는데 달리 방법이 없으니까 아들을 화목제물로 보내시고 십자가에 달리게 하신 것입니다.

■ 사랑은 여기에 있으니 곧 우리가 하나님을 사랑한 것이 아니요 하나님이 우리를 사랑하사 우리 죄를 속하기 위하여 화목 제물로 그 아들을 보내셨음이라(요일 4:10).

0331

무죄 선언, 칭의

당신은 의롭다 함을 입었습니까?

우리는 사탄의 고발을 받아 사형선고를 받았습니다. 사실입니다. 죄의 값은 사망이기 때문입니다. 그러나 하나님께서는 "네 죄는 사형에 해당되지만 무죄다"라고 결론을 내리셨습니다. 이것을 '칭의(稱義)'라고 합니다. 의롭다 하심을 받았다는 뜻입니다.

우리 죄는 사형에 해당하지만 예수님께서 죄의 값을 치르셨기 때문에 하나님께서 무죄로 선언하신 것입니다. 의롭지 않은데 의롭다 하시고, 선하지 않은데 선하다 하시고, 용서받을 수 없는 죄인인데 용서받은 죄인으로 삼아 주신 것입니다.

하나님은 죄 사함을 선언하셨고, 예수님은 그 선언을 위해 십자가를 지셨습니다. 그래서 그 선언을 가능케 하셨습니다. '칭의'라는 말은 너무 소중하고 귀한 말입니다. 그러나 이것을 내 것으로 만들지 않으면 아무 소용없는 말이 되고 맙니다.

어떻게 내 것으로 만들 수 있습니까? 믿음으로 만들 수 있습니다. 믿음으로 의롭다 함을 받을 수 있습니다. 우리가 믿는 예수님이 우리를 의롭게 만듭니다. 우리는 예수님을 믿음으로 구원을 받습니다. 결과는 거듭남입니다. 마지막 열매는 새 하늘과 새 땅, 새 예루살렘입니다.

■ 그러므로 사람이 의롭다 하심을 얻는 것은 율법의 행위에 있지 않고 믿음으로 되는 줄 우리가 인정하노라(롬 3:28).

밥을 꼭꼭 씹어 먹어야 하듯
늦더라도 정직하게 차근차근 살아야 합니다.
성장에서 성숙으로,
성공에서 보람으로,
축복에서 형통으로
시간과 싸우면서 외길을 걸어야 하지 않겠습니까?

4월

하나님의 손을 잡고

밤 깊고 비바람 몰아치는 날에도
주님과 동행하면 기쁘고 편안합니다.

밀알은 생명을 가졌습니다

우리 안에 생명이 있다고 믿습니까?

성경은 예수 믿고 구원받은 이후의 삶을 '한 알의 밀알'에 비유합니다. 밀알은 생명을 가졌습니다. 보기에는 하나의 씨앗에 불과하지만, 그 안에는 생명이 깃들어 있습니다.

　즐겨 먹는 달걀을 생각해 보십시오. 우리가 먹을 때는 영양 보충을 위한 가금류의 알입니다. 하지만 암탉의 품 안에 들어가면 생명력을 유지해 병아리로 태어납니다. 밀알 역시 빻아서 빵으로 만들면 육신을 위한 음식이 됩니다. 그러나 그 밀알이 땅속에 들어가 썩으면 놀랍게도 다시 생명으로 태어납니다. 이 원리가 중요합니다.

　크리스천에게는 눈에 보이지 않는 예수님의 생명이 있습니다. 예수 그리스도로 말미암아 십자가와 부활, 성령이 우리 안에 영적 생명으로 잉태된 것입니다. 우리 안에는 생명을 낳을 수 있는 재생력이 생겨납니다. 이는 영원한 생명인 하나님의 생명이 들어왔기 때문입니다. 크리스천의 현주소는 믿지 않는 일반인과 다릅니다. 우리의 정체성은 그들과 다릅니다. 우리는 죽어도 다시 삽니다. 지금 당장 병들고 부유하지 않고 걱정하지 마십시오. 우리에게는 영원한 생명이 있습니다. 새 생명이 있습니다. 예수의 생명, 하나님의 생명이 있습니다. 그 생명이 우리를 부활시키고 살게 합니다.

■ 내가 진실로 진실로 너희에게 이르노니 한 알의 밀이 땅에 떨어져 죽지 아니하면 한 알 그대로 있고 죽으면 많은 열매를 맺느니라(요 12:24).

0402

유혹을 이기는 능력

습관적으로 죄를 짓고 있습니까? 어떻게 해결하고 싶습니까?

예수님께서 십자가에 못 박혀 돌아가신 사건은 2천 년이 지난 지금까지 우리에게 동일한 능력으로 다가옵니다. 죄는 사라졌습니다. 우리는 더 이상 죄의 노예가 아닙니다. 그럼에도 죄를 짓는 것은 우리가 사탄의 속임수에 휘둘린다는 뜻입니다. 죄를 지을 때마다 그것을 생각하십시오.

습관적인 죄가 나를 이길 때마다, 내 능력으로 죄를 이기려고 애쓰지 말고 선포하십시오. "죄는 죽었다. 죄의 능력은 사라졌다"고 선포하십시오. 사탄이 우리를 짓누르고 괴롭힐 때 우리 스스로는 사탄을 쫓을 수 없습니다. 예수님의 능력이 사탄을 쫓는 것입니다. 나 혼자 싸우면 백전백패하지만 예수님의 이름으로 "사탄, 너는 죽었다. 너는 능력이 없다"라고 계속 선포하면 사탄이 설 자리가 없어집니다. 그렇게 무서운 세상에 어느 순간 유혹되지 않을 것입니다. 수년 동안 괴롭히던 질병이 어느 날 사라질 것입니다. 모나고 화내던 성격이 바뀌고 삶이 변할 것입니다.

고난은 영원하지 않습니다. 고난의 터널에는 끝이 있습니다. 터널 밖으로 나오면 찬란한 아침이 기다립니다. 푸르른 산천초목과 높은 하늘이 우리를 기다립니다. 새벽이 오면 칠흑 같은 어둠은 사라집니다. 이제 우리를 좌절케 했던 인생의 어둠이 끝났습니다.

■ 통치자들과 권세들을 무력화하여 드러내어 구경거리로 삼으시고 십자가로 그들을 이기셨느니라(골 2:15).

믿음으로만 갈 수 있는 길

당신은 오늘 스스로를 부인하고 주님의 십자가를 지고 살고 있습니까?

밀알이 땅에 떨어져 죽으면 밀알 스스로도 깜짝 놀랄 만한 일이 벌어집니다. 죽은 줄 알았는데 새싹이 나오고 다시 엄청난 밀을 재생산합니다. 이것이 영적 법칙입니다. 그러나 이런 일이 벌어지려면 밀알이 땅에 떨어진 채로 가만히 있으면 안 됩니다. 그 밀알은 다시 땅속에 묻혀야 합니다. 달걀이 병아리가 되려면 어미닭의 품으로, 그 암흑 속으로 들어가야 하듯이 말입니다. 이것은 예수님께서 "누구든지 나를 따르려거든 자기를 부인하고 자기 십자가를 지고 따라야 한다. 누구든지 자기 목숨을 구하려는 사람은 잃을 것이요 누구든지 나를 위해 목숨을 잃는 사람은 얻게 될 것이다"(마 16:24-25)고 말씀하신 것과 일맥상통합니다.

밀알은 썩어야 하고 계란은 암흑으로 들어가야 합니다. 이것이 크리스천의 삶이요 제자의 삶입니다. 그리스도의 제자가 된다는 것은 밀알이 땅에 들어가는 것입니다. 이것이 십자가의 길입니다.

밀알이 땅에 떨어지면 아무것도 보이지 않습니다. 아무것도 들리지 않습니다. 하나님께서 날 버리셨나, 왜 내 사정을 몰라주시나, 왜 내 기도를 안 들어주시나 하는 생각이 듭니다. 괴로워도 이 과정을 반드시 거쳐야 열매를 맺을 수 있습니다. 이것이 곧 크리스천의 삶입니다.

■ 우리가 이 보배를 질그릇에 가졌으니 이는 심히 큰 능력은 하나님께 있고 우리에게 있지 아니함을 알게 하려 함이라(고후 4:7).

0404

기득권을 포기한 사랑

당신은 인간으로 오신 예수님을 어떻게 생각하고 있습니까?

예수님은 이 땅에 인간의 모습으로 오셨습니다. 인간에 대한 사랑 때문에, 인간과 소통하기 위해 오셨습니다. 우리와 소통하기 위해서 예수님은 하나님이라는 기득권을 포기하셨습니다. 예수님은 하나님 되기를 포기하셨습니다.

사랑이란 기득권을 포기하는 것입니다. 자녀에 대한 사랑도, 부부간의 사랑도, 남녀의 사랑도 마찬가지입니다. 사랑이 깊어질수록 갈등이 많아지는 이유는 서로 기득권을 버리지 않기 때문입니다. 그 사랑은 어느 날 집착으로 변합니다. 사랑한다고 착각하며 상대방을 속박하려 들고, 주는 만큼 받지 못한다는 생각에 불만이 생기고 우울해집니다. 인간의 사랑이 열정적이지만 외로운 이유가 거기에 있습니다.

예수님의 사랑은 차원이 다릅니다. 예수님은 하나님 되시는 것도 포기하고 손해 보기로 결정하고 죽기로 결정하고 고난을 당하기로 결정하셨습니다. 아무리 옷을 바꿔 입어도 그 사람의 본질은 바뀌지 않듯이 예수님은 본래 하나님이십니다. 하나님께서 인간이 되셨기에 원죄로 말미암아 지옥에 가게 된 인간을 구원하신 것입니다.

■ 그리스도의 사랑이 우리를 강권하시는도다 우리가 생각하건대 한 사람이 모든 사람을 대신하여 죽었은즉 모든 사람이 죽은 것이라(고후 5:14).

0405

부활 신앙

당신은 부활의 기적을 믿습니까?

부활은 인간이 영원히 안고 가야 하는 죄와 죽음의 권세를 깨뜨린 하나님의 승리의 사건입니다. 이런 부활의 축복을 실제로 경험한 사람이 있습니다. 바로 바울입니다. 바울은 당대 지성을 대표하는 사람이었습니다. 그런 그가 자신의 부활 신앙이 학문이나 철학에 바탕을 둔 것이 아니라 실제로 체험한 사건이라고 했습니다. 이처럼 믿음은 이론으로 설명할 수 있는 것이 아닙니다. 믿음은 죄로 인해 절망하여 죽어 가는 한 죄인이 예수 그리스도의 십자가와 부활을 만나는 체험입니다.

기독교 신앙의 기초는 예수님의 교훈이나 그분의 생애, 그분이 베푸신 사랑의 기적, 또는 그분의 죽음에 있지 않습니다. 기독교 신앙은 예수 그리스도께서 죽은 자 가운데서 부활하신 사건 위에 기초합니다. 만일 부활이 없다면 기독교 신앙의 근간을 이루는 다른 요소들은 아무런 가치가 없어집니다. 부활은 하나님의 승리이며 동시에 사탄의 완전한 패배를 뜻합니다. 부활은 죽음의 패배이며 생명의 승리를 의미합니다. 따라서 크리스천은 예수님께서 부활한 것처럼 자신도 부활할 것을 믿으며 어떤 슬픔과 위기에도 좌절하지 말아야 합니다.

■ 내가 받은 것을 먼저 너희에게 전하였노니 이는 성경대로 그리스도께서 우리 죄를 위하여 죽으시고 장사 지낸 바 되었다가 성경대로 사흘 만에 다시 살아나사(고전 15:3-4).

빛과 생명은 하나입니다

하나님을 향한 영혼의 문을 활짝 열어 놓고 있습니까?

빛은 우리를 환하게 비춰 주기만 하는 것이 아닙니다. 빛의 핵심은 생명입니다. 빛이 없으면 생명이 없습니다. 우리가 예수 믿고 구원받고 새사람이 되어 삶에 기적이 일어나고 변화가 일어나는 것은 빛을 얻었기 때문입니다. 그 빛 안에 생명이 있기 때문입니다.

요한은 "그분 안에는 생명이 있었습니다. 그 생명은 사람들의 빛이었습니다."(요 1:4)라고 말했습니다. 그런데 이 단순한 말을 알아듣는 사람이 아무도 없었습니다. 빛은 어둠 속에서 비추지만 어둠은 그 빛을 깨닫지 못하는 것입니다.

빛과 생명은 하나입니다. 햇빛을 받지 못하면 식물도 동물도 제대로 자라지 못합니다. 산에 있는 나무들을 보면 모두 빛을 향해 뻗어 올라갑니다. 빛을 충분히 받은 동물들은 튼실하게 성장합니다. 인간은 하나님을 향해 고개를 들고 눈을 들어 그분께 마음을 두어야 합니다. 그래야 빛이 들어오고 생명이 들어옵니다. 즉 하나님을 향한 문을 닫지 말고 활짝 열어 두어야 빛이 들어올 수 있습니다.

■ 그 안에 생명이 있었으니 이 생명은 사람들의 빛이라 빛이 어둠에 비치되 어둠이 깨닫지 못하더라(요 1:4-5).

0407

빛 가운데 거하십시오

빛이신 예수님과 오늘 하루 동안 함께 했습니까?

창조의 본질은 '말씀'과 '빛'입니다. 하나님은 말씀으로 천지를 창조하셨고, 그때 가장 먼저 창조하신 것이 빛입니다.

하나님께서 하늘과 땅을 만드셨을 때 땅에는 아무것도 없었습니다. 형태가 없고 비어 있으며 어둠이 깊은 물위에 있고 하나님의 영이 수면 위에 운행했습니다. 그때 하나님께서 빛이 있으라고 말씀하시니 빛이 생겼고, 그 빛은 하나님께서 보시기에 좋았다고 하셨습니다. 여기서 감탄사가 중요합니다. "하나님께서 보시기에 심히 좋았더라"는 말씀은 정말 선하고 아름답고 진실하다는 말입니다. 빛이 있는 곳에는 생명이 흐릅니다. 생명은 죽음을 뒤집어 놓는 것입니다.

우리에게 빛은 바로 예수 그리스도입니다. 그분이 죽음을 뒤집어 놓으셨습니다. 우리를 빛 가운데로 나오게 하셨습니다. 그러나 아직도 이 땅에 사는 수많은 사람이 어둠의 그늘에서 살고 있습니다. 그들을 빛으로 이끌고 들어와야 합니다. 진리의 빛 앞으로 나아가게 해야 합니다. 그것이 먼저 그리스도를 영접한 우리가 감당해야 할 몫입니다.

■ 하나님이 이르시되 빛이 있으라 하시니 빛이 있었고 빛이 하나님이 보시기에 좋았더라 하나님이 빛과 어둠을 나누사(창 1:3-4).

우리는 모두 증인입니다

오늘 당신으로 말미암아 주의 빛이 세상에 드러났습니까?

하나님은 예수 그리스도를 이 땅에 보내시기 전에 미리 세례 요한을 보내셨습니다. 세례 요한으로 하여금 예수 그리스도가 오시는 길을 예비하게 하셨습니다. 세례 요한은 빛을 증거하기 위해 이 땅에 온 것입니다. 모든 사람이 영생을 얻게 하기 위해 빛이신 예수 그리스도를 최초로 증언한 사람이 세례 요한입니다.

세례 요한의 역할은 증인입니다. 빛이 아닙니다. 오늘날 예수 믿는 사람들의 착각, 특별히 목회자들이 범하는 착각은 자기가 빛인 줄 여기는 것입니다. 빛은 예수님이고 우리 역할은 단지 그 빛을 소개하는 것입니다. 세상 모든 민족이 빛을 받고 생명을 얻도록, 세상 모든 저주와 죽음과 절망이 물러가도록 하는 그런 소개자 역할을 해야 합니다.

자신이 빛이라고 생각하는 것이 바로 이단입니다. 어떤 사람이 안수하면 능력이 나타나는 은사를 받았습니다. 처음에는 하나님께서 하셨다고 말합니다. 그러나 그런 일이 계속 일어나자 하나님도 했지만 나도 했다고 자기의 의를 살짝 붙입니다. 나중에는 자신의 능력으로 행했다고 주장하기까지 합니다. 그것은 명백한 잘못입니다.

빛은 오직 예수 그리스도이십니다. 우리는 오직 그 빛을 증거하는 사람입니다. 예수 믿는 사람들은 예수님에게만 초점을 맞춰야 합니다.

■ 그가 증언하러 왔으니 곧 빛에 대하여 증언하고 모든 사람이 자기로 말미암아 믿게 하려 함이라(요 1:7).

0409.

은혜의 문을 지나 영광의 집으로

오늘 당신은 하나님의 영광을 바라보며 살았습니까?

하나님은 예수 그리스도를 영접한 사람에게 하나님의 자녀가 되는 권세를 주셨습니다. 우리는 혈통이나 가문이나 인간의 생각이나 욕정이나 사람의 뜻으로 구원받은 것이 아닙니다. 나의 나 된 것은 오직 하나님의 은혜입니다. 내가 예수를 믿게 된 것도 하나님의 은혜요, 내가 하나님의 자녀가 된 것도 하나님께서 나를 선택하셨기 때문입니다. 하나님의 선택에는 조건이 없습니다. 우리가 자격이 있어서가 아니라 그분이 우리를 선택했기 때문에 그분의 자녀가 된 것입니다. 그것을 가리켜 '은혜'라고 말합니다.

은혜를 받으면 우리는 하나님의 영광, 곧 빛의 영광 가운데 들어갑니다. 우리가 하나님을 본다는 것은 하나님의 빛, 하나님의 영광, 빛의 광채를 보는 것입니다. 하나님의 영광을 보면 찬양이 나오고 그분을 경배하게 됩니다. 저절로 기도하게 됩니다. 그분의 영광을 바라보면서 그분의 영광의 옷을 입고 그분의 빛을 바라보는 것입니다. 그것이 빛의 자녀로서의 삶입니다.

하나님의 은혜를 입고 예수님을 그리스도로 영접하면 그분의 빛의 옷을 입고 이 어둠의 세상에서 빛의 자녀로 살아가게 됩니다. 그것이 기적입니다. 날마다 그 기적을 누리십시오.

■ 말씀이 육신이 되어 우리 가운데 거하시매 우리가 그의 영광을 보니 아버지의 독생자의 영광이요 은혜와 진리가 충만하더라(요 1:14).

0410

말씀과 기도의 균형

기도와 말씀, 이 두 바퀴가 균형 있게 움직이고 있습니까?

신앙생활의 핵심은 '말씀'과 '기도'입니다. 요한복음 14~16장에는 예수님께서 최후의 만찬에서 하신 설교가 기록되어 있습니다. 17장에는 예수님의 '기도'에 대해 기록되어 있습니다. 예수님께서는 복음 사역을 하는 데 있어서 이 두 가지의 조화를 중요하게 생각하셨습니다.

신앙생활을 잘 하려면 말씀을 묵상하는 만큼 기도도 많이 해야 합니다. 최소한 TV나 신문을 보는 시간보다 기도하는 시간이 더 많아야 합니다. 그렇지 않으면 세상을 이기기 어렵습니다. 말씀과 기도는 두 개의 바퀴와 같습니다. 두 바퀴가 조화롭게 움직이지 않으면 마차는 엉뚱한 방향으로 갑니다. 말씀에 치우치면 이성적으로만 생각하기 쉽고, 기도에 치우치면 신비주의에 빠지기 쉽습니다.

개인적인 신앙 색깔을 핑계대지 마십시오. 취향을 따지지 마십시오. 말씀과 기도는 어느 것 하나 소홀히 할 수 없는 크리스천의 무기입니다. 말씀을 묵상하고 기도하는 균형 잡힌 삶의 축복을 누리기 바랍니다.

■ 우리는 오로지 기도하는 일과 말씀 사역에 힘쓰리라 하니(행 6:4).

0411

믿음으로 기도하라

기도할 때 그 기도가 이루어질 것이라고 믿습니까?

하나님의 뜻을 구하고 깨닫는 기도와 습관적으로 하는 기도는 다릅니다. 우리는 대부분 나를 둘러싼 환경과 조건에서 비롯한 기도를 합니다. 자식의 평탄한 앞길을 위해, 병 회복을 위해, 사업의 어려움을 해결하기 위해 기도합니다. 그러나 아무리 많이 기도해도 열매가 없습니다.

예수님은 언제, 어디서나 기도하셨습니다. 성경에 보면 모든 기적과 말씀과 사역에 기도가 끼여 있습니다. 사탄과 싸울 때 예수님의 무기는 금식 기도였습니다. 예수님은 하나님의 아들로서 권세와 능력이 있었지만 그것보다 오직 기도로 귀신을 물리치셨습니다. 물고기 두 마리와 보리떡 다섯 개로 오천 명을 먹일 때도 하늘을 우러러 감사 기도를 하고 기적을 행하셨습니다. 바쁜 중에도 새벽까지 기도하신 예수님의 모습을 성경에서 볼 수 있습니다. 예수님을 통해 우리는 구원 사역에 기도가 얼마나 중요한지를 깨닫습니다.

우리 시대도 마찬가지입니다. 믿음으로 기도하지 않으면 힘들고 어려운 세상을 헤쳐 나갈 수 없습니다. 걱정을 내려놓고 믿음으로 기도하십시오. 하늘 문이 열리고 새로운 일들이 시작될 것입니다.

■ 이 때에 예수께서 기도하시려 산으로 가사 밤이 새도록 하나님께 기도하시고(눅 6:12).

0412

영의 기도와 육의 기도의 차이

당신은 육의 기도를 합니까? 영의 기도를 합니까?

아무리 열심히 해도 소용없는 기도가 있습니다. 인본주의적으로 하는 기도, 곧 육신의 기도가 그렇습니다. 늘 기도하신 예수님의 기도는 어떠했을까요? 예수님은 자신의 뜻을 이루는 기도는 하지 않았습니다. 당시 제자들이나 율법학자들은 예수님의 말씀을 모두 이성으로, 육적으로, 인간적인 생각으로 받아들였습니다. 상식적으로만 받아들였습니다. 그러나 예수님은 상식을 넘어, 인간적인 생각을 넘어 영의 기도를 드렸습니다. 그럴 때 능력이 나타납니다. 영으로 기도하면 그 기도가 짧든 길든, 앉아서 하든 서서 하든, 눈을 뜨든 감든 아무 상관없이 능력이 나타납니다.

우리 기도에 능력이 없는 것은 대부분 육의 기도를 하기 때문입니다. 많은 크리스천이 생각해 보고 기도하고, 이런저런 상황에 따라 기도하고, 이성적으로 따지며 기도합니다. 예수님께서 가르쳐 주신 주기도문을 기억하십시오. 주기도문이야말로 진짜 기도입니다. 내 뜻보다 하나님의 뜻이 이루어지길 바라는 기도이기 때문입니다.

이제 어떻게 기도해야 할까요? 내 생각에 따라 기도하지 마십시오. 성령의 임재 속에서 성령님께 이끌려 성령님이 말하게 하심을 따라 기도하십시오. 그것이 영의 기도입니다.

■ 그러면 어떻게 할까 내가 영으로 기도하고 또 마음으로 기도하며 내가 영으로 찬송하고 또 마음으로 찬송하리라 (고전 14:15).

0413

하나 되게 하신 것을 지키십시오

하나님 나라가 연합하려면 어떤 노력을 해야 할까요?

우리는 하나님께서 택하여 보내신 제자들입니다. 또한 우리가 제자 삼은 어떤 이들도 하나님께서 보내신 사람입니다. 내가 키운 사람이 아닙니다.

제자들에게 가장 필요한 것은 무엇일까요? 자신의 죽음을 알고 있었던 예수님은 "아버지의 이름으로 그들을 지켜 주셔서 우리가 하나인 것 같이 그들도 하나가 되게 하소서"(요 17:11)라고 기도하십니다. 주님이 우리에게 가장 원하시는 것은 '화해'와 '일치'입니다. 서로 싸우지 않는 것입니다. 주님은 서로 얼굴을 붉히고 분노하고 미워하는 것을 싫어하십니다. 하나님 나라는 분열이 아니라 연합이기 때문입니다. 아무리 어렵고 힘들어도 참고 기다리며 하나 되도록 노력해야 합니다.

우리는 항상 의미 있는 자리, 높은 자리, 사람들이 박수치는 자리, 스포트라이트를 받는 자리에 가고 싶어 합니다. 그 자리를 차지하려고 싸웁니다. 그러나 제자들을 위해 예수님은 정반대로 기도합니다. 세상에 속하지 않고, 유혹받지 않고, 죽을 때 기쁘고 후회 없이 죽게 해 달라고 기도하셨습니다.

예수님의 기도가 내 삶에 이루어지도록 기도하십시오. 또한 나 역시 예수님의 마음으로 제자들을 위해 기도하십시오. 화해와 일치의 기쁨을 누리실 것입니다.

■ 나는 세상에 더 있지 아니하오나 그들은 세상에 있사옵고 나는 아버지께로 가옵나니 거룩하신 아버지여 내게 주신 아버지의 이름으로 그들을 보전하사 우리와 같이 그들도 하나가 되게 하옵소서(요 17:11).

0414

세 가지 인생길

예수를 영접한 뒤 어떤 변화와 축복을 경험했습니까?

성경을 보면, 예수님을 만난 인생은 세 부류가 있습니다. 첫째, 예수님을 만나 이후에 기적 같은 변화와 축복을 받는 사람입니다. 거의 대부분 이런 인생을 살아갑니다. 둘째, 기적같이 예수님을 만나 축복을 받을 뻔했지만 받지 못하는 사람입니다. 빌라도 같은 사람입니다. 셋째, 예수님을 만나서 축복도 다 보장되고 새사람이 될 기회도 있었지만 결국 저주로 끝난 인생입니다. 가룟 유다 같은 사람입니다.

나는 어떤 인생길을 걷고 있습니까? 너무 걱정하지 마십시오. 확률적으로 볼 때 거의 대부분 예수님을 만나면 축복을 받습니다. 누구든지 예수님을 만나면 반드시 삶이 변합니다. 생각의 변화가 습관의 변화를 낳고 행동의 변화로 전이되어 마침내 가치관의 변화까지 이릅니다. 그리고 인생의 목적이 바뀝니다.

예수님을 만난 뒤 성령으로, 그리스도의 보혈로 마음이 씻기면 어린 양 예수가 보이고 하나님이 보입니다. 영의 눈이 떠지고 새 인생을 걷게 됩니다. 늘 마음을 새롭게 하여 주님이 준비하신 축복을 모두 누리는 하루하루를 보내십시오.

■ 너희는 이 세대를 본받지 말고 오직 마음을 새롭게 함으로 변화를 받아 하나님의 선하시고 기뻐하시고 온전하신 뜻이 무엇인지 분별하도록 하라(롬 12:2).

0415

정신 똑바로 차리십시오

내가 쉽게 빠지는 무지와 무관심의 영역은 어디입니까?

예수님을 재판할 때 빌라도는 이렇게 말했습니다. "이 사람을 데리고 가서 너희들의 법에 따라 재판하라." 이때 빌라도는 매우 귀찮게 생각했을 것입니다. 전혀 관심이 없었기 때문에 재판의 본질을 알아차리는 예리한 눈이 없었습니다. 이런 사람은 진리가 눈앞에 있어도 보지 못합니다. 빌라도는 예수의 재판이 인류의 재판이라는 것을 몰랐습니다. 하나님의 아들에 대한 재판이라는 것을 몰랐습니다.

무지는 무관심을 낳고, 무관심은 무책임을 낳습니다. 무책임한 사람은 시종 수수방관할 뿐, 자기가 어떻게 살아야 하는지 모릅니다. 이는 아주 무서운 일입니다.

하나님을 믿을 때, 교회에 나올 때 정신 똑바로 차리십시오. 교회 나오기 전에 기도로 준비하십시오. 신랑을 만나는 신부처럼 예배를 드리십시오. '적당히 믿으나 열심히 믿으나 끝나면 마찬가지다'라고 생각하지 마십시오. 사탄이 주는 생각입니다. 날마다 깨어 열심히 믿으십시오. 바로 나 자신이 아름다운 신부라는 것을 발견할 것입니다. 눈앞에 은혜의 문이 활짝 열린 것을 볼 것입니다. 아름다운 신부인 당신을 축복합니다.

■ 그러므로 우리는 다른 이들과 같이 자지 말고 오직 깨어 정신을 차릴지라(살전 5:6).

0416

어디에 속한 사람입니까

당신은 하나님의 나라에 대해 개념이 바로 세워져 있습니까?

이 세상에서 가장 중요한 것이 무엇입니까? 많은 사람이 '먹고 마시는 것, 즐기는 것, 권력을 갖는 것'을 꼽습니다. 그러나 하나님 나라에서는 그런 것들이 중요하지 않습니다. 성령 안에서 누리는 정의와 평강과 기쁨이 중요합니다.

성령이 임하면 내 안의 우상들이 떠나고 하나님 나라가 이루어집니다. 주님께서는 "내가 하나님의 영을 힘입어 귀신들을 쫓아낸다면 하나님 나라가 이미 너희에게 온 것"(마 12:28)이라고 말씀하십니다. 크리스천은 세상에 속하지 않고 하나님 나라에 속한 멤버입니다.

입으로만 천국을 이야기하고 있지 않습니까? 진정으로 하나님 나라에 속한 사람은 성령 안에서 평강과 기쁨을 누립니다. 그것을 최고의 가치로 생각합니다.

우리가 예수 그리스도를 믿고 천국에 간다는 것은 하나님께서 예비하신 하나님의 나라에 소속된 멤버가 된다는 뜻입니다. 그런데 하나님의 나라에 대한 개념이 없으면 이 말씀을 제대로 알아듣지 못합니다.

■ 예수께서 대답하여 이르시되 진실로 진실로 네게 이르노니 사람이 거듭나지 아니하면 하나님의 나라를 볼 수 없느니라(요 3:3).

0417

속사람을 깨끗이 씻어 주십시오

당신의 영혼은 하나님을 볼 수 있습니까?

예수님께서는 산상설교에서 마음이 깨끗한 자가 하나님을 본다고 말씀하셨습니다. 하나님이 왜 보이지 않을까요? 유리창에 새까만 먼지가 쌓이면 바깥을 보지 못하듯이 우리 마음이 더러우면 하나님을 볼 수 없습니다. 우리 영혼에 죄가 가득 차고, 위선과 사기와 욕심이 가득 차면 하나님을 볼 수 없습니다.

그것들이 하나씩 제거되고 닦이면 하나님이 보석처럼 보이기 시작합니다. 내가 할 수 없습니다. 성령으로, 그리스도의 보혈로 깨끗이 씻겨야 합니다. 그러면 어린양 예수가 보이고 하나님이 보입니다. 오늘도 성령님께 내 속사람을 깨끗이 씻어 달라고 기도하기 바랍니다.

■ 그가 빛 가운데 계신 것 같이 우리도 빛 가운데 행하면 우리가 서로 사귐이 있고 그 아들 예수의 피가 우리를 모든 죄에서 깨끗하게 하실 것이요 만일 우리가 죄가 없다고 말하면 스스로 속이고 또 진리가 우리 속에 있지 아니할 것이요 만일 우리가 우리 죄를 자백하면 그는 미쁘시고 의로우사 우리 죄를 사하시며 우리를 모든 불의에서 깨끗하게 하실 것이요(요일 1:7-9).

0418

보석처럼 빛나는 하나님 나라

오늘은 어떻게 하나님 나라를 추구하고 있습니까?

하나님 나라와 우리가 사는 세상을 간단히 비교해 볼까요? 하나님 나라는 끝도 시작도 없이 영원하나 세상은 시작과 끝이 있습니다. 하나님 나라는 하나님께서 통치하십니다. 하나님 중심입니다. 세상은 대통령이 통치하고, 법과 조직이 중심입니다. 그것이 무너지면 혼란스럽고 허탈해집니다. 또한 세상은 물질적인 잣대로 움직이지만 하나님 나라는 물질적이지 않고 영적입니다.

우리가 사는 세상은 점점 악해지고 혼란스럽습니다. 인간이 인간을 통치하기 때문에 계속 실수가 생깁니다. 이 세상의 사랑은 아주 이기적입니다. 자기 사랑을 기초로 하기 때문입니다. 무엇보다 세상은 모든 것을 돈으로 계산하려 합니다. "Money Talks"(돈이 말한다)라는 말에서 드러나듯이 세상은 모든 것을 돈으로 보상하려 합니다.

과연 세상에 몸담고 있는 우리가 이 거대한 흐름을 거슬러 하나님 나라 백성으로 살 수 있을까요? 그래서 말씀을 들어야 합니다. 예수님을 날마다 만나야 합니다. 하나님 나라를 늘 기억하고 추구해야 합니다. 그래야 보석처럼 빛나는 하나님 나라를 볼 수 있습니다. 오늘은 좀 더 적극적으로 진리를 향해 손을 내밀어 보십시오.

■ 하나님의 영광이 있어 그 성의 빛이 지극히 귀한 보석 같고 벽옥과 수정 같이 맑더라(계 21:11).

사탄이 공격할 때

당신은 사탄의 생각과 전략을 어떻게 분별합니까?

하나님의 일에는 언제나 사탄이 개입합니다. 사탄은 시시때때로 하나님의 일을 방해하려고 틈을 봅니다. 사탄은 합리적이고 이성적인 그럴 듯한 말들로 우리를 유혹합니다. 특히 기독교의 부조리를 핑계 삼습니다. 가난한 자가 있으면 꼭 누군가에게 "너는 왜 돕지 않지?"라고 말하게 합니다. 정의의 이름으로 교묘하게 일합니다. 이것이 사탄의 속성입니다.

영국에 있을 때 어느 날, TV에서 존경받는 추기경의 인터뷰를 보았습니다. 기자가 "오늘 우리 사회에서 가장 중요한 것이 무엇입니까?"라고 물었습니다. 그 추기경의 대답에 큰 충격을 받았습니다. "가난한 자를 돕지 않는 사람들이 그들을 도와야 한다고 소리침으로써 마치 가난한 자를 위해 사는 것처럼 보입니다. 저는 그런 모습이 가장 보기 싫습니다. 그래도 예수님을 따르는 사람이라면 가난한 자를 도와야겠지요."

사탄은 언제나 긍정적인 면이 아니라 부정적인 면을 건드리려 합니다. 그래서 긍정적인 면을 보지 못하게 하고 부정적인 것에 매달리게 합니다. 우리는 어떻습니까? 부정적인 면만 보이고 부정적인 말만 늘어놓고 있습니까? 사탄에게 휘둘리지 않도록 늘 깨어 분별하도록 합시다.

■ 이미 사탄에게 돌아간 자들도 있도다(딤전 5:15).

0420

네가 이것을 믿느냐?

죽음과 부활에 대해서 평소 어떤 마음을 갖고 있습니까?

마르다가 오빠를 잃었습니다. 그녀는 사흘 동안 죽은 나사로 곁을 지킵니다. 그러다 예수님께서 오신다는 말을 듣고 달려 나가 예수님을 꼭 껴안고 말합니다. "주께서 여기 계셨더라면 오빠가 죽지 않았을 것입니다. 그러나 지금이라도 주께서 구하시는 것은 무엇이든지 하나님께서 다 이루어 주실 줄 압니다"(요 11:21-22). 여기서 마르다는 '믿습니다'가 아니라 '압니다'라고 말합니다. 예수님께서 "네 오빠가 다시 살아날 것이다"(요 11:23)고 선언하셨을 때도 마르다는 "마지막 날 부활 때에는 다시 살아날 줄을 내가 아나이다"(요 11:24)라고 말합니다.

믿음을 자칫 공식으로 머릿속에만 넣고 다니는 경우가 있습니다. 마르다도 그랬습니다. 예수님께서는 마르다에게 "나는 부활이요, 생명이니 나를 믿는 사람은 죽어도 살겠고 살아서 나를 믿는 사람은 영원히 죽지 않을 것이다. 네가 이것을 믿느냐?"(요 11:25-26)라고 물으십니다. 마르다의 믿음은 종교적인 지식일 뿐이었습니다. 그러나 예수님께서는 믿음을 요구하십니다.

많은 사람이 죽음에 대해서는 갈등 없이 받아들입니다. 그러나 부활에 대해서는 '진짜' 믿지 않습니다. 그저 장례식을 잘 치르고 보내면 된다고 생각합니다. 그 이상 희망이 없다고 말합니다.

그런 우리에게 예수님께서 다시 물으십니다. "나를 믿는 사람은 영원히 죽지 않을 것이다. 네가 이것을 믿느냐?"

■ 무릇 살아서 나를 믿는 자는 영원히 죽지 아니하리니 이것을 네가 믿느냐(요 11:26).

0421

똑같은 고난일지라도

어렵고 힘든 상황을 만나면 어떤 마음으로 이겨냅니까?

고난을 당했을 때는 고난 자체보다 고난을 어떻게 해석하느냐가 중요합니다. 아무리 어렵고 힘든 상황이라도 하나님과 함께 지나온 시간들을 돌아보고 하나님의 시각에서 현재의 고난을 해석하면 그 고난을 이길 힘이 생깁니다.

오래전에 일본에서 미국인 선교사 한 분이 예수를 전한다는 이유로 참수를 당한 일이 있었습니다. 그 선교사의 딸은 하나님을 향해 울부짖었다고 합니다. "하나님이 정말 살아 계시다면 왜 하나님을 위해 일하러 간 우리 아버지가 죽게 내버려 두셨습니까?" 그런데 선교사 딸이 믿음에 회의가 생겨 어쩔 줄 모를 때 문득 "예수님께서 왜 십자가에 못 박혀 죽으셨는가" 하는 질문이 떠올랐다고 합니다. 그 질문은 모든 회의를 잠재웠습니다. 이 선교사 딸은 전쟁 후에 부상당한 일본 포로들을 찾아가 돌보고 전도하다 일본 선교사로 떠났다고 합니다.

고통을 잘 해석하면 헬렌 켈러 같은 위대한 인물이 탄생할 수 있습니다. 똑같은 고난인데도 어떤 사람은 하나님을 저주하고 어떤 사람은 하나님을 찬양합니다. 고난을 만났을 때 "왜 나만 불행한가, 왜 나만 억울한가"라고 따지지 마십시오. 하나님의 시각으로 천천히 들여다보고 믿음으로 재해석하십시오. 그것이 크리스천의 특권입니다.

■ 우리가 알거니와 하나님을 사랑하는 자 곧 그의 뜻대로 부르심을 입은 자들에게는 모든 것이 합력하여 선을 이루느니라(롬 8:28).

0422

하나님이라는 안경을 끼면

지금 처한 상황 속에서 행복합니까? 불행합니까?

살다 보면 불행한 일을 당하기도, 행복한 때를 만나기도 합니다. 그런데 불행한 일이 하나님의 영광을 높이는 사건일 수도 있고, 반대로 행복한 때가 하나님께 영광을 돌리지 못하는 사건일 수도 있습니다. 행복과 불행이라는 잣대는 소유의 문제도, 건강의 문제도, 성공의 문제도 아닙니다. 내게 찾아온 모든 사건은 하나님이라는 안경을 통해 볼 때 의미 있고 희망이 있는 것입니다.

어떤 환난과 고난, 부조리와 억울함을 당하더라도 하나님이라는 안경을 쓰고 세상을 보십시오. 은혜가 되고 감사의 마음이 생깁니다. 그러면 내가 살아납니다. 그 생각을 하는 순간부터 살아납니다. 하나님을 받아들이고, 하나님께서 주신 은혜와 축복을 생각하면 인생이 달라집니다. 그 순간부터 건강해지고 긍정적이 됩니다. 누구도 미워하지 않고 핑계대지 않고 하나님 은혜를 찬양하게 됩니다.

하나님이라는 안경을 통해 사람들을, 세상을, 주변의 일들을 바라보십시오. 희망을 얻으실 것입니다. 생각의 변화, 인생의 목적에 대한 변화가 일어날 것입니다.

■ 하나님께서 지으신 모든 것이 선하매 감사함으로 받으면 버릴 것이 없나니(딤전 4:4).

0423

인생의 부조리에 맞서십시오

당신의 삶 속에서 해답을 찾기 어려운 질문은 무엇입니까?

누구나 살면서 인생의 부조리에 관한 문제로 혼란을 겪을 때가 있습니다. 많은 무신론자가 이 질문에 넘어집니다. 전쟁으로 인해 굶주리는 아프리카 어린이들, 에이즈에 걸려 죽어 가는 어린이들, 무차별 연쇄 살인자에게 아무 이유 없이 살해되는 피해자들은 무슨 죄가 있는 것입니까? 하나님이 계시다면 왜 세상에 이런 부조리가 판을 칩니까?

아무리 생각해도 답이 떠오르지 않습니다. 생각이 꼬리를 잇다가 결국 '왜 나는 이런 환경에서 태어났을까, 왜 나는 이런 억울한 일을 당했을까, 왜 나는 버림받았을까' 하고 분노하고 맙니다.

그럴 때일수록 합력하여 선을 이루시는 하나님을 바라보십시오. 인간이 생각하는 그 이상의 목적을 가지고 행하시는 하나님을 믿으십시오. 하나님은 때로 누군가를 돌이키시기 위해, 더 많은 영혼의 구원을 위해, 이 땅에 고난을 허락하십니다. 우리는 때로 돌아보며 그 뜻을 분별하기도 합니다. 그러나 궁극적인 이유는 유한한 우리가 알 수 없습니다. 우리는 천국에서 그 비밀을 듣게 될 것입니다.

■ 예수께서 대답하시되 이 사람이나 그 부모의 죄로 인한 것이 아니라 그에게서 하나님이 하시는 일을 나타내고자 하심이라(요 9:3).

0424

순종할 때 일어나는 '기적'

당신은 무조건 순종함으로 축복을 받은 적이 있습니까?

예수님께서 소경된 자를 고치는 장면을 보면 참 재밌습니다. 예수님은 땅에 침을 뱉어서 진흙을 이겨 그 사람 눈에 바른 뒤 실로암 연못에 가서 씻으라고 하셨습니다. 말도 안 되는 처방처럼 보입니다. 그러나 그 사람은 예수님께서 시키는 대로 했습니다. 그랬더니 놀랍게도 눈을 떴습니다. 여기서 중요한 것은 결과가 아니라, 이 사람의 순종입니다.

막대기 위에 놋뱀을 걸어 놓고 그것을 보면 뱀에 물린 사람이 살아나고 안 보면 죽는다는 이야기가 이해되십니까? 신앙생활에는 이렇게 이해가 안 되는 부분이 있습니다. 너무 생각만 많이 하지 마십시오. 하나님께서 하시는 위대한 역사를 믿으십시오. 축복이 임할 것입니다.

■ 또 하나님이 누구에게 맹세하사 그의 안식에 들어오지 못하리라 하셨느냐 곧 순종하지 아니하던 자들에게가 아니냐(히 3:18).

0425

갈망이 있는 진정한 예배자

영혼이 목마른 채 내버려져 있지 않습니까?

우리는 스스로 뭘 원하는지 모를 때가 많습니다. 그냥 배고프면 밥 먹고, 목마르면 물을 마시며 사는 정도입니다. 영혼의 문제도 마찬가지입니다. 제대로 갈증을 해소하지 못하고 살아갑니다.

영혼이 목마를 때 우리는 수가성의 여인을 떠올려야 합니다. 예수님께서는 여인에게 영원히 목마르지 않는 샘물을 받기 위해 회개하고 예배하라고 하십니다. 적당히 신앙생활 하는 것은 안 됩니다.

예배는 하나님을 만나는 결정적인 행위입니다. 쇼가 아닙니다. 화려한 무대 장치를 만들어 놓고 좋은 노래를 하는 것이 아닙니다. 간절히 원하던 내 구세주를 만나는 것이 예배입니다.

하나님께서 찾으시는 사람은 누구입니까? 목사도, 권사도, 장로도 아닙니다. 예배자입니다. 10년, 20년 신앙생활을 해도 예수님을 만나지 못할 수도 있고, 30분 만에 메시아를 만날 수도 있습니다.

예수님을 만나는 과정은 간단합니다. 영혼의 갈망이 있어야 합니다. 영원히 목마르지 않는 샘물을 마시고픈 갈증이 있어야 합니다. 그러나 이 샘물을 받기 위해서는 회개가 필요하고 예배가 필요합니다. 적당히 예수 믿어서는 절대로 영혼의 갈증을 해결할 수 없습니다.

■ 내가 주는 물을 마시는 자는 영원히 목마르지 아니하리니 내가 주는 물은 그 속에서 영생하도록 솟아나는 샘물이 되리라(요 4:14).

0426

믿음의 클라이맥스

당신의 믿음은 어느 단계에 있다고 생각하십니까?

믿음을 가지면 하나님과 친밀해집니다. 그리고 십자가의 고난과 부활이 이해되고 천국을 사모하게 됩니다. 믿음의 클라이맥스는 죽은 자를 살리시는 하나님을 믿는 부활의 믿음입니다. 부활을 믿는다면 세상에서 만나는 어떤 고난과 역경도 나를 무너뜨리지 못합니다. 천국이 있고, 우리가 그곳에서 부활의 몸으로 다시 태어난다는 사실을 믿으면, 그 어떤 일도 두렵지 않습니다. 내일이 불확실한 사람은 오늘 삶에 자신이 없습니다. 의심이 많고 염려와 걱정이 많습니다. 그러나 내일이 확실한 사람은 오늘이 분명해집니다.

아브라함의 믿음의 정점도 부활에 대한 믿음이었습니다. 그래서 이삭을 제물로 드렸지만 살아난 것입니다. 하나님은 죽은 자를 살리시며, 없는 것을 있는 것처럼, 또 안 보이는 것을 보이는 것처럼 하시는 분이십니다.

이 놀라운 부활 신앙을 모두 가지십시오. 그리고 하나님께서 준비하신 천국을 꿈꾸십시오. 우리 마음이 하나님의 천국에 대한 상상력으로 가득 차기를 바랍니다.

■ 그가 하나님이 능히 이삭을 죽은 자 가운데서 다시 살리실 줄로 생각한지라 비유컨대 그를 죽은 자 가운데서 도로 받은 것이니라(히 11:19).

0427

세상의 본질은 어둠입니다

어두운 세상 가운데서 빛의 자녀로 살아가고 있습니까?

예수님께서는 "나는 세상의 빛이다"라고 말씀하셨습니다. 그것은 세상의 본질은 어둠이라는 뜻입니다. 그래서 우리는 이 험한 세상을 살면서 늘 갈등하고 힘들고 어려움을 겪습니다.

하나님께서 세상을 처음 창조할 때는 어둠이 없었습니다. 천국과 같이 늘 빛이 있었습니다. 그 세상에 어둠이 생겼습니다. 아담과 하와의 죄 때문입니다. 우리는 태어날 때부터 죄인입니다. 죄를 지어서 죄인이 아니라 죄인이기 때문에 죄를 짓는 것입니다. 갓 태어난 어린아이가 무슨 죄를 짓겠습니까? 부모가 죄를 지으라고 가르치겠습니까? 아닙니다. 그런데 이 아이가 자라면서 누가 가르쳐 주지 않아도 죄를 짓습니다. 인간이 타락했기 때문에 어둠 속에 갇혀 버린 것입니다.

그래서 하나님께서는 그의 아들을 자신의 빛으로 옷을 입혀 하나님의 권세를 주시고 이 세상에 빛의 아들로 보내셨습니다. 그래서 예수 그리스도의 이름이 선포되는 곳마다 빛이 새롭게 비칩니다. 하나님께서는 예수 그리스도를 통해 어둠의 세력에 빠진 우리를 다시 빛의 자녀로 돌려놓기 원하십니다. 우리 모두 빛으로 오신 예수님을 통해 빛의 자녀로 거듭나기 바랍니다.

■ 예수께서 또 말씀하여 이르시되 나는 세상의 빛이니 나를 따르는 자는 어둠에 다니지 아니하고 생명의 빛을 얻으리라(요 8:12).

성숙한 믿음의 과정

지금 믿음의 성숙을 위해 어떤 과정을 거치고 있습니까?

모세는 율법의 창시자일 뿐 아니라 율법의 아버지이기도 합니다. 그러나 그의 믿음이 처음부터 온전했던 건 아닙니다. 그는 40세가 될 때까지 실수를 연발했습니다. 인간적인 열정에서 비롯된 믿음 때문에 심지어 사람을 죽이기도 했습니다. 진짜 믿음이 아니었습니다.

믿음을 처음 가질 때는 아무리 세상 경륜이 많고 학식이 높아도 실수를 하게 되어 있습니다. 속사람이 미성숙하기 때문입니다. 실패와 실수를 거쳐 우리는 점차 예수님께서 원하시는 믿음의 사람으로 성숙해지는 것입니다. 작은 실수나 실패에 절망하지 마십시오. 누구나 거치는 과정이며, 그런 과정을 통해 믿음이 더욱 단단해질 것입니다.

■ 우리가 지금은 거울로 보는 것 같이 희미하나 그 때에는 얼굴과 얼굴을 대하여 볼 것이요 지금은 내가 부분적으로 아나 그 때에는 주께서 나를 아신 것 같이 내가 온전히 알리라(고전 13:12).

0429

하나님께서 주시는 믿음의 약속

바른 믿음은 어떤 믿음이라고 생각합니까?

우리는 믿음에 대해 착각하는 경우가 많습니다. 착하게 살면 믿음이 자랄까요? 착하게 살고 좋은 일을 많이 하는데도 믿음이 성장하기는커녕 결정적인 순간에 포기하고 뒤돌아서는 경우를 많이 봅니다. 믿음이 있어도 죽음에 대해 불안해하고 신앙생활에 회의를 느끼는 사람들을 많이 봅니다. 모두 믿음을 오해하고 착각하기 때문에 생기는 문제입니다. 믿음에 대한 오해는 우리를 율법적인 신앙생활에 빠지게 합니다. 내가 열심히 봉사하고 열심히 노력하면 믿음이 커지리라 생각합니다.

그러나 믿음은 나의 노력이나 종교적 활동으로 생기는 것이 아닙니다. 믿음은 하나님께서 거저 주시는 은혜라는 사실을 우리는 자주 잊어버립니다. 처음에는 믿음이 하나님께서 주시는 선물이라고 믿다가도 1~2년쯤 지나면 자기도 모르게 자기 능력으로 믿음을 가지려고 노력하게 됩니다.

나로부터 만들어진 믿음에는 생명력이 없습니다. 진짜 믿음은 비록 겨자씨만큼 작은 것일지라도 그곳에 말씀이 들어가고 성령이 역사하면 놀랍게도 사람 키보다 더 큰 나무로 자랍니다. 우리 믿음은 과연 생명력을 지녔습니까?

■ 예수께서 즉시 손을 내밀어 그를 붙잡으시며 이르시되 믿음이 작은 자여 왜 의심하였느냐 하시고(마 14:31).

0430

믿음의 행위는 왜 필요한가?

당신의 믿음은 질긴 생명력을 갖고 있습니까?

믿음에는 적극적인 행위가 필요합니다. 율법적인 의미의 행위가 아닙니다. 죽은 나무와 살아 있는 나무가 있다고 생각해 보십시오. 죽은 나무에 아무리 물과 비료를 주어 잘 관리해도 살아나지 않습니다. 그러나 살아 있는 나무는 물을 주고 해충을 잡아 주고 비료를 주고 때를 따라 가지치기를 해 주면 잘 자라고 열매도 풍성하게 맺힙니다.

믿음의 열매가 맺히는 원리도 이와 같습니다. 살아 있는 나무를 하나님께서 주신 믿음이라고 한다면 그 나무에 비료를 주고 물을 주고 깨끗하게 관리하는 것이 바로 믿음의 적극적인 행위입니다. 하나님께서 우리에게 믿음을 주실 때 우리가 해야 할 일은 그 믿음을 열심히 가꾸는 것입니다. 그러면 나도 모르는 사이에 내 안에 믿음이 생기고 의심이 없어지고 근심이 사라집니다.

믿음의 행위는 하나님께서 우리에게 주신 새집을 가꾸는 것과도 같습니다. 새집에 입주하더라도 살면서 깨끗하게 쓸고 닦지 않으면 잘 유지되지 않는 것처럼, 하나님께서 믿음을 주셨다 하더라도 거기서 끝나면 믿음은 자라지 않습니다. 믿음을 잘 관리하고 가꾸어 풍성한 열매를 거두기를 바랍니다.

■ 겨자씨 한 알과 같으니 땅에 심길 때에는 땅 위의 모든 씨보다 작은 것이로되 심긴 후에는 자라서 모든 풀보다 커지며 큰 가지를 내나니 공중의 새들이 그 그늘에 깃들일 만큼 되느니라(막 4:31-32).

5월

가정은 모든 복의 근원

가정은 그 무엇과도 바꿀 수 없는
하나님이 주신 축복의 장소입니다.

믿음의 시작

당신은 하나님께서 주신 부르심의 약속을 들었습니까?

믿음은 하나님의 말씀을 듣는 것에서 시작됩니다. 하나님의 말씀을 들은 적이 없는 사람은 믿음이 생길 수 없습니다. 교회나 성경공부 모임에서 말씀을 들을 때 사람의 소리가 아니라 하나님의 말씀으로 들어야 합니다. 그러면 믿음의 씨가 우리 마음 밭에 뿌려집니다.

아브라함의 믿음은 "너는 갈대아 우르를 떠나 내가 네게 지시할 곳으로 가라"는 하나님 음성을 들었을 때 순종한 것에 있습니다. 믿음은 맹종이 아닙니다. 그것은 말씀에 대한 순종이고 응답인 것입니다. 바로 이것이 아브라함에게 발견된 믿음의 시작입니다.

믿음으로 아브라함은 부르심을 받았을 때 순종하여 장차 유업으로 받을 곳으로 나아갔습니다. 믿음에는 부르심의 약속이 있으며 조건 없는 순종이 있습니다. 약속의 말씀을 잘 들으십시오. 그리고 조건 없이 순종하십시오.

■ 그러므로 믿음은 들음에서 나며 들음은 그리스도의 말씀으로 말미암았느니라(롬 10:17).

0502

목마른 사슴이 시냇물을 찾듯이

당신은 보혜사 성령님을 체험했습니까?

기독교 역사가 오늘날까지 유지되어 온 것은 성령님의 은혜 덕분입니다. 보혜사 성령님이 진리를 지키시고 사람들을 변화시키시며 교회를 세우게 하신 것입니다.

성경에 기록된 대로 우리는 성령님을 믿고 체험하며 선포해야 합니다. 그때 기독교의 본질이 드러나는 것입니다. 과거에 성령님을 체험한 성도들은 더욱 새롭게 체험하십시오. 성령님을 체험하지 못한 사람은 목마른 사슴이 시냇물을 찾듯이 갈급함으로 성령님을 사모하십시오.

신앙생활은 예수님을 믿고 구원받는 것으로 끝나지 않습니다. 그 이상의 충족된 영적 상태를 경험하고 성령님의 기름 부으심과 다스림을 체험해야 합니다.

■ 나는 너희에게 물로 세례를 베풀었거니와 그는 너희에게 성령으로 세례를 베푸시리라(막 1:8).

0503

천국을 향한 믿음

하나님께서 약속하신 천국의 삶에 대한 확신이 있습니까?

하나님께서는 직접 천국을 설계하셨습니다. 그리고 우리에게 주시겠다고 약속하셨습니다. 우리는 그것을 생전에 받을 수도 있고 죽기까지 못볼 수도 있습니다. 그러나 내가 죽어 천국에 가면 약속의 성취는 즉시 나타납니다.

믿음은 견고한 터 위에 하나님께서 설계하신 새로운 도시가 있음을 확신하는 것입니다. 새 하늘과 새 땅이 있음을 믿는 것입니다. 우리가 사는 이 세상이 아니라 죽으면 가는 하나님 나라가 있음을 믿는 것입니다. 그것이 약속의 내용입니다.

그 약속만 생각하면 크리스천은 기쁘고 좋고 신납니다. 진짜 믿음은 장차 하나님께서 설계해 놓으신 집으로 갈 수 있음을 믿는 것입니다.

■ 믿음으로 그가 이방의 땅에 있는 것 같이 약속의 땅에 거류하여 동일한 약속을 유업으로 함께 받은 이삭 및 야곱과 더불어 장막에 거하였으니 이는 그가 하나님이 계획하시고 지으실 터가 있는 성을 바랐음이라(히 11:9-10).

0504

순종하는 자에게 내리시는 복

오늘 하루 말씀에 순종하면서 살았습니까?

믿음이 성숙하고 복을 받을 수 있는 비결은 '순종'에 있습니다. 순종은 하나님께서 약속하신 복을 받는 비결이요, 하나님의 뜻을 이루는 방법입니다.

"믿음으로 아브라함은 부르심을 받았을 때 순종해 장차 유업으로 받을 곳으로 나아갔습니다"(히 11:8). 아브라함은 말이나 생각만으로 순종한 것이 아니라 구체적인 행동으로 나타내는 데까지 순종한 것입니다. 참으로 쉽지 않은 일입니다. 그러나 아브라함은 하나님의 부르심에만 의지해서 떠났습니다. 아브라함은 하나님의 명령이면 그것이 무엇이든 간에 순종하기로 결단한 것입니다.

우리는 성경에 아무리 좋은 말씀이 있어도 자기 생각과 경험, 현실에 맞지 않으면 대개 순종하지 않습니다. 좋고 옳은 말씀이라도 현실적으로 소화할 수 없기 때문에 거부하는 경우도 있습니다. 그러나 하나님의 말씀을 들으면 마음으로 순종하고 실제 행동으로 옮겨야 합니다. 말씀을 행동으로 옮길 때 갈등이 생길 수도 있습니다. 그럴 때는 자신을 쳐다보지 마십시오. 여건을 보지 마십시오. 오직 하나님만 바라보고 하나님만 믿고, 앞으로 나가십시오. 그럴 때 하나님께서 문제를 풀어 주십니다.

━━ 그는 근본 하나님의 본체시나 하나님과 동등됨을 취할 것으로 여기지 아니하시고 오히려 자기를 비워 종의 형체를 가지사 사람들과 같이 되셨고 사람의 모양으로 나타나사 자기를 낮추시고 죽기까지 복종하셨으니 곧 십자가에 죽으심이라(빌 2:6-8).

0505

자녀를 축복하는 믿음

자녀에게 어떤 믿음의 유산을 물려줄 수 있습니까?

아브라함은 이삭을 축복했고 이삭은 야곱을, 야곱은 요셉을, 요셉은 이스라엘 자손을 축복했습니다. 성경은 많은 부분을 할애해서 이 믿음의 유산에 대해 이야기합니다.

평소 부모 자식 간의 관계가 나쁘면 자녀를 축복하기 어렵습니다. 부모는 자녀에게 양보하고 져 주어야 합니다. 그래서 좋은 관계를 만들어 가야 합니다. 자녀들은 주 안에서 부모를 공경할 것이요, 부모는 자녀를 분노케 하지 말아야 합니다. 이것이야말로 집을 사고 직업을 갖고 결혼하고 성공하는 것보다 더 중요합니다.

조금만 물러서서 이해하면 자녀들과 소통할 수 있습니다. 아이들 입장에서 생각하지 않고 부모 입장에서만 보고 훈육하기 때문에 자녀와 소통이 안 되는 것입니다. 부모와 자녀는 본래 서로 수준이 맞지 않습니다. 경험도 맞지 않습니다. 그래서 부모는 자녀를 볼 때 불만족스럽습니다. 이런 상황에서 생각이나 경험이 짧은 자녀가 부모에게 맞춘다는 건 어려운 일입니다. 자존심이 상하더라도 부모가 자녀 입장으로 내려가야 합니다. 그래야 자녀와 원만한 관계가 형성되고 화평하고 행복한 가정이 이루어집니다.

■ 그가 요셉을 위하여 축복하여 이르되 내 조부 아브라함과 아버지 이삭이 섬기던 하나님, 나의 출생으로부터 지금까지 나를 기르신 하나님, 나를 모든 환난에서 건지신 여호와의 사자께서 이 아이들에게 복을 주시오며 이들로 내 이름과 내 조상 아브라함과 이삭의 이름으로 칭하게 하시오며 이들이 세상에서 번식되게 하시기를 원하나이다(창 48:15-16).

결혼을 위해 기도하십시오

결혼을 준비하는 데 혼수보다 중요한 것이 무엇이라고 생각합니까?

결혼을 준비하는 과정에서 우리가 가장 중요하게 여기는 것은 무엇일까요? 대부분 혼수 준비를 가장 중요하게 생각합니다. 그러나 이것은 맨 마지막으로 미뤄도 되는 일입니다.

가장 중요한 준비는 바로 기도입니다. 자신의 결혼이든 자녀의 결혼이든 집이나 자동차, 예물을 마련하는 일보다 먼저 당사자의 영혼을 하나님께 의탁하는 기도가 우선되어야 합니다.

결혼하고 싶습니까? 혹은 자녀를 결혼시키기 원합니까? 일은 한 번 꼬이기 시작하면 계속 어려워집니다. 그러나 잘되려면 아주 쉽게 풀립니다. 결혼하기 위해 백 사람을 만나도 원하는 한 사람을 찾지 못할 수 있습니다. 그러므로 하나님의 뜻대로, 하나님의 방법대로 만나게 해 달라고 기도하십시오.

기도는 기적을 몰고 옵니다. 기도는 하나님의 뜻과 계획을 성취합니다. 배우자를 아직 만나지 못했습니까? 자녀의 배우자를 아직 구하지 못했습니까? 무엇보다도 먼저 결혼을 위해 기도하십시오. 기도하는 것이 가장 확실하고 완벽한 준비입니다.

■ 여호와여 의의 호소를 들으소서 나의 울부짖음에 주의하소서 거짓 되지 아니한 입술에서 나오는 나의 기도에 귀를 기울이소서(시 17:1).

아담이 하와를 만났을 때

당신은 오늘 가족들에게 사랑과 격려의 말을 했습니까?

진정한 가정은 사랑의 고백이 있는 곳입니다. 진정한 가정은 잠자고 먹고 아이를 기르는 곳을 넘어 사랑의 고백이 있는 곳입니다. 같이 살아서 부부가 아니라 사랑한다고 고백해야 진정한 부부입니다.

아담은 하와를 만났을 때 "이는 내 뼈 중의 뼈요 살 중의 살이라"(창 2:23)고 말합니다. 이는 둘이 한 몸이라는 선언입니다. 이 고백을 계속하는 동안은 절대로 이혼하거나 싸울 수 없습니다. 하나이기 때문입니다.

사람들은 큰 실수를 했거나 도덕적으로 흠이 있거나 인격적으로 부족해서 이혼하고 별거한다고 말합니다. 그러나 가정이 깨지는 근본적인 원인은 아담으로부터 물려받은 원죄 때문입니다. 행복하지 못한 부부의 마음 깊은 곳에는 언제나 불신과 오만이 있고 상처가 뒤따릅니다. 상대를 이기려는 마음과 상대에게 당하지 않으려는 마음이 깊이 자리하고 있습니다. 그것을 극복하기 위해서는 아담이 하와를 만났을 때 처음 했던 그 말을 해야 합니다. 그래야 가정에 봄날 같은 따스함이 깃듭니다.

남편은 지속적으로 아내의 좋은 점을 격려하고 칭찬하고 축복하십시오. 이것이 행복의 비결입니다. 아내들도 남편을 칭찬하고 격려하십시오. 하기 싫어도 매일 하다 보면, 분명히 부부 관계가 놀랄 만큼 회복되고 건강해질 것입니다.

■ 아담이 이르되 이는 내 뼈 중의 뼈요 살 중의 살이라 이것을 남자에게서 취하였은즉 여자라 부르리라 하니라(창 2:23).

0508

가정 예배를 드리십시오

당신 가정은 가정 예배를 드립니까?

가정에서 꼭 제단을 쌓으십시오. 교회에서 예배드리는 것에 만족하면 안 됩니다. 매일 부모가 자녀와 성경을 읽고 찬송을 부르며 기도하면 그 예배를 받으시는 하나님께서 그곳에 오십니다.

우리 민족은 피난 시절을 겪었습니다. 나 역시 어머니 품에 안겨 피난 다닌 세대입니다. 그때는 하루 한 끼만 먹을 수 있어도 행복했습니다. 형님과 떡을 팔아야 했는데, 다 팔고 지친 몸으로 집에 돌아와 찬송하고 예배드리면 그렇게 눈물이 났습니다. 말 그대로 눈물의 예배였습니다. 감격적인 예배였습니다. 그때 우리는 가난했지만 마음만은 순수하고 진실했습니다.

예배는 그 어떤 것보다 큰 복이 됩니다. 예배드리는 가정은 하나님께서 반드시 복을 주십니다. 예배를 드리면 하나님께서 우리 가운데 임하시고, 우리에게 기름 부어 주시고, 우리에게 복을 주십니다.

■ 여호와를 경외하며 그의 길을 걷는 자마다 복이 있도다 네가 네 손이 수고한 대로 먹을 것이라 네가 복되고 형통하리로다 네 집 안방에 있는 네 아내는 결실한 포도나무 같으며 네 식탁에 둘러 앉은 자식들은 어린 감람나무 같으리로다(시 128:1-3).

0509

부부 관계가 좋아지려면

당신은 행복한 부부 관계를 유지하기 위해 어떤 노력을 하고 있습니까?

부부는 저절로 이뤄지는 관계가 아닙니다. 전통이나 관습, 윤리에 따라 가만히 지낸다고 관계가 좋아지지 않습니다. 부부 관계는 노력하지 않으면 깨집니다. 화분에 꽃씨를 심었다고 가정해 봅시다. 씨앗을 심는 것으로 끝이 아닙니다. 물을 주고 신선한 바람과 알맞은 햇볕을 쬐게 해 주어야만 튼실한 싹이 트고 자라나 아름다운 꽃을 피울 수 있습니다.

부부 관계가 좋아지려면 첫째, 함께 있는 시간을 가지려고 노력하십시오. 자꾸 부딪치고 만나야 합니다. 자주 보지 않으면 소홀해집니다. 직장보다 더 중요한 것이 부부 관계라는 것을 명심하십시오.

둘째, 함께 하는 작업이나 공동 취미가 있어야 합니다. 예를 들어 남편은 아내가 설거지할 때 옆에 있어 주십시오. 설거지하면서 많은 이야기를 나눌 수 있습니다. 이런 시간을 귀찮게 여기거나 과소평가하지 마십시오.

셋째, 늘 서로의 의사를 물어야 합니다. 동의를 구해야 합니다. 서로에게 묻지 않고 독단적으로 결정하면 부부간의 신뢰에 금이 갑니다. 그리고 뭔가 깜짝 놀랄 만한 것들을 준비해 보십시오. 서로를 위해 준비하는 마음, 그것이 애정입니다.

부부 관계는 노력이 필요합니다. 시간을 투자해야 합니다. 부부 관계는 영원까지 함께할 소중한 관계이기 때문입니다.

■ 아내들아 남편에게 복종하라 이는 주 안에서 마땅하니라 남편들아 아내를 사랑하며 괴롭게 하지 말라(골 3:18-19).

0510

하나님을 사랑한다면

당신은 오늘 하나님의 이름을 잘못 사용한 적은 없습니까?

누군가를 진심으로 사랑하면 그 사람 이름만 들어도 가슴이 뜁니다. 그 사람이 너무 좋고 자꾸만 보고 싶어집니다. 눈앞에 잠시만 안 보여도 불안해집니다. 누군가 그 사람을 비난하면 내가 모욕당하는 이상으로 참을 수 없습니다. 사랑하는 하나님을 향한 우리의 태도는 어떻습니까?

세상은 "하나님은 없다"는 말로 하나님을 욕되게 하고 무시합니다. 우리가 보는 세계가 큽니까, 보이지 않는 세계가 큽니까? 우주를 다 본 사람이 있습니까? 보이지 않는 세계가 더 큽니다. 천지를 창조하시고 나를 창조하신 하나님은 분명 살아계십니다. 또한 세상은 "하나님은 불공평하고 불의하다"며 하나님께 세상 모든 부조리의 책임을 떠넘깁니다. 이것은 하나님의 이름을 망령되이 여기는 것입니다. 잘못은 내가 해 놓고 상대방에게 모든 잘못을 뒤집어씌우는 것과 같습니다.

시편은 하나님의 이름을 찬양하고 높이고 거룩히 여기는 글로 가득합니다. 이것이 시편 기자들의 마음이었습니다. 우리는 어떻습니까? 하나님을 사랑한다고는 하지만 하루에 한 번이라도 하나님의 이름을 부릅니까? 하나님을 귀히 여기십시오. 존경하십시오. 하나님의 이름을 거룩하게 부르십시오. 그것이 하나님을 사랑하는 자의 자세입니다.

■ 내가 여호와를 항상 송축함이여 내 입술로 항상 주를 찬양하리이다(시 34:1).

0511

택한 자를 위해 준비하신 하나님

당신은 스스로 기도할 책임이 있음을 깨닫고 있습니까?

"구하는 사람마다 받을 것이며 찾는 사람마다 찾을 것이며 두드리는 사람에게 문이 열릴 것이다"(마 7:8). 예수님께서 하신 이 말씀에는 어떤 뜻이 내포되어 있을까요?

하나님께서 우리에게 사랑을 무제한으로 베풀기를 원하신다는 것입니다. 또한 우리 창고가 가득 차도록 선물을 준비하고 계시다는 말입니다. 목마른 우리는 준비된 곳에 가서 물을 떠 마시면 됩니다.

진정한 사랑도 구해야 합니다. 사람은 하나님의 사랑을 받는 반사경에 불과합니다. 사랑의 빛이 나에게 비춰질 때, 나도 비로소 그 사랑의 빛을 다른 사람에게 나눌 수 있습니다. 우리는 스스로 사랑할 능력이 없습니다. 우리가 가진 사랑은 불완전합니다. 그것을 인정하는 것에서 진정한 사랑이 시작됩니다.

하나님은 언제나 우리를 기다리십니다. 똑똑하거나 부자인 사람들의 기도보다 그분이 택하신 우리의 기도를 원하십니다. 우리에게는 기도할 책임이 있습니다. 날마다 하나님을 찾아가 그분으로부터 공급받으시길 바랍니다.

■ 여호와께서 내 음성과 내 간구를 들으시므로 내가 그를 사랑하는도다 그의 귀를 내게 기울이셨으므로 내가 평생에 기도하리로다(시 116:1-2).

0512

기도하는 가정에는 위기가 없습니다

당신의 가정에 위기가 있습니까? 어떻게 극복하고자 합니까?

애를 썼지만 어쩔 수 없이 헤어지는 부부를 종종 봅니다. 정말 이혼할 수밖에 없는 심각한 사연들이 많이 있습니다. 그러나 문제가 전혀 없는 가정은 없습니다. 행복한 가정, 복된 가정의 비밀은 문제가 없는 것이 아니라, 가정의 소중함을 생각하고 기도하며 문제를 극복하고 뛰어넘는 것입니다.

이삭은 40세에 결혼해 60세에 야곱과 에서를 낳았습니다(창 25:26). 20년 동안 아이 없이 살았습니다. 부족한 것이 있거나 안 되는 일이 생길 때 불평하거나 원망하지 마십시오. 20년 동안 기도하고 기다렸던 이삭처럼 끝까지 포기하지 말고 하나님을 신뢰하며 기도해야 합니다.

오늘날 가정의 위기는 돈이 없는 것, 건강을 잃는 것, 자녀가 없는 것이 아니라 기도가 없는 것입니다. 기도하는 가정은 아무리 홍수가 나고 태풍이 불어도 흩어지거나 망하지 않습니다. 가장 큰 위기의 순간은 기도를 잃어버리고 기도를 포기한 때입니다.

■ 너희 염려를 다 주께 맡기라 이는 그가 너희를 돌보심이라(벧전 5:7).

0513

기도하면 사랑하게 됩니다

사랑하지 않는 사람을 위해 진심으로 축복하며 기도해 줍니까?

우리는 왜 다른 사람을 위해 기도하지 않을까요? 그 사람을 진심으로 사랑하지 않기 때문입니다. 사랑하면 기도하게 되어 있습니다.

영국 옥스퍼드 대학에 다니는 한 여학생이 죽었습니다. 서른도 안 되어 죽음을 맞은 것입니다. 그녀의 소지품 중에는 400명의 선교사 이름과 주소가 빽빽이 적힌 수첩이 있었습니다. 그녀는 선교사들을 위해 계속 기도해 왔던 것입니다. 누군가 그녀의 장례식에 따뜻하고도 신비한 빛과 성령이 감돌았다는 말을 전했습니다.

우리도 이렇게 기도해야 합니다. 이런 기도가 사도 바울의 가슴 속에 있었기 때문에 로마가 변했는지도 모릅니다. 원수라도 이름을 부르고 기도하면 사랑하게 됩니다. 기도하면 그 사람이 내 마음속에 들어옵니다. 그것이 기도입니다.

■ 내가 기도할 때에 기억하며 너희로 말미암아 감사하기를 그치지 아니하고 (엡 1:16).

0514

예수님께서는 왜 기도하셨을까?

오늘 하루 동안 얼마나 많이 하나님과 영혼의 호흡을 나누었습니까?

성경에는 예수님께서 끊임없이 하나님께 기도하는 모습이 많이 기록되어 있습니다. 예수님께서는 미명에 기도하시고, 밤이 새도록 기도하시며, 홀로 산에서 기도하셨습니다. 십자가의 고난을 앞두고도 다른 것을 하지 않고 오직 기도하셨습니다.

예수님은 하나님이시고 하나님의 독생자이시며, 하늘과 땅의 모든 권세를 부여받으셨습니다. 그리고 모든 기도를 받으시고 응답해 주십니다. 그런데 왜 주님께서 기도하셔야만 했을까요? 대답은 아주 간단합니다.

인간의 몸을 입고 세상에 오셨기에 하나님과 끊임없이 교통하기 위해서는 기도 외에 다른 방법이 없었기 때문입니다. 예수님의 기도는 하나님과 호흡하는 것이고 하나님을 의식하는 것이며 하나님과 동행하시는 것을 의미합니다.

오래 전부터 예수님을 믿었고 아무리 믿음이 좋을지라도 우리는 매일 기도해야 합니다. 그것은 매일매일 하나님께로 공급받아야 할 영적 양식이기 때문입니다. 우리 육신이 공기로 숨을 쉬는 것처럼, 우리 영혼은 기도로 하나님과 호흡하고 의식하며 동행합니다.

■ 기도를 계속하고 기도에 감사함으로 깨어 있으라(골 4:2).

0515

겟세마네 동산을 만드십시오

고민하고 걱정하는 것과 기도하는 것은 어떻게 다를까요?

예수님께서는 십자가를 지시기 전에 제자들과 함께 최후의 만찬을 나누셨습니다. 그런 후에 겟세마네 동산으로 가셨습니다. 물론 기도하기 위함입니다. 예수님께서 십자가를 지시는 절박한 상황을 앞두고 하신 일은 기도입니다. 우리는 큰일을 앞두고 걱정을 합니다. 걱정과 기도는 다른 것입니다. 생각이나 고민도 기도와 다릅니다. 밤새 잠 못 자며 고심했다고 기도한 것은 아닙니다.

예수님께도 고난과 위기가 있었습니다. 그때마다 항상 기도하셨습니다. 인생에서 고난과 위기가 없는 사람은 없습니다. 죽은 사람을 제외하고, 모든 인생은 고난과 역경의 현장에서 살아가고 있다 해도 과언이 아닙니다. 우리는 고난 앞에 섰을 때 염려하거나 두려워하거나 자학하지 말고 하나님께 기도해야 합니다. 기도는 모든 한계 상황을 극복케 하는 중요한 하나님의 방법입니다.

집에 기도방을 하나 만드십시오. 어렵고 힘들 때마다 무릎을 꿇고 하나님께 기도할 수 있는 겟세마네 동산이 필요합니다. 흔들리는 마음을 잡아 주시고, 불안한 믿음을 붙잡아 주시며, 하나님의 일을 하게 하시고, 주님의 승리를 맛보게 해 달라고 꾸준히 기도하십시오. 우리가 기도할 때 그 마음에 주님의 평강이 임하십니다.

■ 하나님의 말씀과 기도로 거룩하여짐이라(딤전 4:5).

0516

틈만 내면 기도하십시오

당신은 교회를 얼마나 사랑합니까?

누가복음에 보면, 예수님께서 열두 살 때 부모님과 함께 예루살렘을 방문하셨다고 나와 있습니다. 그런데 유대인의 절기를 마치고 집으로 돌아오는 길에 부모님은 그만 예수님을 잃어버렸습니다. 부모님은 왔던 길을 되돌아가서 성전에 계시는 예수님을 발견했습니다. 반갑고 놀라워 "왜 걱정하며 찾도록 만드느냐"고 말하는 부모님께 예수님께서 이렇게 답하십니다. "왜 나를 찾으셨습니까? 내가 마땅히 내 아버지의 집에 있어야 하는 줄 모르셨습니까?"(눅 2:49) 우리에게도 교회는 아버지의 집입니다. 특별한 이유가 있어야 교회에 오는 게 아닙니다. 항상 교회를 왕래해야 합니다.

저희 아버지는 시골에서 사셨는데 서울에 볼일 보러 가실 때면 교회에 들르셨다가 기차역으로 가셨습니다. 일을 마치신 뒤에도 꼭 교회에 들렀다가 집에 오셨습니다. 아마도 올라가실 때는 서울 가서 할 일을 위해 기도하셨을 터이고 내려오셔서는 볼일을 잘 마치고 무사히 집에 돌아온 것에 감사기도를 올렸을 것입니다. 틈만 나면 교회 담벼락을 붙잡고 우리 형제들을 위해, 교회를 위해, 나라를 위해 기도하셨습니다.

한국 교회에 늘 기도하는 성도가 더욱 많아지면 좋겠습니다. 아버지 집에 늘 거하며 기도하기에 힘쓰시기 바랍니다.

■ 하나님이여 우리가 주의 전 가운데서 주의 인자하심을 생각하였나이다(시 48:9).

0517

기도하는 사람의 영적 권위

당신은 세상에 대해 영적 권위가 있습니까? 왜 없다고 생각합니까?

두려움에 사로잡히는 것은 패배의 시작입니다. 사람을 무서워하고 세상을 두려워하면 아무 일도 할 수 없습니다. 사람과 세상을 두려워하지 말아야 합니다. 기도를 하면 모든 두려움을 넉넉히 이길 수 있습니다.

기도를 하면 고난이 쉽게 끝납니다. 기도는 고난을 극복케 하는 하나님의 능력입니다. 야고보는 "여러분 가운데 고난당하는 사람이 있으면 기도하십시오. 즐거운 사람이 있으면 찬송하십시오"(약 5:13)라고 말했습니다. 기도하는 사람에게는 영적 권위가 있습니다. 세상이 그에게 굴복합니다.

하지만 기도하지 않으면 작은 고난도 무섭게 다가옵니다. 별 것 아닌 고난이 무거운 짐으로 여겨집니다. 기도할 때 태산도, 죽음도 가볍게 극복할 수 있음을 꼭 기억하십시오.

■ 내 의의 하나님이여 내가 부를 때에 응답하소서 곤란 중에 나를 너그럽게 하셨사오니 내게 은혜를 베푸사 나의 기도를 들으소서(시 4:1).

0518

불안한 상상을 허용하지 마십시오

당신은 불안한 생각이 들 때 기도로 물리칩니까?

베드로는 3년 동안 예수님을 충실하게 따라다녔습니다. 그는 목숨을 걸고 예수님을 따르겠다고 큰소리를 쳤던 사람입니다. 그러나 문 지키는 여자가 베드로를 예수님의 제자라고 알아보자, 절대 아니라고 부인합니다. 사람은 한 번 겁먹기 시작하면 아무것도 아닌 일에 쩔쩔 매게 됩니다. 베드로가 그랬습니다. 문지기 여종을 두려워하며 자신의 신분을 숨기고 신앙 고백마저 부인하게 되는 지경에 이릅니다.

베드로는 상상속의 불안을 현실로 받아들인 것입니다. 때로 우리 인생에 위기가 올 수 있습니다. 어쩌면 건강을 잃고 직장에서 내몰릴지도 모릅니다. 다음 직장이 구해지지 않을지도 모릅니다. 그 생각에 사로잡히면 갑자기 불안해지면서 불안이 현실을 점점 지배하게 됩니다. 사람이란 원래 좋은 상상보다 최악의 상상을 하는 경향이 있습니다. 그리고 상상을 사실로 받아들이게 됩니다.

우리는 우리를 지탱하고 있다고 믿는 기준들이 자꾸 흔들려서 불행한 것입니다. 내 건강이나 직장, 인간관계 등이 불완전하고 불안하기 때문에 불행합니다. 우리 삶의 기반을 불완전한 것에 두지 마십시오. 완전한 말씀 위에 미래를 세우십시오. 불안한 생각에게 휘둘리지 마십시오.

■ 내가 두려워하는 그것이 내게 임하고 내가 무서워하는 그것이 내 몸에 미쳤구나 (욥 3:25).

0519

하나님만이 나를 도우신다

하나님께서 당신을 선택하고 도우실 것을 믿습니까?

하나님께서는 사랑하는 자를 부르십니다. 만약 하나님의 부름을 받았다면 '아멘' 하십시오. 아무 상관없는 사람을 하나님께서 왜 오라고 하시겠습니까? 하나님과 관계가 있으니까 부르신 것입니다.

이사야에 기록되기를, 하나님께서는 아브라함에게 "너는 내 종이다 내가 너를 선택했고 너를 버리지 않았다"(사 41:9)고 하셨습니다. 하나님께서는 이사야를 통해 관계가 깨어져 불안해하는 이스라엘 백성에게 회복의 메시지를 주신 것입니다. 이스라엘을 좋아한다는 말을 이렇게 표현하신 것입니다. 포기하지 않는다는 것을 강조하신 것입니다. 고난이 깊고 고통이 클수록 하나님을 의지하고 신뢰하면, 하나님께서 약속하신 축복이 다시 임할 것입니다.

행복과 불행은 어떻게 결정될까요? 우연도 아니요, 다른 사람에 의해서도 아닙니다. 행복과 불행은 내가 선택하는 것입니다. 행복을 선택하십시오. 우리는 사랑받기 위해 태어났습니다. 이것을 믿고 택하십시오. 우리는 축복의 사람입니다. 사탄을 선택하지 않고 하나님을 선택했기 때문입니다.

■ 야곱아 너를 창조하신 여호와께서 지금 말씀하시느니라 이스라엘아 너를 지으신 이가 말씀하시느니라 너는 두려워하지 말라 내가 너를 구속하였고 내가 너를 지명하여 불렀나니 너는 내 것이라(사 43:1).

독선적인 비판은 독침과 같습니다

다른 사람을 쉽게 비판하고 정죄하는 습관이 있습니까?

남을 비판하고 정죄하는 습관이 있는 사람은 신앙이 자라기 어렵습니다. 남을 비판하고 정죄한다는 것은 자신을 의롭게 여긴다는 뜻입니다. 이런 사람은 죄인임을 고백하거나 잘못을 인정하지 않고 다른 사람의 허점이나 실수를 꼬집고 비판만 하려 듭니다.

물론 좋은 충고는 다른 사람을 격려하고 도와주고 살려 줍니다. 하지만 무자비하고 독선적인 비판은 사람을 죽이고 파괴시키는 독침과 같습니다. 남을 비판하기 전에 먼저 다른 사람의 눈 속에 있는 티는 보면서 자기 눈에 있는 들보는 깨닫지 못하는 건 아닌지 자문해 봐야 합니다.

크리스천들도 최후의 날에는 그리스도의 심판대 앞에 서게 됩니다. 우리의 말이 심판의 대상이 될 것입니다. 우리가 행한 일에 대한 심판이 있을 것입니다(고전 3:13). 우리의 말과 행위는 결코 공기 속에 사라지지 않습니다. 하나님은 이 모든 것을 심판하실 것입니다.

■ 모든 수고에는 이익이 있어도 입술의 말은 궁핍을 이룰 뿐이니라(잠 14:23).

0521

선택은 사랑입니다

당신은 구원받을 수 있습니까? 있다면 그 이유가 무엇이라고 생각합니까?

하나님께서는 우리가 태어나기도 전부터 우리를 택하셨습니다. 창세전부터 하나님께서는 우리를 사랑하기로 결정하셨습니다.

"하나님께서 우리를 택하셨다"는 말은 우리를 다른 사람과 구별하여 뽑아 주셨다는 뜻입니다. 하나님께서는 수많은 사람 중에서 나를, 당신을 택하신 것입니다. 따라서 하나님께서는 우리 각자의 이름과 체격, 성정 등 모든 것을 기억하십니다.

빌리 그레이엄 목사님이 이런 말을 했습니다. "내가 구원받은 것은 수십만 명을 주님 앞에 인도했기 때문이 아니라 내가 죄인이기 때문입니다. 나는 하나님의 은혜와 긍휼이 없으면 한순간도 살 수 없는 죄인입니다."

구원은 예수 그리스도 안에 있는 구속 때문에 하나님의 은혜로 받은 것입니다. 따라서 구원받은 사람은 누구든지 겸손할 수밖에 없습니다. 소리 지르고 남을 비판하는 사람은 진정한 크리스천이 아닙니다. 예수님께서는 십자가에 못 박혀 돌아가실 때도 이스라엘 백성을 비판하지 않으셨습니다. 오히려 "아버지여, 저들의 죄를 용서해 주십시오"라고 기도하셨습니다. 다른 사람의 허물을 대신 지고, 다른 사람의 질병을 대신 지고 조용히 십자가의 길을 걸어가신 것입니다. 이런 사람들이 세상을 변화시킬 수 있는 크리스천입니다.

■ 그리스도 예수 안에 있는 속량으로 말미암아 하나님의 은혜로 값없이 의롭다 하심을 얻은 자 되었느니라(롬 3:24).

0522

니고데모가 몰랐던 것

당신은 날마다 말씀으로 거듭나고 있습니까?

유대 지성의 최고봉이던 니고데모는 '거듭남'이라는 말의 의미를 몰랐습니다. 그와 예수님 사이의 대화를 보면 '거듭남'은 예수님을 모르는 사람이 아니라, 교회에 오래 다녀 거듭났다고 착각하는 사람에게 주는 말씀이 아닐까 싶습니다.

기독교 집안에서 태어났지만 가족의 신앙생활을 꾸준히 지켜보기만 하고 거듭나지 않은 사람이 있습니다. 그런 사람은 오히려 나이 들어 예수님을 믿는 사람들보다 거듭나기가 더 어렵습니다. 차라리 무신론적 배경에서 자란 사람이 복음에 대해 귀를 기울이는 경우가 더 많습니다.

유대인보다 이방인이 예수님을 더 강하게 믿는 것을 봐도 그렇습니다. 유대인은 율법과 종교에 너무 익숙해져서 기독교의 핵심 진리에 들어가지 못한 채 변죽만 울립니다. 진리의 주변을 맴돌 뿐이면서 스스로 하나님을 잘 믿고 성경을 잘 알며 교회에 익숙하다고 자랑합니다.

우리도 예수님께서 말씀하신 대로 정말 거듭났는지 스스로 점검해 봐야 합니다. 혹시 예수님을 믿은 지 10년이 지나도록 삶에 아무런 변화가 없습니까? 진정 거듭나지 않아 생명이 없기 때문임을 깨달으십시오. 예수님을 오랜 세월 믿었는데도 인격에 삶에 변화가 없다면 진정으로 거듭나지 않은 것입니다.

■ 니고데모가 이르되 사람이 늙으면 어떻게 날 수 있사옵나이까 두 번째 모태에 들어갔다가 날 수 있사옵나이까 예수께서 대답하시되 진실로 진실로 네게 이르노니 사람이 물과 성령으로 나지 아니하면 하나님의 나라에 들어갈 수 없느니라(요 3:4-5).

0523

'거듭남'의 영적 의미

당신은 하나님의 유전자를 얼마나 갖고 있습니까?

'거듭난다'는 말은 헬라어로 '겐나오 아노센'이라고 하는데, '아노센'에는 세 가지 뜻이 있습니다. '처음부터, 시작'이라는 뜻이 있고, '다시'라는 뜻이 있으며, '위로부터'라는 뜻이 있습니다. 마지막 '위로부터'라는 개념은 아주 중요합니다. 즉 거듭남이란 위로부터 오는 것을 의미합니다.

이 세 가지 개념을 종합하자면, '거듭남은 하나님으로부터 완전하게 다시 출발하는 것'으로 정리할 수 있습니다. 이것이 거듭남 곧 중생의 의미입니다.

성령님이 임하실 때 사람은 진정 거듭납니다. 제2의 탄생을 맞는 것입니다. 제1의 탄생에서 부모님의 유전인자를 물려받듯이, 제2의 탄생에서 우리는 하나님의 유전인자를 물려받습니다. 그래서 거듭난 사람은 죄의 인자가 없어지고 영생의 인자가 생겨나 활동하기 시작합니다. 따라서 성령님이 임하시면 죄성으로 부패했던 옛사람은 사라지고 새사람으로 회복되는 것입니다. 내 안에 하나님의 유전인자가 있습니까? 아직도 옛사람이 살고 있지 않습니까? 그것을 위해 진정으로 기도하십시오.

■ 육으로 난 것은 육이요 영으로 난 것은 영이니 내가 네게 거듭나야 하겠다 하는 말을 놀랍게 여기지 말라(요 3:6-7).

0524

영적 체중 조절에 힘쓰십시오

당신은 오늘 하루 영적 훈련에 얼마나 열심이었습니까?

운동선수가 체중 조절에 실패하면 경기를 제대로 치를 수 없습니다. 크리스천들도 자기 무게 때문에 신앙생활을 잘 못하는 이들이 많습니다. 운동선수들이 체중 조절에 실패하는 이유는 무엇입니까? 피나는 연습을 포기했기 때문입니다. 그리고 육체가 원하는 대로, 마음이 원하는 대로 음식을 먹었기 때문입니다. 체중 조절은 크리스천의 신앙생활에도 꼭 필요합니다. 성숙에 필요한 훈련과 절제를 통해 영적 체중 조절을 해야 합니다.

영적 체중 조절에 가장 큰 적은 게으름입니다. 이는 다른 활동에 바쁜 것도 포함됩니다. 게으르고 부주의하고 불규칙한 생활, 감정대로 육체가 원하는 대로 사는 삶은 우리 영혼의 건강을 해칩니다. 무분별하게 주워 먹어 몸을 움직이기 힘들 만큼 비만 상태에 빠집니다. 분별력 있게 영혼을 관리해야지만 신앙생활을 잘할 수 있습니다.

성경을 보면 열심을 품고 주를 섬기라고 합니다. 게으름은 우리의 영혼을 빼앗아 가는 도둑입니다. 우리의 영혼을 침식하는 나쁜 부패균입니다. 게으름은 우리 영혼을 짓눌러서 성장하지 못하게 합니다. 세상에서 승리하기 위해서는 영적 비만에 빠지지 않도록 열심을 내어 영적 훈련을 해야 합니다.

■ 부지런하여 게으르지 말고 열심을 품고 주를 섬기라(롬 12:11).

0525

고난을 통과할 때 거룩해집니다

당신은 오늘 하루 거룩한 삶을 살려고 노력했습니까?

구약 시대 때 죄를 속죄하는 제사에 바치는 제물은 먹고 싶어도 먹을 수 없었습니다. 그 피는 대제사장이 지성소 안으로 가지고 들어가고, 그 몸은 성소 밖으로 가져가 불살랐던 것입니다(히 13:10-11).

이는 예수 그리스도의 구원 사역을 상기시킵니다. 영원한 속죄양이신 예수 그리스도께서는 피로 우리를 구원하셨습니다. 그리고 육체는 예루살렘 진영 밖에서 고난당하셨습니다.

왜 예수님은 영문 밖에서 십자가의 길, 고난의 길을 겪으셨을까요? 자기 백성들을 거룩하게 만들기 위해서입니다. "이와 같이 예수께서도 자신의 피로 백성을 거룩하게 하시려고 성문 밖에서 고난을 당하셨습니다"(히 13:12).

고난이 없이는 거룩도 없고, 십자가 없이는 영광도 없습니다. 고난을 통과하지 않고는 어느 누구도 거룩해질 수 없습니다. 고통과 역경과 주림과 사망의 음침한 골짜기를 통과할 때, 인간은 비로소 자신을 내려놓습니다. 그래서 그 영혼이 순결하고 깨끗해집니다.

견딜 수 없는 고난 중에서도 그 고통을 감당하는 사람에게 하나님께서는 '거룩'을 선물로 주십니다.

■ 하나님을 따라 의와 진리의 거룩함으로 지으심을 받은 새 사람을 입으라(엡 4:24).

0526

나눔 공동체

다른 사람과 재물을 나눔으로써 영적인 자유를 경험한 적이 있습니까?

초대교회는 예배 공동체였고 사귐 공동체였으며 동시에 나눔 공동체였습니다. 성령 안에서 하나님을 만나고 형제와 풍성한 교제를 나누면서 놀라운 영적 체험을 했습니다. 그때 나눔의 기적이 일어나기 시작했습니다. 그들이 소유한 물건과 재산을 각 사람의 필요에 따라 나누어 준 것입니다.

나눔이란 자기 욕심으로부터의 탈출이며 자기 성취와 성공으로부터의 탈출입니다. 나눔이란 다른 말로 자기 해방입니다. 성경은 고아와 과부를 불쌍히 여기라고 말했고 가난하고 억눌린 자들의 신원을 풀어 주라고 했습니다. 예수님은 언제나 가난하고 멸시받고 천대받는 자의 옆에 계셨고 그들의 친구이자 위로자가 되셨습니다. 또한 철저하게 자기 것을 나누어 주는 삶을 사셨습니다.

이것이 우리 교회가 닮아 가야 할 모습입니다. 교회는 세상의 고통과 아픔에 동참해야 하며, 가진 것을 나누어야 합니다. 교회는 가난한 자들과 함께 울고 웃어야 하며, 민족의 고통과 아픔에 동참해야 합니다. 이것이 바로 교회가 보여 줘야 할 나눔 공동체의 진정한 모습입니다.

■ 믿는 사람이 다 함께 있어 모든 물건을 서로 통용하고 또 재산과 소유를 팔아 각 사람의 필요를 따라 나눠 주며(행 2:44-45).

0527

구원과 안식

당신은 구원받은 자로서 안식을 경험하고 있습니까?

'구원'에는 두 가지 측면이 있습니다. 하나는 사탄의 세력에서 벗어나 하나님의 자녀가 되는 것입니다. 다른 하나는 구원받은 자가 누려야 할 안식입니다. 여기서 말하는 안식은 약속으로 받은 유산, 즉 기업을 의미합니다.

이스라엘 백성은 구원의 한 과정으로 광야에서 40년을 방황했습니다. 그러나 하나님께서 이스라엘 백성을 인도하고자 하셨던 곳은 광야가 아니었습니다. 하나님께서 약속하신 기업, 젖과 꿀이 흐르는 가나안 땅을 밟는 것이 하나님께서 원하신 구원의 완성이었습니다. 그것이 바로 '안식'입니다.

그러나 유감스럽게도, 많은 크리스천이 예수님을 믿어 구원받고 교회에 나가지만, 이 세상에서 진정한 안식을 누리지 못하고 불안해하며 쫓기고 패배하는 삶을 살고 있습니다. 이것이 우리의 불행입니다. 예수님께서 구원을 완전하게 이루어 주셨건만 우리는 그 구원을 이 세상에서 다 누리지 못하고 절반쯤만 누리고 있습니다. 절반쯤 하나님을 의지하고 붙잡고 살다가 쓰러지는 것입니다. 성경은 이렇게 사는 삶이 아니라, 좀 더 평안하고 완전하고 승리하는 삶이 우리에게 준비되어 있다고 강조합니다. 이제 우리는 사탄의 세력을 꺾는 성령 충만한 능력의 삶을 살아야 합니다.

■ 우리가 시작할 때에 확실한 것을 끝까지 견고히 잡고 있으면 그리스도와 함께 참여한 자가 되리라(히 3:14).

기다리지 못해서 저주받은 사람

조급하게 굴다가 좋지 못한 결과를 얻었던 적이 있습니까?

성경을 보면 기다리지 못해서 저주를 받은 한 사람을 만날 수 있습니다. 바로 사울 왕입니다.

사무엘상 13장을 보면 블레셋 사람들이 이스라엘과 싸우려고 모여 있었습니다. 그들의 병거가 3만이요, 마병이 6천 명이었습니다. 사울 왕은 다급했습니다. 제사를 드려야 할 사무엘이 때가 되었는데도 오지 않았습니다. 조급한 사울은 사무엘을 기다리지 못하고 그가 해서는 안 되는 번제를 사무엘 대신 드리고 말았습니다. 뒤늦게 도착한 사무엘에게 사울은 "부득이 번제를 드렸다"라고 변명했습니다. 사무엘은 다음과 같이 말했습니다.

"당신은 어리석은 행동을 했소. 당신은 여호와 하나님께서 당신에게 주신 명령을 지키지 않았소. 그렇지 않았으면 하나님께서 이스라엘 위에 당신의 나라를 영원히 세우셨을 것이오. 그러나 이제 당신의 나라는 오래가지 않을 것이오"(삼상 13:13-14).

예수를 잘 믿는 사람은 어떤 경우에도 당황하거나 놀라지 않고 신실하신 하나님의 약속을 신뢰합니다. 주님이 다시 오실 것을 믿고 오래 기다리며 사는 것입니다. 영광스러운 그날이 임할 것을 바라보며 사는 것입니다.

■ 그러므로 형제들아 주께서 강림하시기까지 길이 참으라 보라 농부가 땅에서 나는 귀한 열매를 바라고 길이 참아 이른 비와 늦은 비를 기다리나니 너희도 길이 참고 마음을 굳건하게 하라 주의 강림이 가까우니라(약 5:7-8).

0529

기적은 소박한 곳에서 일어난다

당신은 기적을 경험했습니까?

예수님의 기적은 항상 '관계'와 '때'가 있습니다. 우리는 하나님께 기적을 요구하지만, 하나님은 우리에게 관계를 요구하십니다. 관계란 곧 믿음을 말합니다. 예수님께서 포도주가 떨어졌다는 마리아의 말을 듣고 "여자여 나와 무슨 상관이 있나이까"라고 말씀하셨습니다. 그 말씀의 의미는 주님과 사람 사이에 믿음의 관계를 형성한 후에 기적을 일으키신다는 것입니다.

기적은 소박한 곳에서 일어납니다. 예수님은 가나의 혼인 잔치에서 첫 번째 기적을 일으키셨습니다. 일반적으로 기적을 생각하면 많은 사람이 모인 화려한 무대에서 팡파르가 울려 퍼지는 장면을 상상하기 쉽습니다. 그러나 예수님의 기적은 전혀 그렇지 않았습니다. 예수님은 그때그때 필요에 따라 상황에 맞게 기적을 베푸셨습니다.

예수님의 기적은 인위적이지 않았습니다. 항상 자연스러웠습니다. 현대인의 삶이 외롭고 고독한 것은 너무 인위적이고 지나치게 남의 시선을 의식하기 때문입니다. 하지만 예수님은 굶주린 사람에게 먹을 것을 주시고 포도주가 떨어지자 물로 포도주를 만들어 주시듯 필요에 따라 자연스럽게 기적을 베푸셨습니다.

우리의 신앙은 과시적이지 않아야 합니다. 예수님처럼 소박하고 따뜻한 사랑의 관계에서 전적으로 헌신하는 신앙이라야 합니다.

■ 예수께서 이르시되 여자여 나와 무슨 상관이 있나이까 내 때가 아직 이르지 아니하였나이다(요 2:4).

0530

선포로 시작되는 성경

성경을 읽을 때 어떤 태도를 가져야 합니까?

성경은 그 첫머리에 "태초에 하나님이 천지를 창조하시니라"(창 1:1)라고 선포합니다. 요한복음도 "태초에 말씀이 계시니라"(요 1:1)는 선언으로 시작합니다. 논증이 아닙니다. "하나님께서 어디 계시느냐, 하나님을 누가 만들었느냐, 하나님은 어디서 왔느냐?" 하는 식으로 문제를 제기하지 않고 선포로 시작됩니다.

성경은 결코 우리를 설득하려고도, 우리의 흥미를 끌려고도 하지 않습니다. 성경은 그저 선언합니다. 그리고 그 선언을 받아들이지 않는 사람들에 대해서는 "어리석은 자는 그의 마음에 이르기를 하나님이 없다 하는도다"(시 14:1)고 일축합니다. 하나님은 계십니다. 하나님은 천지를 창조하셨고, 태초에 예수 그리스도와 함께 계셨습니다. 신앙은 하나님이 계시다는 사실을 받아들임으로써 시작됩니다.

우리는 성경을 제대로 볼 줄 아는 눈을 길러야 합니다. 성경을 문학 작품이나 도덕 혹은 종교 서적으로 여기면 안 됩니다. 사탄의 모든 세력을 꺾기 위해 선포된 능력의 말씀으로 읽어야 합니다. 그럴 때 우리 삶에도 상상할 수 없을 만큼 놀랍고 큰 변화가 일어날 것입니다.

■ 하나님의 말씀은 살아 있고 활력이 있어 좌우에 날선 어떤 검보다도 예리하여 혼과 영과 및 관절과 골수를 찔러 쪼개기까지 하며 또 마음의 생각과 뜻을 판단하나니(히 4:12).

0531

사람에게 구하지 마십시오

당신은 물질적인 어려움을 겪을 때 어떻게 극복합니까?

예전에 한 선교 단체에서 훈련받은 적이 있습니다. 훈련받는 도중에 가끔 이런 광고가 나왔습니다. "오늘은 하루 종일 금식입니다. 간사들이 금식을 한다고 합니다." 그러고는 밤 2시까지 철야를 합니다. 필요한 10만 파운드의 헌금이 모아지면 금식이 끝납니다. 나는 그곳에서 돈에 대한 하나님의 로맨스를 배우기 시작했습니다. 데니스 레인 목사님의 간증이 생각납니다.

"작년 연말에 저희는 20만 달러가 필요했습니다. 그러나 우리 원칙은 사람에게 돈을 구하지 않는 것입니다. 아니, 하지 못하게 되어 있습니다. 900여 명의 스태프와 선교사들이 함께 기도하기 시작했습니다. 12월 31일 어떤 분이 20만 달러를 현금으로 보내 왔습니다."

하나님은 기도하는 사람에게 이처럼 세밀하게 응답하십니다. 대개 돈을 사랑하는 것은 탐욕이라는 형태로 나타납니다. "내가 결코 너희를 버리지 아니하고 너희를 떠나지 아니하리라 하셨느니라 그러므로 우리가 담대히 말하되 주는 나를 돕는 이시니 내가 무서워하지 아니하겠노라 사람이 내게 어찌하리요 하노라"(히 13:5-6). 이 믿음을 가지고 세상에서 순결을 지키고 물질에서 자유하기 바랍니다.

■ 집 하인이 두 주인을 섬길 수 없나니 혹 이를 미워하고 저를 사랑하거나 혹 이를 중히 여기고 저를 경히 여길 것임이니라 너희가 하나님과 재물을 겸하여 섬길 수 없느니라(눅 16:13).

광야는 사람이 살 수 없는 곳이요, 버려진 땅입니다.
더 이상 어떤 소망도 없을 것 같습니다.
그냥 주저앉아 고난 속에서 울부짖을 뿐입니다.

그러나 광야의 시간 동안
주님은 제게 말씀을 깊이 묵상하게 하셨습니다.
마음 깊은 곳으로부터 들려오는 성령의 음성이었습니다.

"광야의 삶은 축복이다."

June

6월

하루를 마무리하는 기도

기도에는 놀라운 능력이 있습니다.
눈을 떠도 눈을 감아도 기도해야 합니다.

0601

진짜 믿음을 가지고 있으면

왜 예수를 믿으면서도 마음에 기쁨이 넘치지 않을까요?

순종하지 않는 믿음은 믿음이 아닙니다. 머리로만 이해하는 믿음, 지식으로만 얻는 믿음은 진정한 믿음이 아닙니다. 진정한 믿음에는 반드시 기적이 일어나고 축복이 일어나고 열매가 맺히는 역사가 일어납니다. 열심히 교회에 나가 봉사하고, 신앙생활을 오랫동안 했어도 내 삶에 변화가 없다면 그건 믿음의 뿌리가 썩었거나 무언가 잘못됐거나 착각을 하고 있기 때문입니다.

진짜 믿음을 갖고 있으면 우리 삶이 절망에서 희망으로, 갈등에서 행복으로 바뀝니다. 환경이 나를 행복하게 만들고, 돈이 나를 행복하게 만드는 것이 아닙니다. 진짜 믿음을 가지고 있으면 아무리 바쁘고 피곤하고 어려운 조건에 처해 있더라도 충만하고 풍요로운 삶을 기쁘게 살 수 있습니다.

■ 믿음으로 말미암아 그리스도께서 너희 마음에 계시게 하시옵고 너희가 사랑 가운데서 뿌리가 박히고 터가 굳어져서 능히 모든 성도와 함께 지식에 넘치는 그리스도의 사랑을 알고(엡 3:17-18).

0602

본향을 찾는 사람들

당신의 본향은 어디입니까?

믿음의 사람들은 본향을 그리워하고 찾습니다. 본향이란 자기가 태어난 고향입니다. 우리는 모두 고향이 있고 또 고향을 그리워합니다. 그러나 하나님의 자녀인 우리의 고향은 이 땅이 아닙니다. 더 나은 본향이 있습니다. 이 지상의 본향은 기껏해야 무덤입니다. 이 무덤이 인생의 종착역이라면 얼마나 불쌍하겠습니까?

철새는 추운 겨울을 피해 한철 남쪽으로 이동합니다. 그리고 날씨가 변하면 다시 죽을힘을 다해 자기가 태어난 곳으로 갑니다. 피곤하여 쉬고 싶어도, 날개를 다쳐 피투성이가 되어도 고향을 향해 날아갑니다. 철새가 '여기가 더 좋구나' 하며 주저앉아 살면 철새만의 독특한 기질을 잃고 텃새가 되는 것입니다.

철새가 되겠습니까? 아니면 텃새가 되겠습니까? 힘들어도 더 나은 본향, 이 지상의 고향이 아니라 하나님께서 나를 위해 만들어 주신 그 태초의 본향을 향해 가야 합니다. 피투성이가 되어도 그곳을 향해 가는 것이 크리스천의 삶입니다.

■ 그들이 이제는 더 나은 본향을 사모하니 곧 하늘에 있는 것이라 이러므로 하나님이 그들의 하나님이라 일컬음 받으심을 부끄러워하지 아니하시고 그들을 위하여 한 성을 예비하셨느니라(히 11:16).

0603

천국을 향한 꿈을 꾸십시오

천국에 가기 위한 자격과 조건을 알고 있습니까?

곰곰이 천국과 지옥을 생각해 보십시오. 구원은 왜 받습니까? 천국에 가기 위한 하나님의 방법입니다. 혹시 천국도 지옥도 잘 모르겠으니, 그냥 없는 것으로 하자거나 나중에 생각해 보자라는 식으로 말하지는 않습니까? 예수 믿고 교회 다니고서도 천국을 못 간다면 얼마나 억울하겠습니까?

살아서 회개하지 않으면 죽는 순간부터는 기회가 없습니다. 모두 끝납니다. 회개하려면 숨 쉬는 동안 해야 합니다. 죽으면 이미 천국행과 지옥행이 결정 나 버립니다. 이 세상 사는 동안 천국 갈 자격과 조건을 갖춘 사람은 천국에 가고, 그렇지 못한 사람은 지옥에서 영원히 사는 겁니다. 심장이 멎는 순간 천사들이 나타나고 심판대에 서게 됩니다. 그래서 우리는 살아 있는 동안 회개해야 합니다. 지옥에 가서야 '아이고 이게 아니구나. 회개해야겠다'라고 깨달으면 이미 늦습니다.

오늘부터 천국을 향한 새 믿음을 가지십시오. 그리고 이 세상에서 날마다 천국을 이루면서 사시기 바랍니다.

■ 하나님이 세상을 이처럼 사랑하사 독생자를 주셨으니 이는 그를 믿는 자마다 멸망하지 않고 영생을 얻게 하려 하심이라(요 3:16).

0604

보지 못하는 것들의 증거

당신의 마음에는 확실한 증거가 있습니까?

믿음이란 무엇입니까? 믿음은 바라는 것들의 실체며 보지 못하는 것들의 증거입니다. 믿음은 내가 바라고 기대하고 꿈꾸는 것들의 실체입니다. 실체란 내 손 안에 있는 것입니다.

보지 못했는데 어떻게 증거가 있습니까? 그러나 보지 못했지만 본 것처럼 증거가 내 마음에 있습니다. 그것이 믿음입니다.

증거가 있고 실체가 있는 사람은 흔들리지 않습니다. 현실에 그것을 가지고 있는 것처럼 느끼기 때문입니다. 믿음이 그것을 가능케 합니다. 믿음을 가졌다고 하면서도 막연하게 생각하고 막연하게 믿는다면, 믿음을 가졌다고 하면서도 희미하게 생각한다면, 그 믿음은 진짜가 아닙니다. 믿음을 진짜 가지고 있다면 그 실체가, 증거가 내 안에 잡힙니다.

■ 믿음은 바라는 것들의 실상이요 보지 못하는 것들의 증거니 선진들이 이로써 증거를 얻었느니라(히 11:1-2).

0605

돈은 좋은 데 쓰십시오

당신은 책임감을 가지고 돈을 쓰고 있습니까?

돈은 잘 쓰면 좋고 못 쓰면 독이 됩니다. 돈이 많은 것은 축복일 수도 있고 저주일 수도 있습니다. 쓸 만한 능력만큼 소유해야 합니다. 쓸 만한 능력과 인격을 갖추지 못했는데 가지고 있으면 반드시 나쁜 곳에 돈을 씁니다.

이 세상은 영적 빈익빈 부익부입니다. 한국은 영적으로 축복을 받았고, 동남아시아, 아프리카, 전 세계는 상상할 수 없는 비참함이 있습니다. 에이즈, 가난, 절망, 죽음의 위기 앞에서 누구에게도 보호받지 못하고 버림받은 상태입니다.

탕자의 비유에 나오는 큰아들과 작은아들처럼 우리가 영적으로 아시아권에서 하나님의 큰아들이라면 아버지의 마음으로 미전도 종족들, 복음을 듣지 못한 사람들, 하나님을 떠난 비참한 사람들을 위해 눈물을 흘리고 그들의 발을 씻어주고, 주린 배를 채워주고, 친구가 되어 주어야 합니다. 그것이 아버지를 기쁘게 하는 일입니다.

하나님을 섬기십시오. 그리고 돈은 쓰시고 섬기지 마십시오. 좋은 데 쓰십시오. 아낌없이 활용하십시오.

■ 불의의 재물은 무익하여도 공의는 죽음에서 건지느니라(잠 10:2).

0606

하나님께 쓰임받기 원한다면

하나님이 보시기에 당신은 인정받을 만합니까?

믿음을 가진 사람은 하나님께서 인정하십니다. 하나님은 믿음 없는 사람은 인정하지 않습니다. 교회를 아무리 오래 다니고 봉사를 많이 해도 방황하고 흔들리는 사람은 하나님께서 인정하지 않습니다. 하나님은 인정하지 않는 사람을 쓰시지 않습니다. 성경에 나오는 믿음의 조상들은 먼저 그들의 믿음을 하나님께 인정받았습니다.

하나님의 일은 막연하게 하면 안 됩니다. 하나님의 일은 매우 구체적이고 정확한 것들이므로 그 일을 할 때도 정확하고 분명하게 임해야 합니다. 하나님은 우리를 기대하며 사명을 주십니다. 그 기대에 맞게 그 일을 정확하게 해내야 합니다. 우리 모두가 하나님께 인정받는 사람이 되기를 바랍니다.

■ 이에 예수께서 대답하여 이르시되 여자여 네 믿음이 크도다 네 소원대로 되리라 하시니 그 때로부터 그의 딸이 나으니라 (마 15:28).

0607

천지창조에 대한 믿음

당신은 온 우주를 하나님께서 창조하셨다는 것을 믿습니까?

하나님께서 천지를 창조하셨습니다. 우리는 이 사실을 이성으로 믿는 것이 아닙니다. 과학으로 믿는 것도 아닙니다. 오로지 믿음으로 이 사실을 받아들이는 것입니다. 믿음으로 이 세상을 하나님께서 지으셨다고 믿는 것입니다. 믿음은 과학보다 한 단계 위고, 이성보다 한 단계 위에 있습니다.

자신을 보십시오. 내가 이성으로 만들어졌겠습니까? 내가 과학으로 만들어진 로봇이겠습니까? 하나님께서 자기의 형상대로 만들어 주신 아주 고귀하고 가치 있고 매력 있는 존재들입니다. 우리는 정말 하나님께서 만드시고 보시기에 좋았더라고 하신 바로 그 아름다운 인간입니다. 꽃 한 송이를 보면서, 하늘의 구름을 보면서, 하늘의 별을 보면서 하나님께서 천지를 지으셨다는 사실을 믿으시기 바랍니다.

■ 믿음으로 모든 세계가 하나님의 말씀으로 지어진 줄을 우리가 아나니 보이는 것은 나타난 것으로 말미암아 된 것이 아니니라(히 11:3).

0608

아벨이 보여 준 믿음의 태도

당신은 어떤 예배를 드리고 있습니까? 진정한 마음으로 예배를 준비합니까?

아벨은 제사를 드리고 더 나은 예물을 드리는 것이 믿음이라고 했습니다. 이것이 바로 지금의 예배입니다. 진정한 믿음을 가진 사람은 예배드리는 태도도 다릅니다. 아무 준비 없이 교회에 오지 않습니다. 예배를 드리기 위해 깨끗한 옷을 골라 입고 마음과 정성을 모읍니다. 미리 헌금을 준비하고 먼저 와서 기도로 준비합니다. 이것이 다 믿음입니다. 더 나은 제사입니다.

믿음의 태도가 있는 사람들은 하나님께서 기뻐할 뿐만 아니라 사람들이 보기에도 경건하고 아름답습니다.

하나님께 예배드리기 위해서는 몸도, 마음도, 태도도 잘 준비해야 합니다. 준비가 잘되고 제 시간에 온 사람들은 허둥대지 않습니다. 준비가 잘된 사람들은 무엇이 빠졌는지 정성스럽게 생각하면서 기다릴 줄 압니다. 이것이 바로 아벨이 보여 준 믿음의 태도입니다.

■ 믿음으로 아벨은 가인보다 더 나은 제사를 하나님께 드림으로 의로운 자라 하시는 증거를 얻었으니 하나님이 그 예물에 대하여 증거하심이라 저가 죽었으나 그 믿음으로써 지금도 말하느니라(히 11:4).

0609
하나님과 동행한 에녹처럼

당신은 하나님을 기쁘시게 하는 믿음의 사람입니까? 아니라면 왜 그렇습니까?

믿음으로 에녹은 죽음을 보지 않고 들림을 받았습니다. 하나님께서 그를 데려가셨기 때문에 그는 더 이상 세상에 있지 않습니다. 에녹은 하늘로 들리기 전에 하나님을 기쁘시게 하는 사람으로 인정받았습니다.

하나님과 인간이 얼마나 가까워질 수 있을까요? 사람과 사람 사이보다 훨씬 가까워질 수 있습니다. 에녹은 하나님과 얼마나 가까웠는지 죽음을 보지 않고 바로 직통으로 승천했습니다. 이것이야말로 하나님과의 동행입니다.

교제라고 다 똑같은 교제가 아닙니다. 건성으로 교제하는 사람도 많습니다. 한 걸음을 걷더라도 하나님과 함께 가고, 걸어도, 버스를 타도, 밥을 먹어도, 잠을 자도 늘 하나님께 딱 붙어 있어야 합니다. 늘 하나님을 생각하고 무슨 일을 하든지 하나님 편에서 생각해야 합니다. 에녹처럼 하나님과 교제가 깊어지고 동행하는 믿음의 사람이 되길 바랍니다.

■ 믿음으로 에녹은 죽음을 보지 않고 옮겨졌으니 하나님이 그를 옮기심으로 다시 보이지 아니하였느니라 저는 옮겨지기 전에 하나님을 기쁘시게 하는 자라 하는 증거를 받았느니라(히 11:5).

0610

동행하는 기쁨

당신은 오늘 하루 직장과 가정에서 누구와 동행했습니까?

에녹의 나이는 365세였습니다. 300년 동안 하나님과 동행했다고 하니 몇 살부터 동행한 걸까요? 65세입니다. 이때부터 에녹은 하늘나라로 올라갈 때까지 하루도 빼놓지 않고 하나님과 동행했습니다.

'동행했다'는 말은 '대화했다' '교제했다' '그 사람과 함께 시간을 보냈다'는 뜻입니다. 요한복음에서 말하는 "만일 너희가 내 안에 있고 내 말이 너희 안에 있으면"(요 15:7)이라는 표현도 같은 뜻입니다. 하나님의 영이 내 안으로 들어오고 내 영혼이 하나님 안으로 들어간 것입니다. 에녹은 300년 동안 그렇게 했다고 합니다.

내가 하나님 안으로 들어가고 하나님께서 내 안에 들어오셨다면 사탄, 어둠, 저주, 질병, 슬픔은 내 안에 있을 수 없습니다. 이것이 동행입니다.

빨래할 때도, 여행할 때도, 어디에 있든지, 무슨 일을 하든지 우리 각자 예수님 안으로 들어가는 아름다운 교제가 있기를 바랍니다.

■ 나는 주께서 네 심령에 함께 계시기를 바라노니 은혜가 너희와 함께 있을지어다(딤후 4:22).

0611

하나님 말씀에 순종한 노아

당신은 하나님의 말씀을 얼마나 귀 기울여 듣고 있습니까?

노아는 하나님의 말씀에 귀를 기울인 사람이었습니다. 산꼭대기에 방주를 지으라는 명령은 말도 안 되는 이야기였지만 그대로 행했습니다. 한 번도 본 적 없고, 한 번도 생각해 보지 못했던 어마어마한 일들을 아무 조건도 붙이지 않고, 하나님의 명령대로 행한 것입니다. 하나님은 사람을 지으신 것을 후회하고 지상에 있는 모든 인류를 심판하기로 결정했습니다. 노아는 그 경고를 미리 받고 그 말씀을 믿고 그대로 순종했습니다.

크리스천은 인간의 화려한 말과 설득에 귀를 기울이지 않습니다. 오히려 세미한 하나님의 음성에 귀를 기울입니다. 어느 날 어느 때에 하나님께서 음성을 들려주신다면 그 말을 소홀히 여기지 마십시오. 하나님의 음성을 아주 귀하게 여기고 그대로 따르시길 바랍니다.

■ 믿음으로 노아는 아직 보이지 않는 일에 경고하심을 받아 경외함으로 방주를 준비하여 그 집을 구원하였으니 이로 말미암아 세상을 정죄하고 믿음을 따르는 의의 상속자가 되었느니라(히 11:7).

0612

부름에 응답하는 믿음

하나님께서 부르실 때 즉각적으로 응답하고 있습니까?

믿음은 부름의 응답입니다. 부르면 대답해야 합니다. 못들은 척하면 안 됩니다. 하나님은 어떤 설교 가운데, 기도 가운데, 성경을 읽는 가운데 가끔 찔림을 주십니다. 설교를 들을 때 '누가 내 얘기를 목사님에게 다 일러바쳤나'라는 생각이 들 때가 있습니다. 그럴 리 없습니다. 내 마음에 성령이 감동을 주시니까 설교가 심령을 찌르는 것입니다. 하나님께서 하시는 겁니다. 하나님은 아브라함을 부르셨고, 아브라함은 하나님의 부르심에 토를 달지 않았습니다.

우리 역시 그래야 합니다. 하나님의 부르심에 토를 달지 마십시오. 이해가 되지 않아도 그냥 받아들이십시오. 그러면 그것이 축복이 됩니다.

■ 믿음으로 아브라함은 부르심을 받았을 때에 순종하여 장래의 기업으로 받을 땅에 나아갈새 갈 바를 알지 못하고 나아갔으며(히 11:8).

0613

미지의 세계로 떠나십시오

주님을 믿고 무조건 여행을 떠난 적이 있습니까?

아브라함이 떠나야 할 곳은 어떤 곳입니까? 부모와 친척들이 사는 익숙하고 편안한 고향이었습니다. 믿음은 떠나는 것입니다. 내가 잘하는 것, 내가 익숙한 것, 내가 머물던 그 자리를 떠나야 믿음은 시작됩니다.

내가 잘하는 것이면 하나님을 의지할 이유가 없습니다. 믿음이 생기지 않습니다. 하나님께서 지시하는 미지의 곳으로 가십시오. 그런 의미에서 믿음은 모험이고 도전이고 시험입니다.

믿음을 가진 사람들 얼굴에는 긴장감과 도전 의식, 모험 의식으로 가득 차 있습니다. 믿음은 여행입니다. 땅도 다르고 사람도 다르고 문화도 다른 곳으로 오직 하나님만 믿고 떠나는 여행입니다.

■ 여호와께서 아브람에게 이르시되 너는 너의 고향과 친척과 아버지의 집을 떠나 내가 네게 보여 줄 땅으로 가라 내가 너로 큰 민족을 이루고 네게 복을 주어 네 이름을 창대하게 하리니 너는 복이 될지라(창 12:1-2).

0614

나그네처럼 사십시오

이 땅에서 영원히 살 것 같은 착각에 빠져 있지는 않습니까?

믿음은 나그네처럼 사는 것입니다. 믿음은 벽돌집에서 사는 것이 아니라 장막에 사는 것입니다. 언제나 많이 걸어야 하고 또 때가 되면 떠나야 하는 것입니다. 내가 이 땅에서 영원히 살 것처럼 나의 왕국을 만들려고 하면 안 됩니다. 언제나 가볍게 떠날 수 있도록, 그저 하룻밤 자고 떠나는 나그네처럼 괴나리봇짐을 가볍게 싸는 것입니다. 금은보화와 세상의 것으로 무장하면 못 떠납니다. 많이 가지면 가질수록 걸리는 것이 많아, 발목 잡는 것이 많아, 떠날 수 없습니다.

만약 집에 불이 나면 무엇을 들고 불구덩이를 빠져 나가겠습니까? 장롱이나 식탁을 들고 가겠습니까? 그런 것들은 그냥 불타게 놔둬야 합니다. 재물처럼 부질없는 것에 미련을 두다 소중한 생명을 잃을 수 있음을 명심하십시오. 믿음의 생활이라는 것은 내가 익숙한 곳에서 사는 것이 아니라 나그네로, 이방인으로 사는 것입니다. 본향을 그리워하며 타향에서 사는 심정과 동일한 것입니다.

■ 믿음으로 그가 이방의 땅에 있는 것 같이 약속의 땅에 거류하여 동일한 약속을 유업으로 함께 받은 이삭 및 야곱과 더불어 장막에 거하였으니(히 11:9).

0615

절망의 한복판에 존재하는 믿음

불가능하다고 생각되는 것이 있습니까?

믿음은 언제나 불가능에 휩싸여 있으며, 절망의 한복판에 존재합니다. 아브라함은 100세이고 사라는 경수가 끊어진 90세인데 어떻게 임신이 가능했겠습니까? 하나님께서는 왜 여기까지 그들을 끌고 오셨을까요? 세상 사람들이 '절대 애기 못 낳는다'고 말하고 사라 자신도 '이제는 포기하자'라고 생각할 때까지, 자타가 불가능을 인정하는 때까지 하나님께서 끌고 가신 것입니다.

놀랍게도 모든 사람이 다 포기하고 완전히 불가능하다고 여길 때 하나님께서 일하십니다. 아브라함과 사라가 이삭을 낳았을 때 사람들이 무슨 말을 했겠습니까? 아브라함의 능력이 좋아서, 사라의 건강이 좋아서 낳았다고 했겠습니까? 아닙니다. 하나님께서 이 아이를 특별히 주신 이유가 있다고 인정했습니다.

"만 입이 내게 있어도 하나님의 하신 일들을 어찌 다 설명할 수 있겠습니까? 하나님께서 내게 베풀어 주신 은혜와 약속과 축복들을 어찌 다 감당할 수 있겠습니까?" 이렇게 고백하는 믿음의 사람이 되기를 바랍니다.

■ 아브라함이 바랄 수 없는 중에 바라고 믿었으니 이는 네 후손이 이같으리라 하신 말씀대로 많은 민족의 조상이 되게 하려 하심이라(롬 4:18).

0616

하나님께서 원하시는 제사

중요한 일을 결정할 때 하나님께서 원하시는 바를 가장 먼저 생각합니까?

아벨은 양치는 목자이기 때문에 제사를 받으시고, 가인은 농사짓는 사람이기 때문에 제사를 받지 않으신 것이 아닙니다. 직업 문제가 아니었습니다. 하나님께서 아벨의 제사를 받으신 것을 다르게 해석하지 마십시오.

하나님께서 제사를 받으시는 목적은 우리의 구원을 위한 것입니다. 그럼 하나님께서 원하시는 제사는 뭘까요? 어린양의 피의 제사입니다. 내가 원하는 대로 드리는 제사는 우상입니다. 하나님께서 원하시는 대로 제사를 드리는 것이 믿음입니다.

우리도 예배드릴 때 내가 좋아하는 찬송, 내가 좋아하는 교회, 내가 좋아하는 스타일로 예배를 드리고자 합니다. 그러나 그렇게 계속 가다 보면 우리도 가인이 될 수 있습니다.

아벨과 가인이 살던 시대는 아직 예수님의 구속 사역이 일어나지 않은 때였습니다. 그렇지만 양을 잡아 드린 제사 자체가 어린양 예수 그리스도의 피의 제사와 연결되어 있습니다. 때문에 하나님께서는 아벨의 제사를 받으신 것입니다. 내가 농사를 짓더라도 제사는 하나님의 방식대로 양으로 드려야 한다는 것입니다. 하나님께서 원하시는 제사는 양의 새끼와 기름이었습니다. 하나님께서 원하시는 제사를 드리십시오.

■ 주께 기쁘시게 할 것이 무엇인가 시험하여 보라(엡 5:10).

0617

믿음은 하나님의 선물

당신은 하나님께서 주신 선물을 감사히 받았습니까?

하나님은 인간에게 사물을 인지하는 능력을 주셨습니다. 이성, 지성, 상식, 경험, 합리성 등을 주셔서 세상을 살아가게 하셨습니다. 그러나 이 능력으로 사물을 알 수는 있지만 하나님을 알 수는 없습니다. 우리가 하나님을 인식할 수 있는 유일한 방법은 믿음입니다. 이 믿음을 이해하고 믿음을 갖는 것이 신앙생활의 핵심입니다.

오직 믿음만이 하나님의 옷자락을 붙잡을 수 있고, 하나님의 마음을 이해할 수 있습니다. 우리는 어떻게 구원을 받았습니까? 믿음으로 받았습니다.

"여러분은 믿음으로 인해 은혜로 구원받았습니다. 이것은 여러분에게서 나온 것이 아니요, 하나님의 선물입니다"(엡 2:8).

예수님께서 병을 고치실 때마다 하신 말씀이 무엇입니까? "네 믿음이 너를 구원했다"입니다. 또 예수님께서 능력을 행하실 때는 반드시 '믿음'이라는 단어를 썼습니다. 예수님은 오늘날 우리에게도 이렇게 말씀하십니다. "믿음이 없이는 이런 일을 할 수 없다. 그러나 만약 내가 준 은혜로 네가 믿음을 갖게 된다면 하나님을 경험할 뿐만 아니라 하나님께서 주시는 능력도 소유하게 될 것이다."

■ 네게 있는 믿음을 하나님 앞에서 스스로 가지고 있으라 자기가 옳다 하는 바로 자기를 정죄하지 아니하는 자는 복이 있도다(롬 14:22).

순결함으로 거룩한 삶을 사십시오

당신은 말과 행동에서 '거룩과 순결'을 지킵니까?

'거룩과 순결'이란 구체적으로 '순결한 성도'와 '거룩한 교회'를 의미합니다. 순결한 성도들을 통해 거룩한 교회가 이뤄집니다. 이를 통해 아버지의 온전하심같이 우리도 온전해질 수 있습니다. 요한계시록 7장에 나오는 어린 양의 피로 흰옷을 입었다는 것은 곧 순결을 나타냅니다.

성도의 순결은 성적으로 순결을 지키는 육체적 순결과 도덕적·윤리적 가치관을 확립하는 정신적 순결, 그리고 우상숭배와 탐욕을 떨쳐 버리는 고결한 영적 순결이 있습니다. 성도의 순결은 곧 교회의 영적인 힘이 됩니다. 영적인 힘이 있는 교회는 곧 거룩한 교회입니다. 거룩한 교회를 통해 성도는 세상을 변화시키고 이 땅에 큰 영향력을 발휘합니다.

거룩과 순결은 그 자체가 온전함이고 그 자체가 빛입니다. 그래서 거룩과 순결은 세상에 영향력을 발휘하고 세상을 변화시키는 힘이 됩니다. 순결한 성도는 거룩한 삶을 삽니다. 모두 육체적으로, 정신적으로, 영적으로 순결한 성도가 되길 바랍니다.

■ 그러므로 하늘에 계신 너희 아버지의 온전하심과 같이 너희도 온전하라(마 5:48).

0619

참된 축복이란

당신은 참된 축복의 의미가 무엇인지 알고 있습니까?

참된 축복은 참된 부흥에서 비롯됩니다. 부흥이 없으면 축복도 없습니다. 사람들은 축복을 원하지만 대가를 치르려 하지 않습니다. 진정한 회개와 변화가 있다면 진정한 기쁨과 축복도 뒤따를 것입니다.

시편 1편에 보면, 참된 축복이란 "악인의 꾀에 따르지 아니하며 죄인의 길에 서지 아니하며 오만한 자들의 자리에 앉지 아니하는 것"이라고 했습니다. 오히려 "여호와의 율법을 즐거워하여 그의 율법을 주야로 묵상하는 자"가 복이 있다고 했습니다.

마태복음 5장에는 "마음이 가난한 자, 애통하는 자, 온유한 자, 의에 주리고 목마른 자, 긍휼히 여기는 자, 마음이 청결한 자, 화평케 하는 자, 의를 위하여 핍박을 받는 자"가 복을 받는다고 했습니다.

사도 요한은 요한삼서에서 "사랑하는 자여 네 영혼이 잘됨 같이 네가 범사에 잘되고 강건하기를" 간구했습니다. 우리는 복음 때문에 고난을 받기도 하지만 축복도 있다는 사실을 잊으면 안 됩니다.

진정한 축복이란 일방적이거나 일부분에서만 이루어지는 것이 아닙니다. 영적 축복과 정신적 축복이 온전히 이루어져야 합니다. 그것이 '온전한 축복'입니다.

■ 예수께서 그들을 데리고 베다니 앞까지 나가사 손을 들어 그들에게 축복하시더니 (눅 24:50).

0620

하나님 말씀에서 비롯한 믿음

당신이 가지고 있는 믿음은 진짜 믿음입니까? 가짜 믿음입니까?

요즘은 자기 계발에 대한 책이 많이 팔린다고 합니다. 그런 책들은 관계와 미래에 대해 걱정이 많은 현대인에게 긍정적이고 적극적인 삶의 방법을 말해 줍니다. 하지만 그것은 진짜 믿음이 아닙니다. 하나님께서 주신 믿음이 아니라 단지 심리학적 믿음일 뿐입니다. 그것은 모두 인간의 생각에서 나온 믿음이기 때문에 가짜입니다.

아무리 작더라도 하나님에게서 나온 것은 능력이 있습니다. 그것은 진짜입니다. 아무리 크고 화려해 보여도 인간에게서 나온 것은 가짜입니다. 왜냐하면 능력이 없기 때문입니다. 우리는 내 믿음이 진짜인지 가짜인지를 구분해야 합니다.

진짜 믿음이란 무엇입니까? 진짜 믿음은 내 생각, 지식, 합리성, 신념이 아니라 하나님의 말씀에서 나온 믿음입니다. 예수님의 말씀, 성령의 감동에서 나오는 믿음이 진짜 믿음입니다. 거기에 하나님의 능력이 있기 때문입니다. 나의 능력, 나의 지능에서 나온 믿음은 아무리 그럴듯해 보여도 결국 아무 능력도 행사하지 못합니다.

■ 이에 제자들에게 이르시되 어찌하여 이렇게 무서워하느냐 너희가 어찌 믿음이 없느냐 하시니(막 4:40).

0621

믿음을 뒷받침하는 확신

믿는 것에 대해 얼마만큼 큰 확신이 있습니까?

하나님 말씀에서 나온 진짜 믿음을 가졌다 할지라도 내게 확신이 없으면 아무 일도 일어나지 않습니다. 그 믿음은 아무것도 아닙니다.

마태복음 21장 17절 이하에 보면 예수님의 조금 이상한 행동이 기록되어 있습니다. 예수님은 성 밖에서 하루 밤을 지내고 성 안으로 들어오시는 길이었습니다. 시장하시던 차에 마침 길가에 있는 무화과나무를 보고 가까이 가셨습니다. 그러나 무화과나무에는 열매가 없고 잎사귀만 있었습니다. 예수님은 무화과나무에게 조용히 말했습니다. "다시는 네가 열매를 맺지 못할 것이다."

참 이해하기 어려운 말씀입니다. 어쨌든 놀랍게도 예수님께서 그렇게 말씀하자마자 즉시 나무가 말라버렸습니다. 제자들이 보고 당황해서 "어떻게 무화과나무가 이렇게 당장 말라 버렸습니까?"(마 21:20)라고 물었습니다.

예수님께서 대답하셨습니다. "내가 진실로 너희에게 말한다. 너희가 믿고 의심하지 않으면 이 무화과나무에 한 일을 너희도 할 수 있을 뿐 아니라 이 산에게 '들려서 바다에 빠져라' 하고 말해도 그대로 이루어질 것이다. 너희가 기도할 때 무엇이든지 믿고 구하는 것은 다 받을 것이다"(마 21:21-22).

믿고 확신하면 놀라운 일이 일어납니다.

■ 예수를 뵈옵고 경배하나 아직도 의심하는 사람들이 있더라(마 28:17).

0622

순도 100퍼센트의 믿음

당신의 믿음은 얼마나 깨끗하고 순수합니까?

우리는 믿음 안에 사는 것 같지만 실제로는 불신앙 안에 살고 있습니다. 수없이 교회에 들락날락하면서도 진짜 믿음은 자라지 않고 오히려 점차 불신앙에 익숙해집니다.

말레이시아에서 목사님 한 분을 만난 적이 있습니다. 그분은 고아로 자랐습니다. 희망도 없고 가난하게 살던 중 예수님을 만났고 진짜 복음을 깨달았습니다. 그분을 만나서 이야기하다 보니, '이 사람은 순도 100퍼센트 믿음을 가졌구나'라는 감탄사가 절로 나왔습니다.

그분을 보면서 '나는 말씀을 전하기만 했지 말씀을 믿지는 않았구나' 하는 생각이 들었습니다. 이 목사님이 말하면 그대로 병이 나았다고 했습니다. 정말 수없이 많은 사람의 병이 나았다고 합니다. 하나님의 말씀을 순도 100퍼센트로 믿으면 기적이 일어납니다.

믿음의 원리는 실로 놀랍습니다. 한번 믿지 않으면 계속 믿지 않게 됩니다. 한번 의심하면 계속 의심하게 됩니다. 그러나 한번 믿으면 믿음은 계속 자라납니다. "믿음으로부터 믿음에 이르게 합니다"(롬 1:17)는 말씀에서 알 수 있듯이, 믿음은 믿음을 낳습니다.

■ 오직 믿음으로 구하고 조금도 의심하지 말라 의심하는 자는 마치 바람에 밀려 요동하는 바다 물결 같으니 이런 사람은 무엇이든지 주께 얻기를 생각하지 말라(약 1:6-7).

0623

놀라운 하나님의 창조의 세계

당신은 오늘 삼라만상을 보면서 하나님을 떠올렸습니까?

오키나와에 설교하러 갔다가 유명한 수족관이 있다기에 가 봤습니다. 엄청 큰 유리관 안에 온갖 종류의 물고기들이 헤엄치고 있었습니다. 그것을 보고는 하나님의 아이디어가 얼마나 무궁무진한지 새삼 놀랐습니다. 어쩜 그렇게 모양새를 잘 조합해서 만드셨는지 모릅니다. 그 다양하고 신비로운 색깔들은 도대체 어디서 나왔을까요.

동물과 식물의 세계 못지않게 인체는 또 얼마나 신비스럽습니까. 인체, 지구, 우주를 연구하는 과학자들이 아는 지식은 아직 발견하지 못한 것의 백만 분의 일도 안 될 것입니다. 우리가 발견한 것은 아주 큰 퍼즐의 작은 한 조각일 뿐입니다. 하나님께서 창조하신 이 어마어마한 세계를 무엇으로 알 수 있을까요? 믿음입니다. 우리는 하나님께서 천지를 창조하셨다는 것을 믿음으로 압니다.

천지만물을 창조하신 우리 하나님을 찬양합니다. 이것을 믿음으로 알게 하신 하나님을 찬양합니다. 하나님의 창조의 세계를 생각하면 아무것도 걱정, 근심할 것이 없습니다. 이제 땅만 보며 살지 말고 하늘을 향해 눈을 들어 별을 보십시오. 그리고 희망을 가지십시오. 믿음을 가지십시오.

■ 태초에 하나님이 천지를 창조하시니라(창 1:1).

0624

사랑의 말을 아끼지 마십시오

당신은 오늘 눈물, 감동, 사랑이 담긴 말을 몇 마디나 했습니까?

외국어를 유창하게 하는 사람 앞에 가면 기가 죽습니다. 말을 유창하게 하는 사람 앞에서도 그렇습니다. 그러나 수천 가지 언어를 아무리 화려하고 해박하게 구사하더라도 사랑이 없으면 그냥 소리일 뿐입니다. 사랑이 없는 말은 서툴게 연주하는 악기 소리와 다를 바 없습니다.

세상이 시끄러운 것은 옳은 소리가 없기 때문이 아니라 사랑이 없기 때문입니다. 저마다 자기 소리가 옳다고 합니다. 정의로운 소리, 바른 소리라고 합니다. 그런데 왜 세상이 변하지 않습니까? 그 소리 안에 사랑이 없기 때문입니다.

우리가 하루 종일 생각하고 하는 말 중에 건질 만한 괜찮은 말은 몇 마디나 될까요? 눈물, 감동, 사랑이 있는 말이 몇 마디나 되겠습니까? 어쩌면 다 쓰레기통으로 가야 될 쓸데없는 말들을 열심히 떠들어 대는지도 모릅니다. 사랑이 없으면 모든 말은 리듬을 잃어버리고 울리는 징이나 꽹과리 소리와 같습니다.

■ 내가 사람의 방언과 천사의 말을 할지라도 사랑이 없으면 소리 나는 구리와 울리는 꽹과리가 되고(고전 13:1).

0625

사랑 없으면 소용이 없습니다

당신에게 사랑이 있습니까?

이 세상은 "네게 사랑이 있느냐?"고 묻습니다. 사람들은 사랑을 다른 사람에게서 찾습니다. 어떤 사람은 이 세상에 사랑이 없다, 교회에 사랑이 없다고 불만을 털어놓습니다. 대개 자기 안에 사랑이 없는 사람일수록 다른 사람에게 사랑이 없다고 쉽게 불평하기 마련입니다.

요즘 세상은 구제와 봉사에 큰 가치를 둡니다. 예수님을 믿지 않는 사람 중에도 전 재산을 내놓거나, 시간을 내서 봉사하고 선한 일을 하는 사람이 많습니다. 심지어 대학 입시나 취업할 때 봉사활동을 한 사람에게 가산점을 주기도 합니다. 따뜻하고 살맛나는 세상을 위해 봉사는 아주 필수적인 덕목일 것입니다. 사실 바쁜 시간을 쪼개어 봉사하고 내 재산을 털어서 가난한 사람에게 나누는 것만큼 큰 사랑이 어디 있겠습니까?

하지만 많은 사람을 구제하고, 수없이 봉사하고, 사람들이 기억할 수 없을 정도로 선행을 많이 했다 할지라도 그 속에 진실한 사랑이 없으면 아무 소용이 없습니다. 고린도전서 13장에는 '내게 사랑이 없으면'이라는 말이 반복해서 등장합니다. 사랑이 없으면 그 어떤 선행도 소용없다는 것입니다. 다른 사람에게 사랑이 있느냐 없느냐는 중요한 문제가 아닙니다. 과연 내게 사랑이 있습니까? 그것이 중요합니다.

■ 내가 예언하는 능력이 있어 모든 비밀과 모든 지식을 알고 또 산을 옮길 만한 모든 믿음이 있을지라도 사랑이 없으면 내가 아무 것도 아니요 내가 내게 있는 모든 것으로 구제하고 또 내 몸을 불사르게 내줄지라도 사랑이 없으면 내게 아무 유익이 없느니라(고전 13:2-3).

0626

나라를 위해 부르짖으십시오

당신은 나라와 민족을 위해서 얼마나 기도합니까?

바울은 자기 민족을 뜨겁게 사랑한 사람입니다. 바울은 형제 골육의 친척을 위해 자신이 저주받는 것까지 감당하겠다고 기도했습니다. 사도 바울은 이스라엘이 예수님을 배척하는 현실을 마음 아파했습니다. 그래서 이스라엘의 구원을 간절히 원했습니다. "하나님, 제가 저주를 받아도 좋습니다. 내 조국, 내 민족 이스라엘을 보호해 주십시오." 이것이 사도 바울의 마음이었습니다.

지금 우리도 사도 바울처럼 이 민족과 이 나라를 불쌍히 여겨 달라고 기도해야 합니다. 누군가 기도하지 않고는 역사가 일어나지 않습니다. 설령 내 부모나 친구가 기도하지 않았다고 할지라도, 내가 예수 믿은 것은 누군가가 나를 위해 기도했기 때문입니다.

우리는 민족의 죄를 대신 지고 중보 기도해야 합니다. 인류의 죄를 대신하여 기도할 필요가 있습니다. 우리가 기도하기 시작할 때, 우리가 용서하기 시작할 때, 민족의 죄는 제거되기 시작할 것입니다. 민족은 단합되고 발전하며 더 부강해질 것입니다.

■ 그러나 이제 그들의 죄를 사하시옵소서 그렇지 아니하시오면 원하건대 주께서 기록하신 책에서 내 이름을 지워 버려 주옵소서(출 32:32).

0627

사랑은 오래 참는 것입니다

분노할 수밖에 없는 상황에서 얼마나 인내합니까?

사랑은 급하게, 빨리 할 수 있는 것이 아닙니다. 사람들은 대부분 열정적으로 사랑을 빨리, 급하게 하려고 합니다. 하지만 사랑의 진면목은 끝없이 기다리고 참는 것에 있습니다. '참는다'는 말에 '기다림'이라는 뜻이 있습니다.

농부는 씨를 뿌리고 열매가 맺히기를 기다립니다. 어머니는 해산할 때까지 열 달을 기다립니다. 기다림은 사랑입니다. 기다림은 성숙입니다. 끝까지 기다리는 것이 사랑입니다. 기다릴 줄 모르는 것은 사랑이 아닙니다.

기다리는 마음에는 분노가 없어야 합니다. 사랑에는 분노가 없습니다. 그러나 미움에는 분노가 있습니다. 분노는 죄의 속성입니다. 분노를 해결하지 못하면 화가 폭발합니다. 그러면 사랑은 유리 조각처럼 산산조각 납니다.

끝까지 자기를 절제하고 통제하십시오. 사랑은 자기 절제입니다. 사랑은 자기 포기입니다. 자기 통제입니다. 잠깐 절제하고 통제하는 것이 아니라 오랜 세월, 수십 년을 절제하고 통제함으로 사랑이 완성됩니다. 그 사랑이 상대방을 변화시킵니다.

■ 여호와는 긍휼이 많으시고 은혜로우시며 노하기를 더디 하시고 인자하심이 풍부하시도다(시 103:8).

'친절 세미나'에 참가하십시오

당신은 마음에 들지 않는 사람들에게도 친절합니까?

'위대한 사랑'의 노예로 살고 있진 않습니까? 많은 사람들이 큰일을 하고, 원대한 비전을 세우고, 리더십을 키우고, 팀워크를 다지는 것에만 몰두합니다. 여기저기서 리더십 세미나, 비전 세미나, 팀워크 세미나 등이 열립니다. 혹시 '친절 세미나'라는 말을 들어 보신 적이 있습니까?

예수님의 사랑을 보십시오. 예수님께서 베푸신 기적은 대부분 소박했습니다. 우리가 너무 위대하게 봤을 뿐, 내용은 소박합니다. 예수님은 우리의 약함과 실수를 감싸 주시면서 따뜻하게 우리를 찾아오셨습니다. 그냥 지나쳐도 될 삭개오에게 다가가 "오늘 나는 네 집에서 하룻밤 자야 되겠다. 오늘 네 집에 구원이 이르렀다"고 하셨습니다. 무시해도 되고, 신경 쓰지 않아도 되는 데 예수님은 그렇게 하셨습니다. 그것이 예수님의 사랑입니다.

우리 마음이 왜 삭막할까요? 친절이 없기 때문에, 친절을 받은 적이 없기 때문에, 의무와 형식과 강박관념만 있지 사랑의 감동이 없기 때문입니다. 사랑은 친절합니다. '친절'은 따뜻하고 소박한 작은 사랑을 뜻합니다. 작은 사랑, 없어도 될 것 같은 사랑, 하지 않아도 될 것 같은 사랑을 나누시길 바랍니다.

■ 이르되 자비를 베푼 자니이다 예수께서 이르시되 가서 너도 이와 같이 하라 하시니라(눅 10:37).

질투보다 무서운 감정은 없습니다

마음속에 있는 시기와 질투를 어떻게 몰아낼 수 있을까요?

"화내는 것이 무섭고 진노가 폭풍 같다지만 질투 앞에 누가 당해 낼 수 있겠는가?"(잠 27:4). 화를 내는 것보다도 진노하는 것보다도 시기와 질투가 더 무섭다는 말씀입니다.

질투보다 더 무서운 감정은 없습니다. 질투란 강렬하게 불거지는 감정입니다. 질투에 한번 사로잡히면 얼굴이 붉어지고 호흡이 가빠집니다.

바리새인들은 시기와 질투가 많았습니다. 사실 바리새인들은 그렇게 나쁜 사람들이 아닙니다. 굉장히 착한 종교인들입니다. 율법대로 살려고 애쓰는 사람들입니다. 그런데 이들이 예수님에게 시기와 질투를 갖게 된 것입니다. 그 질투를 끄지 않았기 때문에 결국은 십자가까지 가 버린 것입니다.

우리 안에는 분노와 시기와 질투가 있습니다. 살아 있는 인간이면 이런 감정들이 없을 수 없습니다. 분노, 시기, 질투가 생길 때마다 얼른 그 불을 꺼 버리십시오. 그렇지 않으면 그 불은 무섭게 변해 우리 자신과 가정, 직장을 불태울 것입니다.

■ 평온한 마음은 육신의 생명이나 시기는 뼈를 썩게 하느니라(잠 14:30).

자랑하지 마십시오

왜 예수를 믿으면서도 마음에 기쁨이 없을까요?

사랑은 자랑하지 않습니다. 사랑은 교만하지 않습니다. 사랑은 자기를 낮춥니다. 사랑은 눈에 띄지 않는 작은 것을 행하는 것입니다. 정말 이렇게 사는 사람이 있다면 사람들이 그를 두고 "저 사람은 예수 같다"고 할 것입니다. 그를 만나는 사람들은 '어, 마음이 따뜻하네. 그래, 상처를 딛고 다시 일어나 볼까?'라고 생각할 것입니다. 그를 만난 뒤 마음속에서 상상할 수 없는 따뜻한 마음이 살아나기 시작할 것입니다.

이것이 사랑입니다. 사도 바울은 고린도전서 13장 말씀에서, 직업을 버리고 선교사로 가라고 하지 않았습니다. 재산을 다 팔아서 가난한 사람에게 나눠 주라고도 하지 않았습니다. 예수님의 사랑을 전하기 위해 몸을 불사르라고도 하지 않았습니다.

우리가 실천할 사랑은 소박합니다. 좀 더 참아 주고, 화내지 않고, 기다려 주고, 가지 않아도 되는 곳에 함께 가는 것입니다. 이것이 전부입니다. 그럴 때 사람들은 예수님을 느끼기 시작합니다. 당신을 통해 예수님의 체온이 널리 전파되기를 바랍니다.

■ 아무 일에든지 다툼이나 허영으로 하지 말고 오직 겸손한 마음으로 각각 자기보다 남을 낫게 여기고(빌 2:3).

July

7월

말씀만이 살 길이다

악한 세상에 살며 세속에 물들지 않으려면
예수님의 순결한 말씀을 붙드십시오.

0701

"내가 너를 불렀다"

하나님께서 먼저 당신을 부르시고 택하셨다는 사실을 믿습니까?

바울은 초대교회 성도들에게 편지를 쓸 때마다 이렇게 고백합니다. "내가 이렇게 사도로 부름받은 것은 나의 뜻대로 된 것이 아니다. 내가 하고 싶어서 된 것이 아니라 하나님으로 말미암아, 하나님의 뜻대로, 하나님의 부름을 받아서 된 것이다. 그래서 이렇게 편지하며, 전도하고 외치며, 그렇게 살아가는 것이다."

이것이 신앙의 첫 출발입니다. 신앙은 나로부터 출발하는 것이 아닙니다. 하나님으로부터 출발해야 합니다. 내가 주님을 찾아온 것이 아니라 주님이 먼저 나를 찾아오셨습니다. 내가 먼저 주님을 사랑한 것이 아니라 주님이 먼저 나를 사랑하셨습니다.

이러한 확신이 없기 때문에 신앙이 흔들립니다. 힘들고 어려운 일이 생기면 금방 불안해지고 작은 어려움에도 포기하고 절망합니다. 많은 사람이 절망하고 좌절하는 이유는 이 확신이 부족하기 때문입니다.

하나님께서 나를 먼저 찾아오셨고 먼저 사랑하셨습니다. '하나님께서 먼저 나를 부르셨다'는 확신은 모든 삶의 영역에 적용됩니다. "내가 너를 먼저 불렀다"는 주님의 음성을 들으십시오. 그리고 마음으로 받으십시오. 하나님께서 먼저 당신을 사랑하셨습니다.

■ 우리가 사랑함은 그가 먼저 우리를 사랑하셨음이라(요일 4:19).

0702

모든 일에는 이유가 있습니다

하나님께서 지금 당신을 그 자리에 두신 이유가 무엇입니까?

일하는 직장이 만족스럽습니까? 그 직장에 다니는 이유가 무엇입니까? 하나님께서 나에게 주신 직장이라고 믿습니까? 아니면 어쩌다 보니 지금까지 온 것입니까? 만일 별 생각 없이 머문 직장이라면 그곳에서 결코 하나님의 뜻을 이루지 못할 것입니다. 그 정도 믿음으로는 조직 안에 있는 갈등과 어려움을 이기지 못할지도 모릅니다.

하나님의 결정에는 이유가 있습니다. 그러므로 '하나님께서 나를 이 직장에 보내셨다. 이 자리에 있게 하셨다'는 확신을 가지십시오. 그러면 그 직장을 통해 하나님의 영광이 나타납니다. 아무리 괴롭고 답답하고 어렵더라도 큰 문제가 되지 않습니다.

내 존재 이유는 무엇일까요? 누구든지 살아가는 이유에 대한 확신이 필요합니다. 가정에서나, 직장에서나, 개인적으로 혹은 국가적으로 하나님께서 이 시대의 사명을 감당하도록 나를 부르셨다는 확신이 필요합니다.

하나님은 실수가 없으시며, 가장 선한 것을 우리에게 주십니다. 비록 예수 그리스도의 십자가처럼 그것이 쓰디쓴 잔일지라도 그러합니다. 하나님께서 나를 이곳으로 부르셨다는 사실을 인정하십시오. 그렇게 하신 뜻을 찾고 그 뜻을 이루기 위해 최선을 다하십시오.

■ 모든 일을 그의 뜻의 결정대로 일하시는 이의 계획을 따라 우리가 예정을 입어 그 안에서 기업이 되었으니(엡 1:11).

0703

거룩과 성결에 대한 열망

당신은 세상 사람들과 어떻게 구별된 삶을 살고 있습니까?

우리는 "교회 성도입니까"라는 물음에는 주저 없이 그렇다고 대답하지만 "성자입니까"라는 물음에는 쉽게 답을 못합니다. 그러다 "예수님을 믿지만 성자는 아닌 것 같다"고 대답합니다. 성자는 그 기준이 더 높고 어렵다고 생각하기 때문입니다. 그러나 영어 성경에서 '성도'는 '성자'라는 뜻의 영어 단어와 같은 'saint'입니다.

성도는 죄를 안 짓는 사람이 아닙니다. 성령의 도우심으로 죄를 짓지 않으려고 노력하는 사람, 죄와 불의를 미워하고 싫어하는 사람, 그래서 거룩과 청결의 옷을 입고, 그리스도의 피로 영혼이 정결해진 사람을 성경은 '성도'라 말합니다.

그러므로 크리스천은 거룩에 대한 열망이 있어야 합니다. 십자가를 바라보면서 날마다 주님을 닮아 가고자 하는 마음이 있어야 합니다. 생각이 깨끗하고, 생활이 깨끗하고, 말과 행동이 깨끗하며, 사람 대하는 방법이 깨끗하고, 인간관계가 깨끗해야 합니다. 성도는 예수 그리스도의 보혈의 피로 정결함을 받은 사람이요, 그 보혈에 의지해서 깨끗하게 살려고 날마다 애 쓰는 사람입니다.

■ 그러면 이제 우리가 그의 피로 말미암아 의롭다 하심을 받았으니 더욱 그로 말미암아 진노하심에서 구원을 받을 것이니(롬 5:9).

0704

보증 수표

당신은 가정과 직장에서 얼마나 '믿을 만한' 사람입니까?

'예수 믿는 사람'은 믿을 만합니까? 요즘 사회에서 '예수 믿는다'는 것이 보증 수표가 됩니까?

어떤 사람이 시장에서 물건을 사는데 그 주인이 "혹시 우리집 저울이 맞나 안 맞나 의심스러우면 저 집 가서 달아 보세요"라며 어느 집을 가리키더랍니다. 그 집이 시장에서 얼마나 정직하기로 소문이 났으면 그렇게 말하겠습니까? 이런 사람이 신뢰할 만한 사람입니다. 그분이 집사인지 권사인지 구역장인지 잘 모르지만 상관없습니다. 중요한 것은 그 지역에서 예수 믿지 않는 사람들에게 신뢰할 만한 사람으로 인정받는다는 사실입니다.

바로 이런 사람이 크리스천입니다. "그 사람은 약속을 잘 지키며, 정직하며, 믿을 만하다"라고 인정받는 사람이 크리스천입니다. 과연 직장에서 사람들이 나를 가리켜, "저 사람에게 물어보면 확실하다"라고 평가합니까? 믿지 않는 사람들에게서 "저 사람한테 가면 거짓이 없다", "약속한 것은 꼭 지키는 사람이다"라는 소리를 듣고 있습니까?

■ 훔치지 말고 오히려 모든 참된 신실성을 나타내게 하라 이는 범사에 우리 구주 하나님의 교훈을 빛나게 하려 함이라(딛 2:10).

0705

하나님과의 연합

당신은 오늘 하루 하나님과 연합되어 있었습니까?

우리는 하나님과 연합되어야 합니다. 그것은 "하나님을 믿습니다"라는 말로 만족되지 않습니다. 주님이 내 안에, 내가 주님 안에 있는 것을 의미합니다. 우리는 하나님 안에 깊이 들어가서 연합되기를 원합니다. 그 속에 신앙의 풍성함이 있기 때문입니다.

아무리 맛있는 음식이 있어도 먹어 보기 전에는 나와 아무 상관이 없습니다. 음식이 맛있어도 먹지 못한다면 무슨 소용입니까? 하나님께서 천지를 창조했다는 사실이 무슨 의미가 있습니까? 내가 믿지 않는다면 말입니다. 그러나 하나님을 믿고 그분과 연합하면 풍성한 삶을 경험할 수 있습니다.

예수 안에 있다는 말은 그와 연합했다, 즉 하나가 되었다는 말입니다. 그리스도와 함께 연합되는 것, 함께 세례 받고 함께 부활에 참예하는 것, 그리스도의 구원 사건이 구체적으로 나의 것이 되는 것, 그리스도의 능력이 나의 것이 되는 것이 바로 '그리스도 안에'(in Christ)라는 말의 의미입니다. 날마다 예수 안에서 그와 연합함으로 평안을 누리며 풍성함을 맛보십시오.

■ 그러므로 우리가 믿음으로 의롭다 하심을 받았으니 우리 주 예수 그리스도로 말미암아 하나님과 화평을 누리자(롬 5:1).

0706

예수로 말미암는 은혜와 평강

당신은 오늘 하나님의 은혜와 평강을 경험하셨습니까?

예수를 잘 믿으면 누구에게나 두 가지 축복이 임합니다. 은혜와 평강입니다. 은혜와 평강은 신약 시대 사람들이 흔히 쓰던 인사말이었는데, 지금은 신앙 전체를 압축해 주는 말이 되었습니다. 은혜는 믿음의 시작이고, 평강은 믿음의 끝입니다.

은혜는 샘의 원천이요 구원이기에, 이것 없이는 크리스천의 삶이 시작되지 않습니다. 우리는 은혜로 말미암아 구원을 받았습니다. 하나님의 은혜 없이는 구원을 시작할 수 없습니다. 그러므로 은혜는 구원과 믿음의 시작입니다.

그러면 은혜 받은 사람의 결론은 무엇일까요? 바로 '평강'입니다. 주님 앞에 서는 날까지 크리스천이 가져야 할 결론은 평강, 하늘에서부터 내려오는 평화입니다. 눈을 감는 순간까지, 천국에 서는 그날까지 가져가야 할 것이 하나님의 평강입니다.

나를 위해 십자가에 못 박혀 죽으시고 부활하신 예수 그리스도를 깊이 묵상해 보십시오. 그러면 그리스도를 통해 하나님께서 베푸신 은혜와 평강이 가정과 삶에 충만할 것입니다. 당신은 은혜를 받았으니 죽는 날까지 주님의 평강을 누릴 수 있습니다.

■ 하나님과 우리 주 예수를 앎으로 은혜와 평강이 너희에게 더욱 많을지어다(벧후 1:2).

신비스런 사랑의 합주곡

생각할수록 마음이 불편하고 미운 생각이 드는 사람은 누구입니까?

사랑은 여러 가지 악기를 연주하여 하나의 신비스러운 음악을 만들어 내는 합주곡과 같습니다. 이 사랑의 합주곡에 필요한 악기는 믿음, 소망, 사랑 세 가지입니다. 그중 한 가지만 빠져도 불협화음이 일어납니다. "그러므로 믿음 소망 사랑, 이 세 가지는 언제까지나 남아 있을 것인데 이 가운데 가장 위대한 것은 사랑입니다"(고전 13:13).

그러므로 사랑하기 어렵다면 믿음을 점검하고 소망을 새롭게 해야 합니다. 특히 사랑은 하나님의 명령입니다. 감정적으로 사랑하는 마음이 생기지 않더라도 생각과 의지로 사랑할 수 있습니다. 사랑하라 명령하시는 하나님이 바로 사랑이시기 때문입니다.

"사랑하는 여러분, 우리가 서로 사랑합시다. 사랑은 하나님에게서 난 것이기 때문입니다. 사랑하는 사람은 누구나 다 하나님께로부터 났고 하나님을 압니다. 사랑하지 않는 사람은 하나님을 알지 못합니다. 하나님은 사랑이시기 때문입니다"(요일 4:7-8).

사랑과 하나님은 긴밀하게 연결되어 있습니다. 하나님은 사랑이십니다. 하나님에게서 사랑이 나옵니다. 그러므로 하나님의 말씀을 의지하여 사랑하십시오. 그렇게 고백하십시오.

■ 사랑은 이웃에게 악을 행하지 아니하나니 그러므로 사랑은 율법의 완성이니라(롬 13:10).

0708

거짓말하지 맙시다

오늘 얼마나 말을 많이 하셨습니까? 그중에 거짓말이 있었습니까?

내 속에 있는 모든 악의 시작은 거짓말입니다. 우리를 절망시키고 이 사회를 혼란스럽게 하는 것도 거짓말입니다. 그래서 성경은 사탄을 거짓의 아버지(요 8:44)라고 합니다. 거짓의 뿌리가 바로 사탄입니다. 그런데 우리는 너무나 쉽게 거짓말을 합니다.

가장 좋은 핑계가 선한 거짓말입니다. 거짓말이 잘못되었음을 알면서도 이 정도 거짓말쯤은 괜찮다고 자신을 위안합니다. "좋은 의미에서 거짓말을 한다"는 변명까지 붙여서 자신을 설득합니다.

그러나 거짓말은 두 가지 관계를 깨뜨립니다. 하나님과의 관계, 사람과의 관계입니다. 관계가 깨진다는 말은 신뢰가 깨진다는 말입니다. 신뢰가 깨지면 모든 것에 금이 가기 시작합니다. 믿음이 깨지고 행복한 결혼 생활이 삐거덕거리기 시작합니다. 만인이 적이 되고 믿지 못하게 됩니다.

그러므로 잘못했을 때는 잘못했다고 말하는 것이 좋습니다. 거짓말은 자신의 안위를 걱정한 나머지 다른 사람의 인격과 양심은 무시해 버리는 것입니다. 좋은 사람으로 인정받기 위해 거짓말하는 것은 옳지 않습니다. 기억하십시오. 거짓의 뿌리는 사탄입니다.

■ 거짓 증인은 벌을 면하지 못할 것이요 거짓말을 뱉는 자는 망할 것이니라(잠 19:9).

0709

도둑질하지 맙시다

혹시 오늘 당신이 도둑질한 것이 있는지 잘 생각해 보십시오.

살다 보면 남의 것을 탐낼 때가 있습니다. 내 것이 아닌데도 내 것이라고 우기고 싶은 것이 있습니다. 그러나 도둑질을 하면 사업은 물론 인생이 참패할 수도 있습니다. 도둑질해서 잘 먹고 잘살 것 같습니까? 아닙니다. 시간이 갈수록 더 비참해집니다.

가룟 유다는 헌금을 도둑질하는 버릇이 있었습니다. 그것이 습관이 되어 결국 예수님까지 팔아먹게 됩니다. 도둑질은 어렸을 때부터 막아야 합니다. 도둑질이 습관이 되면 인생의 황금기에 수치를 당할 것입니다.

우리가 쉽게 빠지는 도둑질이 십일조입니다. 십일조는 하나님의 것을 돌려 드리는 것입니다. 그러므로 십일조를 떼먹는 것은 도둑질한 것과 같습니다. 또한 우리는 하나님의 영광을 훔칠 때도 많습니다. 하나님께 영광을 돌려야 하는데 하나님께서 해 주신 것도 내가 한 것처럼 도둑질할 때가 있습니다.

그렇다면 도둑질을 피하는 방법은 무엇일까요? 성령 충만뿐이 없습니다. 성령이 충만하면 도둑질의 영이 내 안에 들어올 수 없습니다. 하나님 안에서 살아갈 때 하나님께 바로 돌려 드릴 힘이 생깁니다. 도둑질하지 않고 돌이켜 자신의 유익을 포기할 수 있는 용기가 생깁니다.

■ 도둑질하는 자는 다시 도둑질하지 말고 돌이켜 가난한 자에게 구제할 수 있도록 자기 손으로 수고하여 선한 일을 하라(엡 4:28).

0710

영혼을 파괴하는 음란 문화

당신 주변은 얼마나 성결하고 거룩합니까?

우리 사회가 음란 문화로 신음하고 있습니다. "간음하지 말라"는 말씀에 대한 반역입니다. 우리는 이 계명을 끊임없이 말하고 설교해야 합니다. 폭풍 같은 음란 문화를 잠재우지 않으면 우리 모두 이 물결에 빠져 죽을 수밖에 없습니다.

동성애와 근친상간 등 성적으로 타락한 소돔과 고모라는 도시 전체가 유황불로 심판을 받았습니다(창 19:24). 하나님은 우리 몸을 성전이라고 하시며(고전 3:16) 하나님의 거룩한 성전을 어찌 창기에게 내어주느냐고 말씀하셨습니다(고전 6:15). 우리 몸은 하나님의 성전입니다. 하나님의 성전을 더럽히지 마십시오.

성경은 음란한 생각과 간음, 성적인 타락에 대해 수없이 경고합니다. 죄악의 피, 성욕의 피가 계속 우리를 사로잡으려고 하기 때문입니다. 죄악의 유혹은 피해 가야 합니다. 죄악의 습관을 끊어야 합니다. 사랑해서는 안 될 사람을 품고 있다면 변명하지 말고 당장 끊으십시오. 그렇지 않으면 영혼이 파멸되고 가정도 무너질 것입니다.

■ 모든 사람은 결혼을 귀히 여기고 침소를 더럽히지 않게 하라 음행하는 자들과 간음하는 자들을 하나님이 심판하시리라(히 13:4).

0711

하나님의 특별한 사랑의 표현

십계명을 소홀히 여기고 어긴 적이 있습니까?

십계명은 율법적인 의미보다는 영적인 의미가 큽니다. 우리가 십계명을 지키면 사탄의 유혹과 공격으로부터 벗어날 수 있습니다. 십계명은 사탄을 이길 수 있는 유일한 방법입니다. 우리의 육으로, 우리의 이성이나 지식으로는 사탄을 이기지 못하지만 십계명을 지키면 세상을 이길 영적인 힘이 생깁니다.

만일 우리가 음식을 먹지 않으면 우리 몸은 죽을 수밖에 없습니다. 십계명도 마찬가지입니다. 십계명을 지키지 않으면 우리는 영적으로 죽을 수밖에 없습니다. 우리의 가장 큰 적은 다른 사람이 아니라 자기 자신입니다. 인간에게는 죄의 본성이 있기 때문입니다. 아무리 지식이 많고 양심이 깨끗해도 인간의 본성은 이기지 못합니다. 그러나 십계명을 지키면 육신의 본성을 이길 수 있습니다. 십계명을 지키면 육신의 욕망과 탐욕에서 스스로를 건져 낼 수 있습니다.

십계명은 하나님의 특별한 사랑의 표현입니다. 십계명을 지키면 우리는 사탄의 공격에서도 살아남을 수 있고 육신의 어떤 유혹에서도 벗어날 수 있습니다.

■ 주의 계명들이 항상 나와 함께 하므로 그것들이 나를 원수보다 지혜롭게 하나이다
(시 119:98).

0712

십계명 전도사

당신은 왜 십계명 전도사가 되어야 한다고 생각합니까?

진정으로 세상을 바꿀 수 있는 힘은 교회에만 있습니다. 그 힘은 우리가 먼저 십계명 전도사가 될 때 생깁니다. 우리 모두 십계명을 외쳐야 합니다. 이웃에게, 가족에게, 자녀에게 하나님의 준엄한 명령을 가르쳐야 합니다.

십계명의 기본 원리는 인간의 탐욕을 제어하고 극복하라는 하나님의 말씀입니다. 이 계명을 지켜야 전쟁이 일어나지 않습니다. 분노를 다스려야 살인하지 않습니다. 감정대로 행동하면 끊임없이 싸우고 분노를 일으키고 전쟁을 일으킬 것입니다. 분노를 가라앉히십시오. 미움의 영이 떠나가도록 하십시오.

공부를 잘한다고 분노가 없어지지 않습니다. 아는 것이 많다고 분노를 품지 않는 건 아닙니다. 무식한 사람은 무식한 사람대로, 유식한 사람은 유식한 사람대로 분노를 터뜨립니다.

분노와 시기와 질투를 어떻게 없앨 수 있을까요? 성령밖에 없습니다. 말씀밖에 없습니다. 성령님이 나를 바꿔 주셔야 합니다. 말씀으로 내 영혼을 어루만지시는 하나님을 경험하면서 상처를 치유해야 합니다. 상처에서 싹이 나서 독이 되지 않도록 성령의 검인 말씀으로 상처를 치유하십시오.

■ 진실로 생명의 원천이 주께 있사오니 주의 빛 안에서 우리가 빛을 보리이다(시 36:9).

0713

모태부터 우리를 지으신 하나님

당신의 생명은 소중합니다. 왜 그런가요?

동양에서는 임신하는 순간부터 나이를 계산합니다. 그래서 태어나자마자 한 살입니다. 태아도 생명이기 때문입니다. 하나님의 형상대로 지음받은 생명입니다. 하나님은 우리를 모태에서부터 지었다고 말씀하셨습니다(시 139:13).

그러나 엄마 뱃속에 있는 아이는 아직 사람이 아니라고, 태어나야만 사람이라고 생각합니다. 우리나라에서 한창 낙태가 공공연히 자행되던 2005년에는 34만 건의 낙태가 이뤄졌습니다. 따지고 보면 1차, 2차 세계 대전에서 죽은 사람보다 어머니 뱃속에서 죽은 어린 생명이 더 많습니다. 참으로 안타깝고 슬픈 일입니다.

가끔 원치 않은 아이를 임신한 성도가 상담을 청하기도 합니다. 저는 지금 자녀가 많더라도 꼭 아이를 낳으라고 권면합니다. 아이를 주신 것은 하나님의 특별한 은혜입니다. 아이가 많다고, 혹은 장애를 가지고 태어날 것이 걱정되어 낙태하면 안 됩니다.

장애를 안고 태어난 아이를 키우는 일은 정말 힘들고 어렵습니다. 그래도 낳아야 합니다. 생명은 하나님께서 주신 것이기 때문입니다. 생명의 주인은 하나님이십니다. 쓸모없는 목숨이 없고, 하찮은 인생이 없습니다. 하나님의 형상으로 지음 받았기에 모든 생명이 소중합니다.

■ 너희는 내 계명을 지키며 행하라 나는 여호와이니라(레 22:31).

0714

열심히 일한 뒤에 쉬십시오

일과 안식에 균형을 이루려면 어떻게 해야 할까요?

일하는 것을 즐거워해야 합니다. 정말 직장을 좋아하고 사랑하고 자랑스럽게 여겨야 합니다. 내가 일함으로써 모든 이들에게 유익을 끼치고 덕을 끼친다는 생각, 모든 사람을 편하게 만들어 준다는 생각을 가지십시오. 내가 만든 제품 때문에 다른 사람이 유익하게 살아간다는 창조 정신이 있다면 어떻게 불량제품을 만들 수 있겠습니까? 내가 만든 것을 통해 인류가 건강해지고 행복해지고 잘 살게 되기 때문에 그 노동에 의미가 있는 것입니다.

창조만큼 중요한 것이 안식입니다. 안식이 있었기 때문에 창조가 있는 것입니다. 이것을 현대적인 언어로 재해석하면 노동과 쉼입니다. 쉬는 것도 하나님의 창조 원리요 법칙입니다.

우리가 건강하지 못한 것은 육신이 쉬지 못하기 때문입니다. 현대인들은 새벽별 보고 나갔다가 저녁별 보며 집으로 돌아옵니다. 쉬어야 할 때 쉬지 않고 계속 노동을 합니다. 노동하는 것도 귀한 일입니다. 그러나 쉬는 것도 하나님의 창조의 일부분입니다. 하나님도 창조하신 뒤에 쉬셨습니다. 노동과 쉼은 생명의 리듬입니다. 리듬이 깨질 때 불균형이 생겨 건강을 해칩니다.

■ 하나님이 그가 하시던 일을 일곱째 날에 마치시니 그가 하시던 모든 일을 그치고 일곱째 날에 안식하시니라(창 2:2).

안식일을 지키는 네 가지 방법

당신은 안식일에 어떻게 안식하십니까?

마르바 던은 『안식』이라는 책에서 안식일을 지키는 네 가지 방법을 제안했습니다.

첫째, 하던 일을 그치는 것이 안식입니다. 일주일 내내 하던 일들을 계속하는 것은 안식이 아닙니다. 일을 멈추고 근심 걱정을 그치고 하나님처럼 되려는 욕망을 내려놓고 소유를 그치고 문화에 적응하는 것을 그치는 것입니다. 그것이 안식일을 지키는 방법입니다. 6일 동안 일한 뒤 하루는 안식일 원칙에 따라 쉬어야 합니다.

둘째, 쉬는 것이 안식입니다.

셋째, 사물을 있는 그대로 받아들이는 것입니다. 상대방이 무슨 일을 하면 오해하지 말고 그 의도를 그대로 받아들이는 것입니다. 교회의 가치를 받아들이는 것입니다. 공간 대신 시간을 받아들이는 것입니다. 요구하는 대신 주는 것을 받아들이는 것입니다.

넷째, 안식은 축제입니다. 영혼에 대한 축제이고, 음악이 있는 축제이며, 아름다움이 있는 축제, 움직이는 것에 대한 축제, 음식이 있는 축제입니다. 그래서 안식일은 쉬면서 기쁨을 누리고 하나님께 영광이 되는 날이어야 합니다. 하던 일을 멈추고 쉬는 그 시간과 공간에 축제의 기쁨을 채우십시오.

■ 안식일을 기억하여 거룩하게 지키라(출 20:8).

하나님을 사랑하는 방법

오늘 하나님의 이름을 부끄럽게 한 일은 없었습니까?

우리는 입으로, 마음으로 하나님을 사랑한다고 고백합니다. 찬송가를 부르면서 하나님께 사랑을 속삭입니다. 아가서에는 하나님을 향한 사랑의 고백이 기록되어 있습니다. 신약에는 '예수님은 우리의 신랑이시고 우리는 신부'라는 표현으로 하나님과의 사랑을 드러냅니다. 그러나 무엇보다 하나님을 사랑하는 것은 하나님의 이름을 욕되게 하지 않는 것입니다.

어떤 사람은 자신의 직업적 성공을 위해 하나님을 믿습니다. 교인들을 자기 사업에 끌어들이기 위해 교회에 출석하기도 합니다. 많은 사람이 하나님을 이용해서 상품을 광고하고, 하나님을 이용해서 자신의 이익을 채웁니다. 이것이 다 하나님의 이름을 욕되게 하는 것입니다.

더욱이 서양에서는 욕할 때도 '지저스 크라이스트!'(Jesus Christ), '갓 뎀!'(God damn) 등 예수님이나 하나님의 이름을 붙입니다. 사탄의 짓입니다. 하나님의 이름을 사용해서 욕하지 마십시오. 농담도 하지 마십시오. 우스갯소리를 하면서 하나님의 이름을 격하시키지 마십시오. 하나님을 사랑하는 방법이 아닙니다. 하나님의 이름부터 귀히 여기며 사랑하십시오.

■ 너는 네 하나님 여호와의 이름을 망령되게 부르지 말라 여호와는 그의 이름을 망령되게 부르는 자를 죄 없다 하지 아니하리라(출 20:7).

죄를 회피하는 죄

지구 환경을 위해 자제하고 행동해야 할 것들은 무엇이 있습니까?

지구 온난화 때문에 지구가 총체적 위기에 봉착했습니다. 극심한 홍수나 가뭄 등 이상기후 현상이 곳곳에서 나타납니다. 남극의 빙하가 녹고 해류 온도가 높아져 바다 생태계가 파괴되고 있습니다.

그런데 이것이 하나님의 잘못 때문입니까? 하나님께서 온도를 조정했습니까? 아닙니다. 인간의 죄 때문입니다. 인간이 관리를 잘못한 책임입니다. 탄산가스를 많이 배출해서 환경이 오염된 것입니다. 지구의 재앙 중에는 천재도 있지만 인재가 더 많습니다. 돈벌이나 편리함을 추구하다 무분별하게 행동하여 지구를 망가뜨려 놓은 것입니다.

그러고는 "하나님은 불공평하고 불의하다"며 하나님께 세상 모든 부조리의 책임을 떠넘깁니다. 잘못은 내가 해 놓고 하나님께 뒤집어씌웁니다.

노아의 홍수를 보십시오. 죄가 관영하여 하나님께서 물로 인간을 심판하신 사건입니다. 그러나 비가 많이 올 때 회개하는 사람은 한 명도 없었습니다. 그러면서 "하나님은 불공평하다"고 말했습니다. 지옥은 하나님께서 만드는 것이 아니라 인간 스스로 만드는 것입니다.

■ 하나님이여 주의 보좌는 영원하며 주의 나라의 규는 공평한 규이니이다(시 45:6).

0718

우상을 만들지 마십시오

내가 버려야 할 우상은 무엇입니까?

일본인들은 해, 달, 나무, 돌 등 모든 사물을 우상 삼습니다. 그래서 신이 800만 개나 되고 곳곳에 신사가 있습니다. 우리나라는 옛날부터 굿을 많이 했습니다. 심지어 텔레비전에도 무당이 출연합니다. 신문마다 오늘의 운세라는 코너가 인기입니다. 점이나 사주를 보는 것도 만연합니다.

사람들이 자기도 모르게 영향을 받는다는 게 문제입니다. 과학이 발달할수록 우상이 많아집니다. 인간은 연약하고 불안한 존재이기 때문에 뭔가 절대적인 힘을 붙들고 싶어 합니다. 인격적이고 창조적인 삼위일체 하나님 대신 눈에 보이는 우상을 만들어 섬깁니다. 부적을 붙이고 다니는 사람도 많습니다.

우상이란 거짓 신이요, 인간이 만든 신이요, 사탄이 속이는 신을 형상화한 것입니다. 성경은 "너는 너 자신을 위해 하늘에 있는 것이나 땅에 있는 것이나 물속에 있는 것이나 무슨 형태로든 우상을 만들지 마라"(출 20:4)고 말씀합니다. '나를 위한 것'은 '가짜 믿음'입니다. 이기적인 믿음, 탐욕의 믿음입니다. '하나님을 위한 것'이 '진짜 신앙'이고, 하나님께 영광을 돌리는 것이 '참된 믿음'입니다.

■ 너는 자기를 위하여 새긴 우상을 만들지 말고 위로 하늘에 있는 것이나 아래로 땅에 있는 것이나 땅밑 물 속에 있는 것의 어떤 형상도 만들지 말며(신 5:8).

하나님은 영이십니다

하나님을 눈으로 볼 수 없기 때문에 믿음이 흔들리고 있지 않습니까?

인간은 본성적으로 눈에 보이는 것을 찾습니다. 눈에 보이지 않고 손으로 만질 수 없는 것은 잘 믿지 못합니다. 그래서 "하나님을 보여 달라. 그러면 믿겠다"고 말합니다. 내 손으로 잡을 수 있는 하나님, 부적 같은 하나님을 달라는 것입니다.

그러나 신령한 것은 눈에 보이지 않습니다. 진짜는 물질이 아니고 인격입니다. 보이는 것만 추구하다 보니 우리 영이 하나님을 섬기는 놀랍고 신비스러운 경험을 하지 못하는 것입니다. 오로지 하나님의 존재를 눈에 보이고 귀에 들리고 품에 안을 수 있고 몸에 걸칠 수 있는 것에서 찾으려고 합니다.

심지어 크리스천 중에도 십자가를 우상처럼 섬기는 사람이 있습니다. 어떤 사람은 성경을 부적처럼 들고 다닙니다. 성경책을 들고 다니면 교통사고도 나지 않고 액운도 없어진다고 믿습니다. 그러나 성경은 "하나님은 영이시니 하나님께 예배드리는 사람은 영과 진리로 예배드려야 한다"(요 4:24)고 말씀합니다. 보지 않고 믿는 것이 더 귀합니다(요 20:29).

■ 다른 제자들이 그에게 이르되 우리가 주를 보았노라 하니 도마가 이르되 내가 그의 손의 못 자국을 보며 내 손가락을 그 못 자국에 넣으며 내 손을 그 옆구리에 넣어 보지 않고는 믿지 아니하겠노라 하니라(요 20:25).

축복을 선택하십시오

축복은 원하면서 계명을 지키는 일에는 소홀하지 않습니까?

성경은 하나님의 계명을 싫어하는 사람에게는 그 죄가 삼사 대까지 이른다고 말씀하십니다. 그러나 하나님을 사랑하는 사람은 그 자손이 천 대까지 축복을 받는다고 하십니다. 축복이 저주를 삼켜 버립니다. 우리는 축복을 선택할지, 저주를 선택할지 결단해야 합니다.

가정에 감당하기 어려운 일, 험하고 사나운 일이나 고치지 못할 병이 있더라도 오늘 이 시간 "나는 축복을 선택하겠습니다"라고 결단하십시오. "나는 예수님을 선택하겠습니다"라고 결단하면 서서히 저주는 물러가고 축복이 우리 가문에 나타나기 시작할 것입니다. 천 대까지 축복이 임할 것입니다.

요한일서 5장 3절에는 "하나님을 사랑한다는 것은 바로 그분의 계명을 지키는 것입니다. 그분의 계명은 부담스런 것이 아닙니다"라고 했습니다. 하나님을 사랑하는 사람은 하나님의 계명을 지키는 자입니다. 계명이 어렵더라도, 사랑하기 어렵고 기쁨과 감사가 생기지 않아도, 사랑하기로 결단하고 감사하기로 결단하십시오. 지금 축복을 선택하십시오.

■ 그것들에게 절하지 말며 그것들을 섬기지 말라 나 네 하나님 여호와는 질투하는 하나님인즉 나를 미워하는 자의 죄를 갚되 아버지로부터 아들에게로 삼사 대까지 이르게 하거니와 나를 사랑하고 내 계명을 지키는 자에게는 천 대까지 은혜를 베푸느니라(출 20:5-6).

0721

하나님 외에 다른 신은 없습니다

하나님 외에 신뢰하고 있는 것은 무엇입니까?

하나님 외에 다른 신은 존재하지 않습니다. 사탄이 존재할 뿐입니다. 사탄이 여러 가지 방법으로 인간 안에 우상을 만들어 놓습니다. 진짜 하나님은 스스로 계시는 하나님 한 분뿐입니다.

인간은 온갖 우상을 만들었습니다. 많은 신을 인정하는 다신론도 있고, 자연이 곧 신이라고 믿는 범신론도 있습니다. 신이 없다고 말하는 무신론도 있습니다. 아예 초경험적인 존재나 본질은 인식 불가능하다고 주장하는 불가지론도 있습니다. 하나님의 존재는 인간이 모르는 일이라는 입장입니다.

이렇듯 인간은 교묘하고 다양한 방법으로 신에 대해 오만한 태도를 보입니다. 그러나 결론은 유일하신 창조주 하나님을 모르거나 거절하거나 믿지 않는 것입니다. 그래서 사람들은 하나님 대용품을 찾습니다. 그 가운데 가장 무서운 신이 바로 '나 자신'입니다. 자신을 믿고 사는 사람들이 많습니다. 내가 중심입니다. 하나님도 내가 편해야 믿고 내가 잘되어야 인정합니다. 하나님을 주님으로 모시지 않고 끝까지 오만한 자존심을 가지고 살아가고 있지는 않은지 돌아보시기 바랍니다.

■ 하나님이 모세에게 이르시되 나는 스스로 있는 자이니라 또 이르시되 너는 이스라엘 자손에게 이같이 이르기를 스스로 있는 자가 나를 너희에게 보내셨다 하라 (출 3:14).

하나님의 원칙을 지키는 나라

하나님의 원칙과 방법이 지켜지지 않는 경우는 언제입니까?

신앙의 자유를 찾아 아메리카 땅에 온 미국의 청교도들은 하나님의 축복을 받아 부강한 나라를 만들었습니다. 미국은 성경 제일주의를 제창했기에 대통령이 되면 성경에 손을 얹고 선서할 정도로 성경을 중시했습니다. 그러나 점점 십계명을 무시하기 시작했습니다. 자유주의 신학과 인본주의 사상 때문에 종교다원주의가 생겼고, 성경을 절대적인 가치에서 상대적인 가치로 전락시켰습니다. 동성애가 성행했고, 마약 중독자가 늘어나기 시작했습니다. 십계명을 잃어버렸기 때문입니다.

우리는 다시 십계명을 기억하고 말씀대로 살아야 합니다. 우리 앞에는 아직도 핵을 가진 북한이 있고, 해결하지 못한 통일 문제, 윤리적·도덕적·경제적 문제들이 산재합니다. 교회도 마찬가지입니다. 한동안 부흥하던 한국 교회가 사회의 표적이 되어서 반 기독교적인 세력으로부터 무섭게 공격당하고 있습니다.

이 숙제들을 어떻게 풀어야 합니까? 하나님의 해답은 간단합니다. 전심으로 하나님의 원칙과 방법을 지키는 것입니다. 다른 말로 바꾸면 십계명을 기억하고 지키는 것입니다.

■ 여호와께서 그의 언약을 너희에게 반포하시고 너희에게 지키라 명령하셨으니 곧 십계명이며 두 돌판에 친히 쓰신 것이라(신 4:13).

0723

"주여, 당신은 누구십니까?"

예수님이 누구신지 진정으로 알고 전하고 있습니까?

예수님을 만나기 전 사도 바울은 예수 믿는 사람들을 핍박했습니다. 그런데 크리스천들을 잡으러 다메섹으로 가던 중 살기등등한 그에게 하늘에서 빛이 비쳤습니다. 그 빛을 받고 눈이 멀었습니다. 그러면서 그 빛 가운데 하나님의 음성을 듣습니다. "사울아, 사울아 네가 어찌하여 나를 핍박하느냐?" 이때 사울은 아주 유명한 한마디를 던집니다. "주여, 당신은 누구십니까?"

우리도 가끔 사울처럼 질문합니다. "주여, 당신은 누구십니까? 왜 나를 이렇게 괴롭힙니까?" "2천 년 전에 죽으신 분입니까? 아니면 지금도 살아계신 분입니까?" 이 질문에 대한 답을 갖고 있습니까?

예수님은 인자의 모습으로 이 땅에 오셔서 인간의 죄와 심판을 대신 지셨습니다. 그래서 우리의 죄가 용서받았습니다. 지금도 살아계셔서, 나와 함께하시는 예수님을 경험하고 있습니까? 예수의 이름이 구원자의 이름이요, 능력자의 이름임을 전하십시오.

■ 다른 이로써는 구원을 받을 수 없나니 천하 사람 중에 구원을 받을 만한 다른 이름을 우리에게 주신 일이 없음이라 하였더라(행 4:12).

0724

오직 한길뿐이 없습니다

당신을 유혹하는 세상의 가치관을 물리칠 방법은 무엇입니까?

왜 예수를 믿어야만 구원받을까요? 다른 방법으로는 구원의 길이 없을까요? 이 문제 때문에 많은 사람이 갈등합니다. 그리고 '기독교는 너무 편협하고 이기적'이라고 말합니다. 다양한 길을 인정하면 좋을 텐데 오직 예수라고 하니 사람들은 마음을 불편해합니다.

사람들은 구원에는 여러 가지 길이 있다고 생각합니다. 그들은 상대적인 구원을 원합니다. 착하게 살고, 정성스럽게 종교를 믿으면 구원받는다고 주장합니다.

상대적으로 생각하면 일리 있는 주장입니다. 그러나 성경은 "구원은 오직 예수밖에 없다"고 단호하게 주장합니다. 절대적 진리가 존재합니다. 우주가 아무리 넓어도 태양은 하나밖에 없습니다. 나를 키워 주신 분이 누구든지 나를 낳은 생모는 한 분뿐입니다. 인간을 지으신 창조주는 하나님 한 분뿐입니다. 진짜 진리는 하나입니다. 예수님은 "나만이 길이다"라고 말씀하셨습니다.

기독교가 이 절대성을 선언하기 때문에 상대적 종교를 믿는 사람들은 갈등을 겪는 것입니다. 예수님은 이들을 "도둑이요, 강도다"라고 말씀하셨습니다. 혹시 우리 안에 도둑과 강도가 틈타고 있지는 않습니까?

■ 예수께서 이르시되 내가 곧 길이요 진리요 생명이니 나로 말미암지 않고는 아버지께로 올 자가 없느니라(요 14:6).

구원은 공짜가 아닙니다

당신의 죄를 대속해 주신 분은 어떤 분이라고 믿고 있습니까?

선행이나 인간적인 노력으로 죄의 문제를 해결할 수 있을까요? 약간의 유익은 있지만, 인간의 원죄를 뿌리째 뽑을 수는 없습니다. 마음은 원이로되 육신이 약해 넘어진다는 성경 말씀처럼 마음이 있어도 선을 행할 능력이 우리에게는 없습니다. 엄청나게 참고 애쓰며 노력해도 내 속에서 솟아나는 죄악의 생각, 욕정의 생각, 음란한 생각, 탐욕의 생각을 스스로 뽑아낼 수 없습니다. 죄악을 감추거나 없는 시늉을 할 수는 있을지라도 완전히 없애지는 못합니다.

예수님의 피만이 인간의 원죄를 씻을 수 있습니다. 하나님의 의만이 우리 죄를 뿌리째 뽑을 수 있습니다. 하나님은 예수님의 구속 사역을 믿고 의지하는 사람을 씻기십니다. 자녀 삼아 주시고 천국 백성, 하나님 나라 백성으로 삼아 주십니다.

어떤 사람들은 "꼭 예수가 십자가에 피 흘려 죽어야만 하느냐"고 말합니다. 그러나 성경은 "피 흘림 없이는 죄 사함이 없다"고 말씀합니다(히 9:22). 우리의 죄는 공짜로 사해지지 않습니다. 공짜로 죄 용서함을 받은 것이 아닙니다. 예수 그리스도께서 대가를 치르셔서 우리 죄가 대속되었습니다. 우리가 치러야 할 대가를 하나님께서 대신 치르셨습니다. 구원은 공짜가 아닙니다.

■ 하나님이 그 아들을 세상에 보내신 것은 세상을 심판하려 하심이 아니요 그로 말미암아 세상이 구원을 받게 하려 하심이라(요 3:17).

0726

예수님의 이름은 존귀합니다

예수님의 이름에 의지해서 담대하게 고난을 헤쳐 나가고 있습니까?

예수님의 이름은 중요합니다. 예수 그리스도를 믿는 자만 구원받기 때문입니다. 예수님은 곧 하나님이십니다. 이 세상에 오실 때는 아들의 신분으로 오셨지만 그분의 본체는 하나님이십니다(빌 2:6). 그러므로 하나님의 아들이신 예수 그리스도의 이름을 영접하고 인정하고 믿는 것이 매우 중요합니다.

"하나님께서는 그를 지극히 높여 모든 이름 위에 뛰어난 이름을 주셨습니다. 이는 하늘과 땅과 땅 아래 있는 모든 사람들이 예수의 이름 앞에 무릎을 꿇게 하시고"(빌 2:9-10)라고 했습니다. 모든 이름 위에 뛰어난 이름, 특별한 이름이 바로 예수 그리스도입니다. 하늘이나 땅이나 땅 아래 있는 모든 존재가 예수의 이름 앞에 무릎 꿇게 하셨습니다.

목회를 하는 중에 예수의 이름으로 귀신을 쫓은 적이 수없이 많습니다. 그럴 때마다 놀랍습니다. 귀신 들린 사람에게 "예수의 이름으로 귀신아 나갈지어다"라고 하면 귀신이 벌벌 떱니다. 뒤로 넘어지기도 합니다. 이 세상에서 가장 뛰어난 이름, 귀신조차도 무릎 꿇게 하는 이름이 바로 예수 그리스도입니다.

■ 자녀들아 내가 너희에게 쓰는 것은 너희 죄가 그의 이름으로 말미암아 사함을 받았음이요(요일 2:12).

인생에서 꼭 해야 할 세 가지

당신은 아침부터 저녁까지 성령님을 의지하셨나요?

우리가 인생에서 꼭 해야 할 일이 세 가지 있습니다.

첫째, 마음의 문을 여시고 예수님을 인정하고 영접하십시오. 이것이 하나님의 뜻입니다.

둘째, 성령님께 의지하십시오. 성령님의 도움 없이 인간의 이성으로는 예수가 믿어지지 않습니다. 사탄은 자꾸 우리 마음 한 구석에서 예수를 밀어내려고 합니다. 이것을 풀어 주시는 분이 바로 성령님이십니다. 성령 충만하십시오. 성령 충만의 본질은 예수를 영접하고 받아들이는 것입니다. 이미 예수님을 믿고 시인했다면 이미 성령님께서 임하셨다는 증거입니다.

셋째, 전도하십시오. 바울이 감옥에 갇혔을 때 지진이 일어나는 사건이 있었습니다. 간수들이 자살하려고 하자 사도 바울이 이를 말리며 "주 예수를 믿으시오. 그러면 당신과 당신의 집안이 구원을 받을 것입니다"라고 말합니다. 예수를 전하십시오. 당신과 당신의 집안이 구원받을 것입니다.

오늘 이 세 가지를 이루며 살아가는지 점검해 보십시오. 성령 충만은 예수 안에 사는 자의 기본이며 승리의 비결입니다.

■ 그러므로 내가 너희에게 알리노니 하나님의 영으로 말하는 자는 누구든지 예수를 저주할 자라 하지 아니하고 또 성령으로 아니하고는 누구든지 예수를 주시라 할 수 없느니라(고전 12:3).

0728

약속된 메시아 '예수 그리스도'

당신은 메시아로서의 주님을 어떻게 믿고 따르고 있습니까?

예수 그리스도는 이 세상에 약속된 메시아로 오셨습니다. 구약은 메시아에 관해 매우 자세하게 소개합니다. 예수님께서 메시아로 오셔서 십자가를 통해 우리를 구원했으며, 부활 승천하신 뒤 다시 재림주로 오실것이라 말하고 있습니다.

메시아는 히브리어로 '마쉬아흐'라고 하는데 여기에는 중요한 두 가지 의미가 있습니다.

첫째, 구약의 마쉬아흐는 거룩한 사람이어야 합니다. 일반적으로 '구분되다', '성별되다'는 의미로, 구약에서 제사를 드릴 때 성물은 세상의 물건과 다르게 구별된 것이라고 생각했습니다. 구약에서 기름부음은 아무에게나 주어지지 않고 왕이나 제사장, 선지자에게만 허락되어 하나님의 종이 되게 했습니다.

둘째, 앞으로 오실 자라는 뜻이 있습니다. 메시아는 이제 곧 오실 분이며, 타락한 인간들이 살고 있는 이 세상을 구원하고 전쟁에서, 포로에서, 억압에서, 병과 저주에서 완전히 해방시킬 '해방자, 구원자'라는 뜻이 있습니다.

예수 그리스도는 약속된 메시아시요, 기름부음 받은 왕이시며, 이 세상을 구원하실 구원자입니다.

■ 여자가 이르되 메시야 곧 그리스도라 하는 이가 오실 줄을 내가 아노니 그가 오시면 모든 것을 우리에게 알려 주시리이다(요 4:25).

0729

신실하심을 믿는 비전의 사람들

당신은 오늘 하루 긍정의 마음으로 살았습니까?

예수를 만난 사람들은 상상할 수 없는 긍정적 에너지를 가지고 있습니다. 밤이 깊을수록 새벽이 가까운 것처럼 절망이 깊을수록 우리 마음에는 긍정적이고 희망적인 생각들이 살아납니다.

구약 시대 사람들은 안타깝게도 메시아이신 예수 그리스도를 몰라봤습니다. 하지만 기다리던 메시아의 속성과 기능, 그분이 주실 비전들을 알았습니다. 그래서 피눈물을 쏟고 고난을 겪으며 포로 생활을 하면서도 마지막까지 희망을 잃지 않았습니다.

우리는 복 받은 사람들입니다. 인류가 기다리던 메시아가 바로 예수 그리스도라는 사실을 명명백백히 알게 되었기 때문입니다. 예수님은 그렇게 오랜 세월 동안 구약의 사람들이 그리워하며 기다리고 사모하던 분입니다.

예수 믿는 사람의 가장 중요한 특징은 약속에 대한 성취, 예언에 대한 완성과 희망에 불타는 것입니다. 그래서 아무리 힘들고 어려운 일도 크리스천들을 슬프게 할 수 없습니다. 신실하신 하나님께서 약속을 이뤄 주실 것을 믿으니 슬퍼할 수 없습니다. 약속을 성취하시는 하나님, 약속하신 것을 이루시는 하나님의 신실하심을 기억하십시오.

■ 그 날에 이새의 뿌리에서 한 싹이 나서 만민의 기치로 설 것이요 열방이 그에게로 돌아오리니 그가 거한 곳이 영화로우리라(사 11:10).

0730

반쪽짜리 믿음

당신은 예수님을 하나님의 본체로서 믿고 의지하고 있습니까?

예수 그리스도는 50퍼센트 하나님, 50퍼센트 인간이 아닙니다. 100퍼센트 하나님, 100퍼센트 인간이셨습니다. 논리적으로 이해하기 어렵지만 우리는 '삼위일체'이신 하나님을 믿습니다. 그러나 이단들은 삼위일체를 부인합니다. 크리스천 중에도 처음에는 잘 믿다가 점점 갈등에 빠지는 이들이 있습니다. '예수가 어떻게 하나님이면서 동시에 인간일 수 있느냐'고 의문을 품습니다.

인간의 불신은 어제오늘의 일이 아닙니다. 유대인과 바리새인조차 예수께서 "나와 아버지는 하나다. 나를 본 자는 아버지를 보았다"라고 말씀하시자 신성 모독죄로 고발합니다. 이것이 예수님을 십자가에 못 박은 결정적인 이유입니다.

예수님은 베들레헴에서 태어난 역사적인 인물입니다. 그에 대해 성경은 끊임없이 "본래 하나님이셨는데 인간을 구원하기 위해 인간의 몸을 입고 오셨다"고 증언합니다. 예수님은 근본 하나님의 본체시나 완전한 인간으로 우리에게 오셨습니다. 이 진리를 잊지 마십시오.

■ 그는 근본 하나님의 본체시나 하나님과 동등됨을 취할 것으로 여기지 아니하시고 오히려 자기를 비워 종의 형체를 가지사 사람들과 같이 되셨고 사람의 모양으로 나타나사 자기를 낮추시고 죽기까지 복종하셨으니 곧 십자가에 죽으심이라(빌 2:6-7).

0731

흠이 없었던 최초의 인간

하나님께서 만드신 처음 세상을 마음에 그려 본 적이 있습니까?

천국의 원형이 있기에 우리가 사는 우주가 존재합니다. 어떤 과학자들은 이 은하계에 천억 개의 별이 있고, 그런 은하계가 2천억 개가 있다고 말합니다. 그야말로 무한대입니다. 파스칼은 "우리는 하나님이나 우주의 크기를 다 추측하지 못한다. 우리의 상상력이 피곤할 뿐이다"고 말했습니다. 하나님의 세계가 얼마나 크고 광대합니까!

천국에 대해 묵상하면서 하나님께서 최초로 창조하신 인간의 모습도 생각해 보았습니다. 인간은 하나님의 형상을 따라 창조되었습니다. 최초의 인간은 흠도 없고, 티도 없고, 부족함이 없는 100퍼센트 완벽한 인간이었습니다. 그게 어떤 모습일지 정말 보고 싶습니다.

그 최초의 사람은 하나님과 매일 동행했습니다. 하나님과 늘 동행할 만큼, 예배를 받으실 만큼, 하나님과 대화할 만큼 완벽한 존재였습니다. 우리처럼 이렇게 지저분하지 않았습니다. 인간이 이렇게 변한 것은 죄 때문입니다. 인류가 죄를 짓고 나서 지금처럼 추악한 모습으로 변했습니다. 사탄과 죄로 인해 오염되었습니다. 그래서 병들고 아프고 싸우고 시기하며 살아갑니다.

예수님께서 다시 오실 때 우리는 회복될 것입니다. 하나님께서 처음 지으신 사람처럼 완벽하게 변할 것입니다. 하나님 보시기에 심히 좋은 존재로 바뀔 것입니다.

■ 하나님이 지으신 그 모든 것을 보시니 보시기에 심히 좋았더라(창 1:31).

복음은 막힌 담을 뛰어넘습니다.
미움이 있는 곳에 용서를 주며
다툼이 있는 곳에 평화를 가져옵니다.

그래서 예수께서 오셨습니다.
오셔서 고난과 죽음, 부활을 이루신 것입니다.
복음은 예수 그리스도입니다.
천년이 두 번 변해도, 어느 곳이라도 복음은 흘러가야 합니다.

August

8월

조건 없는 믿음

진정한 믿음은 오랫동안 기다려 주고
무조건 인내하는 것입니다.

0801

예수님께서 주신 비전과 사명

하나님께서 맡기신 당신의 비전과 사명은 무엇입니까?

예수님께서는 부활하신 후 승천하시기 전에 제자들을 갈릴리 바다에 모아 놓고 마지막으로 이렇게 명령하십니다. "하늘과 땅의 모든 권세가 내게 주어졌다. 그러므로 너희는 가서 모든 민족을 제자로 삼아 아버지와 아들과 성령의 이름으로 세례를 주고 내가 너희에게 명령한 모든 것을 그들에게 가르쳐 지키게 하라. 보라. 내가 세상 끝 날까지 너희와 항상 함께 있을 것이다"(마 28:18-20).

이것은 예수님의 제자로 살아야 할 '우리'의 비전과 사명입니다. 첫째, 모든 민족을 제자 삼으라고 하셨습니다. 제자는 내 삶을 보고 따르는 사람입니다. 과연 몇 명이나 됩니까? 둘째, 아버지와 아들과 성령의 이름으로 세례를 주라고 하셨습니다. 셋째, 말씀을 가르치라고 하셨습니다. 세상에서 가장 아름다운 직분이 있다면 목사, 장로, 권사, 집사가 아니라 성경 교사입니다. 넷째, 말씀을 지키라고 하셨습니다. '지킨다'는 것은 '순종한다'는 말입니다. '헌신하고 끝까지 인내한다'는 뜻입니다.

주님이 주신 사명을 잘 행하고 있습니까? 인내로 그 비전과 사명을 지켜 가는 주님의 제자가 되십시오.

■ 그들이 조반 먹은 후에 예수께서 시몬 베드로에게 이르시되 요한의 아들 시몬아 네가 이 사람들보다 나를 더 사랑하느냐 하시니 이르되 주님 그러하나이다 내가 주님을 사랑하는 줄 주님께서 아시나이다 이르시되 내 어린 양을 먹이라 하시고(요 21:15).

예수님처럼 되고 싶어요

예수님을 닮기 위해 얼마나 노력하고 있습니까?

어떤 사람에게 "당신은 왜 예수를 믿습니까?"라고 물었더니 "예수님처럼 되고 싶어서 믿습니다"라고 대답합니다. 정답입니다.

그런데 어떻게 해야 예수님처럼 될 수 있을까요? 얼마나 많은 시간을 들여 노력하고 기도하고 성경을 연구해야 예수님처럼 될 수 있을까요? 해답은 없습니다. 죽을 때까지 해도 예수님을 닮기 어렵습니다. 미숙하고 부족한 인간이 언제 예수님처럼 되어서 주님의 일을 하겠습니까? 예수님처럼 되기를 원하지만 아무리 노력해도 불가능해 보입니다.

여기에 비밀이 하나 있습니다. 우리는 부족하고 실수가 많지만 예수 그리스도의 명령을 수행하면 뭔가 변화가 생깁니다. 뭔가 할 수 있습니다. 바로 그것입니다. 그것이 우리의 비전이요 사명입니다.

우리 인격이 훌륭해서 주님의 일을 하는 것이 아니라 주님의 일을 하다 보면 인격이 완성되어 갑니다. 우리의 부족함도 알고 허물도 알게 됩니다. 그러니 시작하셔야 합니다. 먼저 주님의 말씀에 순종하십시오. 그 말씀을 삶으로 실천함으로 주님의 일을 이루십시오.

■ 이와 같이 행함이 없는 믿음은 그 자체가 죽은 것이라(약 2:17).

명령을 위한 두 가지 약속

오늘 당신이 붙잡고 살았던 말씀은 무엇입니까?

예수님께서는 승천하시면서 제자들을 내버려 두지 않으셨습니다. 세상 모든 민족을 제자 삼으라는 명령과 함께 그 명령을 능히 지킬 수 있도록 두 가지를 약속하셨습니다.

첫째, 주께서 항상 우리와 함께 하시겠다고 약속하십니다. "보라. 내가 세상 끝 날까지 너희와 항상 함께 있을 것이다"(마 28:20). 하나님은 파도가 밀려오고 폭풍이 치고 비바람이 불어도 명령을 수행하려는 사람을 세상 끝 날까지 지켜 주십니다. 생명이 다하는 날까지 지켜 주십니다.

둘째, 성령님을 보내 주시겠다고 약속하십니다. 예수님은 제자들에게 예루살렘을 떠나지 말고 내 아버지가 약속하신 선물을 기다리라고 하십니다(행 1:4). 약속하신 선물이 무엇입니까? 성령님이십니다. 성령님이 임하면 능력이 생깁니다. 하나님은 이미 우리에게 귀신을 쫓고 병을 고치고 기도의 기적이 일어나는 능력의 선물을 주셨습니다. 우리는 선물 꾸러미를 펼치기만 하면 됩니다.

주님의 약속의 말씀을 붙잡으십시오. 내가 말씀을 붙잡고 살다 보면 말씀이 나를 붙드실 날이 올 것입니다.

■ 오직 성령이 너희에게 임하시면 너희가 권능을 받고 예루살렘과 온 유대와 사마리아와 땅 끝까지 이르러 내 증인이 되리라 하시니라(행 1:8).

0804

공동체로 부르신 하나님

당신은 어떤 공동체에 속해 있습니까?

혼자 살 수 있는 인간은 없습니다. 사람은 본질적으로 함께 살도록 지음 받았습니다. 너무 힘들고 상처받아서 혼자 살겠다고 결정한 사람은 더 깊은 수렁으로 빠져들기 쉽습니다. 빨리 빠져나오십시오. 사람들과 더불어 대화하고, 같이 음식을 먹고, 서로 도우며 살아야 합니다. 하나님은 공동체로 우리를 부르셨습니다.

공동체에는 두 종류가 있습니다. 하나는 긍정적인 공동체입니다. 이런 공동체는 비전과 희망이 있고, 에너지가 넘칩니다. 날마다 신이 납니다. 다른 하나는 부정적인 공동체입니다. 이런 공동체는 아무리 큰 보상과 권력이 있어도 체념하고 절망합니다.

성경에는 십자가를 중심으로 뭉쳐진 신약의 공동체, 바로 교회가 나옵니다. 기독교 공동체의 본질은 생명입니다. 기적입니다. 이 공동체에 참여하면 죽었던 사람이 살아나고, 우울한 사람이 밝아지고, 병든 사람이 건강해지고, 깨졌던 사람이 하나가 됩니다.

내가 속한 공동체는 생명을 살리는 긍정적인 공동체입니까? 그런 공동체를 만들기 위해 십자가 정신이 필요합니다. 서로의 상처를 보듬어 주고 참아 주고 기다려 주며 사랑을 나누어야 합니다. 내가 먼저 손을 내밀고 사랑을 전하는 밀알이 되십시오.

■ 믿는 무리가 한마음과 한 뜻이 되어 모든 물건을 서로 통용하고 자기 재물을 조금이라도 자기 것이라 하는 이가 하나도 없더라(행 4:32).

서로 존중하십시오

하나님과 사람들에게 예의를 갖추고 행동합니까?

사도행전 공동체는 초자연적인 은사와 기적의 공동체였습니다. "모든 사람들에게 두려움이 임했는데 사도들을 통해 기사들과 표적들이 나타났습니다"(행 2:43). 이 '두려움'은 공포가 아니고 경외심을 말합니다.

사람에 대한 경외심을 잃어버리면 사람을 무시하게 됩니다. 친구를 함부로 대하지 마십시오. 어린아이라고 얕보지 마십시오. 나보다 어리고 못난 사람도 하나님의 형상대로 지음받은 존귀한 존재입니다. 어떤 사람이든 존경과 경외심으로 대해야 합니다. 특히 가까이 있는 가족을 함부로 대하면 삶이 비참해집니다. 부인을 존중하고 남편을 존경하십시오.

하물며 하나님에 대해서는 어떻겠습니까? 세상 사람들은 '하나님을 믿느니 내 주먹을 믿어라'는 식으로 하나님께 함부로 합니다. 그 사람에게 무슨 행복이 있겠습니까? 크리스천은 하나님을 경외함으로 예배해야 합니다. 예배의 기본 자세는 경외심입니다.

자기 삶에 대한 경외심과 존경과 사랑과 인격을 회복하십시오. 사람들을 존경하고 하나님을 예배하십시오.

■ 채소를 먹으며 서로 사랑하는 것이 살진 소를 먹으며 서로 미워하는 것보다 나으니라(잠 15:17).

0806

인생을 즐겁게 만드십시오

당신은 자신의 삶을 즐겁게 만들며 살고 있습니까?

가진 자와 못 가진 자가 공존하고, 배운 자와 못 배운 자가 함께하며, 약자와 강자가 함께 하는 공동체. 듣기만 해도 신기하고 놀랍지 않습니까? 바로 사도행전 공동체가 그러했습니다. 그들의 삶은 날마다 축제였습니다. 기쁨으로 나누는 공동체, 성령 안에서 하나 된 이 공동체는 천국의 모습을 보여 줍니다.

교회에 와서 우울해하지 마십시오. 아무리 어려운 일이 있어도 우울하지 않기로 결단하십시오. 그러면 기쁨이 옵니다. 삶을 축제로 만드십시오. 함께 춤추고, 먹고, 말씀 듣고, 기도하면 내가 바뀝니다. 우리 교회, 우리 나라에서뿐 아니라, 일본, 대만, 이스라엘, 아프가니스탄으로 가서 우울한 백성들, 고통스런 사람들을 붙잡고 말씀을 주고 춤을 추고 사랑을 나누십시오. 이것이 교회입니다. 초대교회가 그렇게 했습니다. 날마다 성전 중심으로 모이고 나누는 축제의 삶을 살았습니다.

인생에 기쁨이 없고 우울하십니까? 인생을 즐겁게 만드십시오. 나를 기쁘게 하려고 하면 하나도 즐겁지 않지만 남을 도와주면 기쁨이 생깁니다. 자신을 축복하고 다른 이들을 축복하십시오. 기뻐하기로 결단하고 감사하기로 결정하십시오.

■ 날마다 마음을 같이하여 성전에 모이기를 힘쓰고 집에서 떡을 떼며 기쁨과 순전한 마음으로 음식을 먹고(행 2:46).

0807

십자가를 자랑하십시오

내 삶에 십자가의 능력이 어떻게 나타나고 있습니까?

십자가는 기독교의 중심이자 핵심이며 상징이고 구심점입니다. 그런데 기독교가 탄생한 1세기에는 십자가가 수치스러운 걸림돌, 저주의 상징이었습니다. 십자가를 좋아하는 사람이 아무도 없었습니다. 아무도 십자가를 기독교의 자랑, 상징으로 삼으려 하지 않았습니다.

그런데 예수님께서 십자가에 못 박혀 죽으시고 3일 만에 부활하신 엄청난 사건이 일어납니다. 제자들은 큰 충격을 받았습니다. 그리고 십자가를 재해석하기 시작했습니다. '십자가는 그냥 죄수를 죽이는 수단이 아니구나. 조롱하고 욕하고 모든 비난을 쏟아 놓을 대상이 아니구나.' 십자가의 능력을 깨달았습니다. 십자가가 빛나기 시작했습니다. 예루살렘에 있는 제자들뿐만 아니라 제자들 주변 사람들에게도 십자가의 능력이 나타나기 시작했습니다.

나에게 십자가는 어떤 의미입니까? 험한 십자가의 능력이 우리 삶에서 나타나기 시작했습니까? 그리스도의 십자가가 우리 삶을 사로잡고 능력으로 나타나기를 소원합니다.

■ 십자가의 도가 멸망하는 자들에게는 미련한 것이요 구원을 받는 우리에게는 하나님의 능력이라(고전 1:18).

0808

예수는 없으면 안 됩니다

내가 드리는 기도에는 십자가와 복음이 있습니까?

이스라엘을 여행할 때 꼭 요단강에서 세례를 받아야 한다는 사람이 있었습니다. 그곳이 오리지널이니 꼭 거기서 받아야 한다는 것입니다. 요단강 물을 병에 담아 가서 그 물로 세례를 주겠다는 사람도 있었습니다. 그러나 요단강 물이나 한강 물이나 수돗물이나 다 똑같습니다. 효험은 물에 있지 않습니다. 중요한 것은 예수님이요, 복음입니다.

중요하지 않는 것은 통과시키십시오. 그것은 없어도 삽니다. 그러나 예수는 없으면 안 됩니다. 복음이 없으면 안 됩니다. 기적 그 자체는 종교가 아닙니다. 기적은 기독교뿐만 아니라 다른 종교에도 많습니다. 기적은 사인에 불과할 뿐입니다. 본질이 중요합니다. 기독교의 본질은 예수 그리스도의 십자가와 복음입니다.

생명이 없는 씨앗은 아무리 기다려도 싹이 나지 않고 무정란은 아무리 품어도 부화되지 않습니다. 나에게 복음의 생명이 있습니까? 내 기도에는 십자가가 있습니까? 예수 그리스도의 십자가가 내 삶에 있습니까? 예수 그리스도의 십자가가 내 피와 살이 되었습니까? 내 노래, 내 비전이 되었습니까? 내가 외쳐야 할 메시지가 되었습니까?

■ 내가 너희 중에서 예수 그리스도와 그가 십자가에 못 박히신 것 외에는 아무 것도 알지 아니하기로 작정하였음이라(고전 2:2).

사람의 지혜로 이해하지 못하는 것

당신은 하나님의 지혜로 십자가를 이해합니까?

사도 바울은 "복음을 전할 때 말의 지혜로 하지 않도록 하셨는데 이는 그리스도의 십자가가 헛되지 않도록 하려는 것입니다"(고전 1:17)라고 했습니다. 이 말을 뒤집으면 "말의 지혜로 전하는 십자가는 헛된 것"이라는 말입니다.

사람이 무엇인가를 이해하려면 지혜와 지식, 이성이 필요합니다. 그러나 십자가는 다릅니다. 십자가는 그 어떤 인간의 말로도 설명할 수 없습니다. 그 어떤 놀라운 지식과 지혜, 방법으로도 이해할 수 없습니다.

그렇다면 십자가는 어떻게 이해할 수 있을까요? 하나님의 지혜로만 영광스런 십자가를 발견할 수 있습니다. 하나님의 지혜의 눈으로 볼 때 아무 능력이 없던 나무 십자가가 깨달아지고 이해되고 능력이 나타나는 것을 봅니다.

십자가는 사상이 아닙니다. 철학도 아니고 이데올로기도 아닙니다. 그런 것으로는 십자가를 깨달을 수 없습니다. 십자가가 보이지 않습니다. 십자가는 하나님의 지혜로만 볼 수 있습니다. 인간의 지혜가 아니라 하나님의 지혜를 구하십시오. 십자가를 발견하는 눈이 열릴 것입니다.

■ 십자가의 도가 멸망하는 자들에게는 미련한 것이요 구원을 받는 우리에게는 하나님의 능력이라 기록된 바 내가 지혜 있는 자들의 지혜를 멸하고 총명한 자들의 총명을 폐하리라 하였으니(고전 1:18-19).

0810

본질을 놓치지 마십시오

본질이 아닌 것 때문에 분노하며 고집을 부린 적은 없습니까?

어느 조직이든 공동체든 끼리끼리 모이기 마련입니다. 고린도교회가 아주 심각했습니다. 학교, 지역, 전공 등 자신들의 이해관계에 따라 뭉쳐서 인맥을 만들고 '나는 바울파다', '나는 바나바파다', '나는 베드로파다'라고 말하기 시작했습니다. 재미있게도 '그리스도파'도 있었습니다. 이 것도 저것도 싫은 사람들이 모인 듯합니다.

사도 바울은 이 사실을 알고 갑자기 목소리를 높입니다. 주먹을 불끈 쥐고 분노를 표출합니다. "이게 말이 되느냐? 우리는 예수 그리스도 이름 안에 모인 형제자매다. 그런데 서로 파를 나누고, 사람을 따라 다니고, 반목질시하고, 비판할 수 있느냐?"라고 말합니다. 그러면서 제일 먼저 자신의 이름으로 파를 만든 사람들을 향해 쓴소리를 합니다(고전 1:13-16).

아마도 누구에게 세례를 받았느냐에 따라 파가 나뉜 것 같습니다. 고린도교회 성도들에게 바울이 말합니다. "세례가 중요하긴 하지만 핵심은 아니다. 하나님은 세례를 주기 위해서가 아니라 복음을 전하기 위해 나를 보내셨다." 세례를 줄 때 물에 담그느냐 담그지 않느냐는 구원에 있어서 중요한 문제가 아닙니다. 중요한 것은 예수님이요 복음입니다.

■ 그리스도께서 나를 보내심은 세례를 베풀게 하려 하심이 아니요 오직 복음을 전하게 하려 하심이로되 말의 지혜로 하지 아니함은 그리스도의 십자가가 헛되지 않게 하려 함이라(고전 1:17).

0811

십자가로 돌아갑시다

당신은 오늘 하루 십자가의 능력을 얼마나 믿고 살았습니까?

초대교회가 세워지고 한 세대가 가고, 두 세대가 오면서 기독교 교회사가 시작되었습니다. 하지만 무엇이든지 오래되면 형식화되고 낡은 것이 됩니다. 십자가의 능력이 초대교회를 강타하고 많은 사람들을 예수님 앞으로 이끌었지만 제도화, 교리화, 형식화되면서 그 능력이 점점 사라졌습니다.

그때, 한 명의 영적 거인이 일어납니다. 마틴 루터입니다. 그가 주도한 종교개혁의 초점은 십자가였습니다. 십자가로 돌아가자는 것이었습니다. 장 칼뱅, 츠빙글리 등 종교개혁자들이 힘을 모아 변화의 물결을 일으키고 교회를 새롭게 했습니다.

지금 우리 시대에 또 다시 종교개혁이 필요합니다. 기독교가 십자가로 돌아가야 합니다. 우리 안에 십자가를 대신하는 것이 너무 많습니다. 믿음, 성령님, 리더십, 선교, 비전 등에 관한 이야기는 많지만 십자가에 대한 이야기는 듣기 어렵습니다. 그러나 십자가 없이는 그 어떤 화려한 능력도 소용이 없습니다. 다시 십자가로 돌아가시기 바랍니다.

■ 유대인은 표적을 구하고 헬라인은 지혜를 찾으나 우리는 십자가에 못 박힌 그리스도를 전하니 유대인에게는 거리끼는 것이요 이방인에게는 미련한 것이로되(고전 1:22-23).

0812

죽음을 준비하십시오

당신은 천지창조와 함께 최후의 심판을 믿습니까?

하나님은 사랑이신데 어떻게 세상을 심판하실 수 있겠습니까. 그래서 어떤 분들은 심판이 없을 것이라고 말합니다. 과연 그럴까요? 성경은 분명하게 이야기합니다. 최후의 심판은 있습니다. 태초에는 천지창조가 있었고, 종말에는 최후의 심판이 있습니다.

그렇다면 최후의 심판으로 다 끝나는 것일까요? 아닙니다. 최후의 심판 뒤에는 새 하늘과 새 땅이 있습니다. 하나님께서 심판하시는 이유는 죄로 더럽혀진 세상을 그냥 두면 새 하늘과 새 땅이 오지 않기 때문입니다. 몸이 더러우면 새 옷을 입지 못합니다. 마찬가지입니다. 새 하늘과 새 땅, 천국을 사모한다면 우리가 이 세상에서 더럽혀진 모든 것을 씻어야 합니다.

한 번 죽는 것은 사람에게 정해진 사건입니다. 피할 수 없습니다. 그래서 지혜로운 자는 죽음을 준비합니다. 죽지 않을 것처럼 살지 말고 죽을 것처럼 사십시오. 죽음은 끝이 아닙니다. 죽음 이후에는 심판이 있습니다. 우리가 우리를 심판하는 것이 아니라 나를 지으신 분, 천지를 창조하신 분이 죄를 심판하십니다.

■ 한번 죽는 것은 사람에게 정하신 것이요 그 후에는 심판이 있으리니 (히 9:27).

0813

심판자 하나님의 모습

당신은 평소 심판자 하나님의 모습을 어떻게 상상하고 있었습니까?

심판자 하나님은 어떤 모습으로 이 땅에 오실까요? 성경은 세 가지 모습을 소개합니다.

첫째, 하나님은 불을 타고 오십니다. 노아 시대에는 물로 세상을 심판하셨지만 이 시대에는 불로 심판하신다는 뜻입니다. 온 우주가 화염에 휩싸일 것입니다.

둘째, 하나님은 하늘의 군대를 동원해서 오십니다. 이사야 66장 15절에서는 "그분의 병거"라고 말합니다. 병거는 전쟁할 때 쓰는 수레입니다. 전사들이 병거를 타고 회오리바람처럼 오는 웅장한 모습을 표현하고 있습니다. 하나님은 그렇게 오실 것입니다.

셋째, 분노의 불꽃을 내뿜고 오십니다. 심판은 장난이 아닙니다. 한 번 야단맞는 것이 아니라, 불씨가 사라지고 근거가 없어지는 것입니다.

하나님께서는 심판을 다 준비하셨습니다. 불도 준비하시고, 불수레와 불말도 모두 준비하셨습니다. 소돔과 고모라를 쏟아버리듯이 최후의 심판을 준비하고 계십니다.

■ 보라. 여호와께서 불을 타고 오신다. 그분의 병거들은 마치 회오리바람 같구나. 그분이 분을 내셔서 뿜으시는 콧김은 불꽃을 내뿜는 책망이 돼 보복하신다(사 66:15, 우리말성경).

0814

도래하는 새하늘과 새땅

당신은 새 하늘과 새 땅을 어떤 마음으로 바라보고 있습니까?

우리가 궁극적으로 바라보는 것은 심판이 아니라 새 하늘과 새 땅입니다. 비록 지금은 이 세상에 살지만, 장차 살 곳은 새 하늘과 새 땅입니다.

하나님께서 우리에게 주시는 것은 종말이 아닙니다. 예수 그리스도를 믿는 사람들에게는 심판이 지나갑니다. 우리에게 남는 것은 심판이 아니라 새 하늘과 새 땅입니다. 그러나 가증스러운 사람들, 우상숭배하는 사람들, 하나님의 뜻대로 살지 않는 사람들은 심판을 받을 것입니다.

새 하늘과 새 땅은 심판이라는 과정을 반드시 거쳐야만 갈 수 있습니다. 심판 없이 새 하늘과 새 땅은 오지 않습니다. 심판을 통해 우상숭배 자들, 살인자들, 간음하는 자들, 점술가들, 가증한 사람들은 지옥으로 갑니다. 그리고 경건한 자들, 예비된 자들에게는 새 시대가 열릴 것입니다. 시온의 새로운 도성에서 하나님을 예배할 것입니다. 그분의 영광을 찬양하고 감사와 기쁨의 축제를 즐길 것입니다.

■ 내가 지을 새 하늘과 새 땅이 내 앞에 항상 있는 것 같이 너희 자손과 너희 이름이 항상 있으리라 여호와의 말이니라 여호와가 말하노라 매월 초하루와 매 안식일에 모든 혈육이 내 앞에 나아와 예배하리라(사 66:22-23).

0815

예수님을 만난 사람들의 특권

당신은 오늘 어떤 일로 기쁨을 느꼈습니까?

예수님을 만난 사람들이 누리는 특권은 기쁨입니다. 단 한 번도 경험하지 못한 특별한 기쁨을 맛봅니다. 세상이 주는 일시적인 성취나 부, 명예, 권력과는 다른 것입니다. 삶 전체를 뒤흔드는 영원한 기쁨입니다.

영원한 기쁨을 맛본 사람은 이전처럼 살 수 없습니다. 전혀 다른 삶을 살게 됩니다. 갈릴리 호숫가에서 물고기를 잡던 베드로는 자신이 소유한 모든 것을 버리고 사람을 낚는 어부가 되었습니다. 값비싼 향유 옥합을 예수님의 발등에 아낌없이 부은 마리아는 복음이 전파되는 곳마다 함께 전해지는 영광을 누렸습니다. 다메섹 동산에서 눈먼 자 되었던 바울은 더 이상 예수를 핍박하는 자가 아니라, 세상에 복음을 뿌리는 눈뜬 자로 거듭났습니다.

이 영원한 기쁨을 맛보셨습니까? 세상이 줄 수 없는 이 기쁨은 예수님을 만나야 경험할 수 있습니다. 나는 이 기쁨을 누리며 살고 있습니까?

■ 그의 노염은 잠깐이요 그의 은총은 평생이로다 저녁에는 울음이 깃들일지라도 아침에는 기쁨이 오리로다(시 30:5).

0816

지금 정신 차리지 않으면

당신은 후손들이 어떤 축복을 받기를 원합니까?

오늘 내가 기도하며 헌신한 것은 10년 후에 나타납니다. 우리 세대에 나타나지 않습니다. 한국이 이처럼 발전할 수 있었던 것도 우리 선배들이, 우리 조상들이 목숨 걸고 예수님을 믿었기 때문입니다. 믿음의 선배들이 이 땅에서 값비싼 대가를 치렀기 때문에 우리가 그 혜택을 받고 있습니다.

성경에서 예언자들이 목숨 걸고 일어나서 소리치며 울고 기도하고 금식한 이유가 무엇입니까? 그들은 후대를 걱정했습니다. "이스라엘 백성이 지금 정신 차리지 않으면 바벨론에게 망한다. 앗수르에게 멸망당한다. 그러니 지금 정신 차리고 우상숭배에서 떠나 하나님 말씀을 바로 들으라. 음란에서 떠나고 물질에 집착하지 말고 하나님을 경외하라. 그러면 너희 후대가 복을 받을 것이다"라고 외쳤습니다.

우리의 후손들이 복 받기를 원합니다. 교회가 바로 서서 이 민족의 도덕과 양심과 윤리를 바로 세워야 합니다. 그렇지 않고 돈을 많이 버는 것, 권력을 갖는 것이 우선순위가 되는 세상으로 변하면 그 화가 우리 후손들에게 미칠 것입니다.

■ 그러므로 우리는 다른 이들과 같이 자지 말고 오직 깨어 정신을 차릴지라(살전 5:6).

끝까지 사랑하시는 예수님

오늘 하루 중 예수님의 사랑이 필요했던 시간은 언제였습니까?

예수님은 아무 조건 없이 우리를 사랑하십니다. 예수님의 사랑에는 한계가 없습니다. 무한한 사랑입니다. 왜 못난 우리를 사랑하셨을까요? 그 이유는 아무도 모릅니다. 그분의 선택과 은혜 외에 해답이 없습니다. 그냥 우리는 주님의 사랑을 입은 것입니다.

"끝까지 사랑하신다"는 말씀은 과거, 현재, 미래에도 변함없이 사랑하신다는 뜻입니다. 또한 하나님의 사랑은 한순간의 뜨거운 열정이 아닙니다. 흔히 사랑을 생각하면, 〈로미오와 줄리엣〉, 〈노틀담의 꼽추〉, 〈겨울 연가〉 등 영화나 소설이나 드라마에서 보는 환상적이고 열정적인 사랑을 떠올립니다. 그러나 한순간의 열정은 영원한 사랑이 아닙니다. 세월이 흐르면 변하고 맙니다.

사랑은 감정이 전부가 아닙니다. 하나님의 사랑은 의지적인 사랑입니다. 하나님은 우리를 사랑하겠다고 스스로 결정하고 약속하셨습니다. 이 사랑은 절대 변하지 않습니다. 세월이 흘러 모든 상황이 변해도 전혀 개의치 않고 사랑하신다는 의지가 담겨 있습니다.

그러므로 우리는 그 사랑 안에서 안전합니다. 내 모습 그대로 받으시는 그 변치 않는 사랑 안에 거하십시오.

■ 유월절 전에 예수께서 자기가 세상을 떠나 아버지께로 돌아가실 때가 이른 줄 아시고 세상에 있는 자기 사람들을 사랑하시되 끝까지 사랑하시니라(요 13:1).

0818

하나님을 기대하십시오

나의 소망이 이루어질 것을 어떻게 알 수 있을까요?

하나님께서 우리에게 영원히 샘솟는 샘물 같은 힘을 주셨습니다. 그 힘을 붙들고 승리하십시오. 우리에게는 하나님이 있습니다. 빛이 있습니다. 하나님의 빛이 떠오르면 아무도 막을 수 없습니다. 온 세상이 우리를 향할 것입니다. 바벨론, 앗시리아, 애굽은 경제적으로나 군사적으로 이스라엘보다 월등했지만 결국 하나님의 백성들에게 무릎 꿇었습니다.

"눈을 들어 사방을 둘러보아라. 모두 모여서 네게로 오고 있다. 네 아들들이 멀리서 오고 네 딸들이 팔에 안겨 오고 있다"(사 60:4). 이 말씀은 망상이 아닙니다. 사실입니다. 우리가 가는 곳마다 길이 열리고, 사람들이 모여 들고, 하나님의 영광의 빛이 비출 것입니다. 그러나 한 가지 기억해야 합니다. 절대 하나님을 버리면 안 됩니다. 세상을 바라보면 안 됩니다.

"그것을 보고서 네 얼굴이 상기돼 밝아지고 네 가슴은 두근두근 고동치며 벅차오를 것이다. 바다의 산물이 네게로 밀려오고 뭇 나라의 재물이 네게로 흘러올 것이다"(사 60:5). 이사야 선지자의 말이 잘못된 환상일까요? 아닙니다. 사실입니다. 하나님께서 세우시면 세워지고, 하나님께서 무너뜨리면 무너지고 맙니다.

하나님을 자랑하십시오. 하나님을 바라보고 하나님을 기대하십시오. 그리고 우리가 최선을 다하면 하나님께서 재물도 주시고 사람도 보내주시고 나라도 보내 주십니다.

■ 나라들은 네 빛으로, 왕들은 비치는 네 광명으로 나아오리라(사 60:3).

0819

슬픔이 변하여 기쁨이 됩니다

당신은 주님을 위해 핍박받은 적이 있습니까?

여호와를 대적하는 무리들은 언제나 여호와를 경외하고 두려워하는 자를 무시하고 조롱합니다. 어쩌면 이것이 크리스천의 현주소일지 모릅니다. 우리는 세상에서 환영받는 사람들이 아닙니다. 핍박받지 않는 것만도 다행입니다. 특히 요즈음 교회를 조롱하고 핍박하고 무시하는 반기독교적인 경향이 시대의 사상처럼 나타나고 있습니다.

세상이 우리를 미워하는 것을 슬퍼하지 마십시오. 이상히 여기지 마십시오. 하나님께서 다 아십니다. 이사야 66장 6절을 보십시오. "성읍에서 아우성 소리가 난다. 성전에서도 소리가 들린다. 이것은 여호와께서 그분의 원수들에게 그들이 받아 마땅한 대로 앙갚음하시는 소리다." 포로로 잡혀 있던 이스라엘 백성이 성읍으로 돌아왔습니다. 그들이 외치는 기쁨의 소리가 들립니다. 성전을 재건하는 신나고 즐거운 소리가 들립니다. 이스라엘 백성을 조롱하던 원수들이 그 소리를 듣게 될 것입니다. 얼마나 통쾌한 광경입니까.

하나님을 대적하고 조롱하고 예수 믿는 사람들을 '왕따'시킨 사람들은 결국 부끄러움을 당하게 됩니다. 이것이 하나님의 섭리입니다. 그들은 하나님 앞에서 수치를 겪게 될 것입니다.

■ 나로 말미암아 너희를 욕하고 박해하고 거짓으로 너희를 거슬러 모든 악한 말을 할 때에는 너희에게 복이 있나니 기뻐하고 즐거워하라 하늘에서 너희의 상이 큼이라 너희 전에 있던 선지자들도 이같이 박해하였느니라(마 5:11~12).

누구도 예상치 못한 역전극

하나님의 역사하심을 얼마나 고대하고 있습니까?

세계 역사는 어떻게 바뀔지 아무도 모릅니다. 그러나 분명한 것은 하나님의 역사는 아무도 막지 못한다는 사실입니다. 우리 인생을 향한 하나님의 역사도 아무도 방해할 수 없습니다. 하나님은 실패하는 법이 없습니다. 반드시 이루십니다. 하나님께서 하시고자 하면 하루아침에 나라를 세우기도 하시고 없애 버리기도 하십니다.

일제시대를 살던 그 누가 8·15해방을 상상했겠습니까? 감옥에 있던 사람도, 농민들도, 지도자들도 일본의 세력에서 벗어날 것이라고 생각하지 못했습니다. 그러나 하나님께서 하셨습니다.

포로 생활이 끝나 기쁨에 찬 이스라엘 백성에게 하나님께서 이렇게 말씀하십니다. "내가 아이를 낳게 하려고 하는데 어떻게 나오지 못하게 태를 닫겠느냐?"(사 66:9). 시온을 회복시키고 이스라엘 백성을 새로운 약속의 민족으로 삼으신 것은 하나님의 뜻과 계획이었습니다. 그 어떤 왕국, 어떤 제왕, 어떤 세력도 막지 못합니다.

어떤 상황에 있든지 하나님을 바라보십시오. 하나님의 섭리를 기다리십시오. 하나님께서 일하실 것을 기대하십시오.

■ 내가 또 다윗의 집의 열쇠를 그의 어깨에 두리니 그가 열면 닫을 자가 없겠고 닫으면 열 자가 없으리라(사 22:22).

하나님의 꿈을 받아들이십시오

오늘 하루 중 어떤 일에 감동받고 눈물 흘렸습니까?

믿음이란 하나님의 약속과 희망을 받아들이는 것입니다. 믿음이란 내 생각 대신 하나님의 생각을 받아들이는 것입니다. 나의 꿈 대신 하나님의 꿈을 받아들이는 것입니다.

이사야 66장 14절은 "너희가 이것을 보고 마음이 흐뭇하겠고 너희의 뼈들이 무성한 풀처럼 잘 자라날 것이다. 주의 종들에게는 여호와의 손이 드러나겠지만 대적들에게는 여호와의 분노가 나타날 것이다"라고 말씀합니다. 여기서 마음이 흐뭇해진다는 것은 눈물이 있고 감동이 있다는 뜻입니다. 우리 인생은 너무나 삭막해서 눈물이 없습니다. 그런데 가족과 사회를 보면서, 예루살렘을 보면서 감동을 회복시키실 것이라고 약속하십니다.

오늘 하나님의 위로와 약속을 믿으십시오. 그 위로와 약속의 말씀을 내 것으로 만드십시오. 환경이 아무리 어렵고 힘들어도 그것과 상관없이 기뻐하시고 즐거워하십시오.

■ 눈의 밝은 것은 마음을 기쁘게 하고 좋은 기별은 뼈를 윤택하게 하느니라(잠 15:30).

0822

우리는 하나님을 담는 그릇

오늘 당신이 하는 말과 행동에 예수님이 분명하게 드러났습니까?

아무것도 없는 듯 보여도 공중에는 수많은 전파가 지나고 있습니다. 그 전파를 잡아서 소리를 듣거나 영상을 보려면 수신기가 필요합니다. 마찬가지로 우리 안에 진리가 없으면 하나님의 말씀이 들리지 않습니다. 살아 있는 말씀이 계속 선포되지만, 우리 마음에 하나님이 계시지 않다면 들을 수도 없고 깨달을 수도 없습니다. 어떤 환경에 있든지 상관없습니다. 그 사람 안에 하나님이 계시고, 하나님의 말씀이 있느냐가 문제입니다.

사람은 누구에게, 어디에 속했느냐에 따라 말과 행동이 달라집니다. 하나님께 속한 사람은 하나님의 뜻과 말씀에 합당하게 행하고, 하나님께서 기뻐하시는 행동을 합니다. 하지만 사탄에게 속한 사람은 사탄의 방법으로 사탄이 좋아하는 일을 합니다.

우리 속에 하나님의 말씀이 없으면 인간적인 생각과 판단, 경험, 가치관으로 가득하게 됩니다. 세상적인 것에 지배당합니다. 그러므로 우리 마음과 생각 상자에 하나님을 모시고 말씀으로 채우십시오.

■ 너희가 아브라함의 자손이면 아브라함이 행한 일들을 할 것이거늘 지금 하나님께 들은 진리를 너희에게 말한 사람인 나를 죽이려 하는도다 아브라함은 이렇게 하지 아니하였느니라(요 8:39-40).

0823

최고의 우선순위

나는 신령과 진정으로 예배합니까?

예배란 하나님의 능력과 영광과 위엄을 찬양하는 것입니다. 나의 방법이 아닌 하나님께서 원하시는 대로 하나님을 예배하고 주님이 기뻐하는 것을 기뻐하는 것이 참된 예배입니다.

이스라엘 백성들이 포로 생활에서 벗어나 고향에 돌아왔을 때 그들이 처음 목격한 것은 무너진 제단이었습니다. 성전이 훼파되고 성곽이 무너진 비참한 현실이었습니다. 그들은 굉장히 조급해져서 성전을 재건하고 성곽을 회복시키는 데 심혈을 기울였습니다. 그런데 문제는 하나님을 잊고 집에만 관심을 갖게 되었다는 것입니다.

예배의 대상은 하나님이십니다. 하나님께 신령과 진정으로 예배 드리는 것에 전심전력을 다하는 것이 예배입니다. 성전이 무엇으로 지어졌느냐는 중요하지 않습니다. 꼭 기억하십시오. 예배보다 더 중요한 우선순위는 없습니다. 인생에서 가장 중요한 것이 예배입니다. 교회의 모든 활동 중에서 최고의 우선순위가 하나님께 드리는 진정한 예배입니다. 하나님의 위대하심과 영광과 놀라우신 그분을 찬양하는 것이 최고의 우선순위입니다.

■ 여호와여 위대하심과 권능과 영광과 승리와 위엄이 다 주께 속하였사오니 천지에 있는 것이 다 주의 것이로소이다 여호와여 주권도 주께 속하였사오니 주는 높으사 만물의 머리이심이니이다(대상 29:11).

0824

하나님의 법칙

하나님께 가까이 나아가고 있습니까?

내가 하나님을 기뻐하면 하나님도 기뻐하십니다. 내가 하나님을 싫어하고 하나님께서 미워하시는 일만 골라서 고집대로 행하면 하나님도 내가 싫어하는 것을 내게 허락하십니다. 이것이 하나님의 법칙입니다.

하나님은 불의한 자들에게 세 가지를 책망하십니다. "불러도 대답이 없었고, 말해도 듣지 않았고 하나님께서 싫어하시는 것만 골라서 했다"는 것입니다. 우리는 고난을 겪을 때 그 원인은 생각하지 않고 빠져나올 구멍만 찾습니다. 자기 잘못은 감추고 억울해하는 가인의 모습과 같습니다. 동생 아벨을 죽인 가인에게 하나님께서 "네 동생 아벨이 어디 있느냐"고 물으시니 가인은 "제가 아벨을 지키는 자입니까"라고 대답합니다. 심판이 왔을 때는 "내 벌이 너무 무거워 견디기가 어렵습니다"라고 하소연합니다. 자기 잘못은 생각하기 싫어하면서 당하는 것만 억울하고 불편해합니다.

하나님께 가까이 나아가십시오. 그러면 하나님은 더 가까이 오실 것입니다. 하나님을 기뻐하고 하나님께서 기뻐하시는 일을 행하십시오. 그러면 하나님은 더 기뻐하실 것입니다. 하나님의 법칙을 따라 살면 하나님의 복을 받습니다.

■ 나 또한 유혹을 그들에게 택하여 주며 그들이 무서워하는 것을 그들에게 임하게 하리니 이는 내가 불러도 대답하는 자가 없으며 내가 말하여도 그들이 듣지 않고 오직 나의 목전에서 악을 행하며 내가 기뻐하지 아니하는 것을 택하였음이라 하시니라(사 66:4).

0825

지금 천국을 누리십시오

당신은 하나님의 나라를 맛보며 살고 있습니까?

성경이 말하는 가장 핵심적인 사상 중 하나는 '하나님 나라'입니다. 이는 '구원'이자 '천국'이라고도 합니다. 또 다른 말로는 '새 하늘과 새 땅'입니다. 그런데 이 하나님 나라는 죽어서만 가는 천국이 아닙니다. 이 세상에서 누리며 살아가야 할 곳이기도 합니다.

하나님 나라는 예수님을 믿는 순간부터, 이 땅에서부터 시작됩니다. 이것은 아주 독특하고 유일한 것입니다. 하나님 나라는 사람이 만든 것도, 사람이 상상한 것도 아닙니다. 한 번도 상상해 본 일 없고, 경험해 본 적 없으며, 한 번도 가져본 적 없는 아주 새로운 나라입니다. 그런 나라를 하나님께서 예비하시고 약속하셨습니다.

당신이 예수 그리스도를 영접한 순간, 하나님을 만난 순간 제일 먼저 경험하는 것이 하나님의 나라를 느끼는 것입니다. 교회 다니고 예수를 믿으면서도 하나님 나라를 느끼지 못하는 사람은 불행합니다. 그에게 예배는 기쁨이 아니라 고행일지도 모릅니다.

지금 하나님 나라에 살고 있습니까? 느끼지 못해도 그것은 사실입니다. 내 안에서부터 그 기쁨과 감격을 누리게 해 달라고 간구하십시오.

■ 보라 내가 새 하늘과 새 땅을 창조하나니 이전 것은 기억되거나 마음에 생각나지 아니할 것이라(사 65:17).

0826

상상을 초월하는 땅

당신은 새 하늘과 새 땅에 대한 확실한 믿음이 있습니까?

태양은 생물들이 살아가기 위해 꼭 필요합니다. 해가 없으면 이 세상은 존재할 수 없습니다. 하지만 하나님께서 준비한 새 하늘과 새 땅에는 해도 없고 달도 없습니다. 하나님은 지지 않고 기울지 않는 해요, 달이라는 것입니다.

이 세상에는 슬픔이 있고, 고통과 죽음이 있습니다. 그러나 하나님께서 창조하신 새 하늘과 새 땅에는 슬픔도 고통도 죽음도 없습니다. 우리가 전혀 경험하지 못한, 상상조차 할 수 없는 곳입니다. 새 하늘과 새 땅은 새롭고, 또 새롭고, 늘 새롭습니다. 새 하늘과 새 땅은 감동입니다. 그런 나라가 하나님 나라입니다.

요한계시록은 그 나라에 대해 아주 핵심적인 말을 전합니다. "나는 새 하늘과 새 땅을 보았습니다. 처음 하늘과 처음 땅이 사라지고 바다도 더 이상 존재하지 않았습니다"(계 21:1).

그것은 예전에 있던 것도 아니고, 사람이 상상한 것도 아니라는 말입니다. 슬픔 없고 고통 없는 그 하나님 나라가 우리 것입니다.

■ 다시는 낮에 해가 네 빛이 되지 아니하며 달도 네게 빛을 비추지 않을 것이요 오직 여호와가 네게 영원한 빛이 되며 네 하나님이 네 영광이 되리니 다시는 네 해가 지지 아니하며 네 달이 물러가지 아니할 것은 여호와가 네 영원한 빛이 되고 네 슬픔의 날이 끝날 것임이라(사 60:19-20).

0827

영원한 생명이 보장된 나라

당신은 영원한 생명이 보장된 나라에 들어갈 수 있다는 믿음이 있습니까?

모든 사람이 행복을 원하지만 이 세상은 그렇지 못합니다. 죄악의 세상이기 때문입니다. 아비규환의 세상이고 불합리와 부조리의 세상이기 때문입니다. 그런데 이사야 65장에 기록된 것을 보면, 새 하늘과 새 땅은 안녕과 안정이 약속된 정직한 나라입니다. 자기가 지은 집에 살고 자기가 심은 포도 열매를 먹을 수 있는 안전한 곳입니다. 또한 그곳에서는 헛고생하지 않을 것입니다. 불행의 씨앗이 될 자식도 낳지 않을 것이라고 했습니다.

지나온 삶이 불행의 씨앗이었다 해도 하나님을 믿는 순간, 예수 그리스도를 영접하는 순간, 하나님 나라가 당신에게 임하는 순간 그 불행의 씨앗은 사라져 버립니다. 여호와께 복 받는 백성이 되고 그들과 그 자손도 그렇게 될 것입니다.

하나님의 나라는 저주가 없고 불행이 없고 실패가 없습니다. 불행은 끝났습니다. 아무도 막을 수 없던 이 세상에서의 불행의 파도를 예수님께서 막아 주셨습니다. 사탄을 뿌리째 뽑아 주셨습니다. 예수를 믿는 사람은 행복한 하나님 나라 백성입니다.

■ 너희는 내가 창조하는 것으로 말미암아 영원히 기뻐하며 즐거워할지니라 보라 내가 예루살렘을 즐거운 성으로 창조하며 그 백성을 기쁨으로 삼고(사 65:18).

하나님을 속이는 얕은 크리스천

오늘 당신의 생각과, 말과 행동은 하나님 앞에 정직했습니까?

성경을 보면, 그 어떤 이방인들도 하나님의 사랑을 깨달으면 모든 전통과 허물, 수치를 벗고 하나님 앞으로 돌아와 은혜를 받습니다. 니느웨 도성 사람들이 제멋대로 살다가 요나의 설교를 듣고 한꺼번에 돌아와 회개하는 모습처럼 말입니다. 차라리 하나님을 믿지 않고 대적하는 사람은 회개할 가능성이 더 많아 보입니다.

하나님께서 보시기에 그들보다 더 골치 아픈 사람들이 있습니다. 신앙생활을 한다고 하면서 하나님께서 기뻐하시지 않는 일들을 몰래 하는 유대인들입니다. 우리는 성경 곳곳에서 고집불통으로 사는 유대인들을 발견할 수 있습니다.

그들의 특징은 불순종과 거역입니다. 그들은 우상을 숭배하며 멀쩡한 집을 놔두고 뒷골목에서, 무덤 안에서 숨어서 삽니다. 성경에서 먹지 말라고 하는 부정한 음식인 돼지고기 같은 것만 골라먹기 좋아하면서 하나님께서 모르실 것이라고 생각했습니다(사 65:3-4). 죄를 안 짓는 척하면서 죄를 짓기 때문에 하나님은 더 큰 배신감을 가지실 것입니다.

하나님은 다 아십니다. 하나님과 사람 앞에 정직하게 행하시기 바랍니다. 마음과 생각과 말과 행동을 늘 하나님 앞에서 점검하십시오.

■ 이스라엘에 대하여 이르되 순종하지 아니하고 거슬러 말하는 백성에게 내가 종일 내 손을 벌렸노라 하였느니라(롬 10:21).

가장 절망적일 때 기억해야 할 것

험한 골짜기를 걸을 때 나를 붙잡아 주는 말씀은 무엇입니까?

하나님의 사람은 어떤 어려움이 생겨도 불안하지 않고 마음에 안심이 있습니다. 긍정적인 믿음의 생각 덕분에 어떤 환경에 처해도 하나님께서 합력하여 선을 이루신다는 것을 깨닫기 때문입니다. 가장 절망적인 순간에도 하나님을 기억하기 바랍니다. 이제는 더 이상 길이 없고 끝이라는 생각이 들 때 내 의식과 내 언어, 사고의 틀 가장 깊은 곳에 계시는 하나님을 기억하십시오. 하나님은 나를 사랑하십니다. 나는 안전합니다.

하나님은 포도송이를 다 따고 나서, 포도즙이 조금 남아 있다고 그것마저 따 버리지 않겠다고 말씀하십니다. 포도즙에 축복이 남아 있습니다. 하나님께서 그것을 긍휼의 씨앗으로 삼으신다는 것입니다. 하나님의 백성이 진노를 받아서 죽게 되었어도 진노와 파멸이 전부가 아닙니다. 하나님께서는 긍휼의 포도즙을 남겨 두십니다.

우리는 하나님의 자손이요 후손입니다. 유업입니다. 정말 존재할 만한 이유가 없는 그런 죄를 지었더라도 하나님께서는 회복의 그루터기를 남겨 두시고, 포도즙을 남겨 두십니다. 거기에서 씨가 나오게 하시고 후손과 유업이 나오게 해 주신다고 약속하셨습니다. 약속의 말씀을 붙잡으십시오. 하나님은 약속하신 것은 꼭 이루시는 신실하신 분입니다.

■ 여호와께서 이와 같이 말씀하시되 포도송이에는 즙이 있으므로 사람들이 말하기를 그것을 상하지 말라 거기 복이 있느니라 하나니 나도 내 종들을 위하여 그와 같이 행하여 다 멸하지 아니하고(사 65:8).

하나님을 경외하면 평화롭습니다

당신의 인생에서 가장 평화로웠던 때는 언제이며, 그 이유는 무엇입니까?

하나님은 언제나 양떼들에게 푸른 초장과 시냇물을 준비하고 계십니다. 그런데 우리는 너무나 자주 그런 하나님을 가슴 아프게 합니다. 조금만 겸손하고 순종하면, 조금만 자기를 포기하면 좋을 텐데 결국 불순종하여 밥상을 다 뒤집어 버립니다.

이스라엘 백성도 그랬습니다. "내가 불러도 너희는 대답하지 않았고 내가 말해도 너희는 듣지 않았으며, 너희가 내 눈에 거슬리는 일을 했고 내가 기뻐하지 않는 일만 골라서 저질렀다"(사 65: 12).

여기서 중요한 것은 선택입니다. 하나님을 선택할 것이냐, 우상을 선택할 것이냐 하는 문제입니다. 무신론보다 더 무서운 것은 가짜 신입니다. 가짜 신은 우상이고 미신입니다. 오늘날 기독교의 위기는 참 하나님을 가짜 신으로 전락시켜 놓은 것입니다.

선택은 나의 몫입니다. 하나님을 선택한 주의 종들은 배불리 먹고 물을 마시고 기뻐하고 즐겁게 환호성을 지르지만, 우상을 선택한 사람들은 배고프고 목마를 것이고 부끄러움을 당할 것이며 울부짖고 통곡할 것입니다. 작은 쾌락, 작은 이익 때문에 하나님의 엄청난 축복의 그릇을 놓치지 마십시오. 하나님을 선택하십시오. 예수님을 선택하십시오. 축복을 선택하십시오.

■ 온 땅은 여호와를 두려워하며 세계의 모든 거민들은 그를 경외할지어다(시 33:8).

순종이 열쇠입니다

당신은 문제가 생기면 어떤 태도로 해결합니까?

인간이 가진 문제 중에 가장 큰 것이 불순종입니다. 사람들 속에 거역하는 마음, 반항하는 마음이 있습니다. 그래서 반항과 통곡을 통해서, 소리를 질러서 문제를 해결하려고 합니다. 사탄은 우리에게 불순종의 영을 집어넣어서 '대판 싸워라. 고발해라. 화를 내라'고 말합니다. 그래서 우리가 사는 세상을 스스로 지옥으로 만드는 것입니다. 서로 비판하고 정죄하고 고발하며 화내고 싸우면 그곳이 지옥입니다.

고난이 올 때 도리어 순종의 태도로 해결하십시오. 힘들고 어려운 문제가 닥쳤을 때 하나님의 뜻을 생각하며 고칠 것은 고치고 참아야 할 것은 참고 견디십시오. 그 고난이 축복이 될 것입니다.

순종하고 수용하고 이해하는 영이 있으면 서로 용서하고 사랑하게 됩니다. 그때 행복이 찾아옵니다. 야단칠 때는 기쁨이 오지 않습니다. 조용히 이야기하고 하나님을 생각하십시오. 예수님은 소리 지르지 않으셨습니다. 창에 찔릴 때도, 가시 면류관을 쓰실 때도, 로마 병정에게 끌려갈 때도 소리 지르지 않으셨습니다. 그냥 침묵하셨습니다. 신음소리를 내셨습니다. 그것이 순교입니다.

■ 너희가 즐겨 순종하면 땅의 아름다운 소산을 먹을 것이요(사 1:19).

나의 삶이 아름다우려면 그 속에 생명이 있어야 합니다.
생명이 있는 삶은 운동력이 있어 활발하게 움직입니다.
그 움직임을 통해 생산적인 일들이 일어납니다.
생산이란 영혼을 살리는 일이기에
생명의 삶은 영혼을 살리는 것입니다.

생명의 삶을 사십시오.
사람을 살리는 사람이 되십시오.

9월

감출 수 없는 사랑

삶의 굴곡진 여정마다
하나님이 우리와 함께하심을 기억하십시오.

0901

기도로 호흡하십시오

날마다 기도합니까? 기도를 통해 하나님께 나아가고 있습니까?

성경에는 다양한 기도가 나옵니다. 억울하고 고통스러운 현실에서 구해 달라는 탄원 기도가 가장 많이 등장합니다. 그밖에도 필요한 것을 구하는 간구의 기도, 하나님께서 베푸신 은혜에 감사하는 기도, 자신의 잘못과 허물을 고백하는 기도, 하나님께서 하신 위대한 일을 찬양하는 기도 등이 있습니다.

그 가운데 아주 유명한 기도들이 있습니다. 아브라함의 중보 기도뿐 아니라 시편 대부분을 차지하는 다윗의 기도도 유명합니다. 예수님의 탄생에 순종했던 마리아의 소원과 찬양을 담은 기도도 있습니다. 무엇보다 기도의 모델은 예수님께서 "중언부언하지 말고 이렇게 기도하라"며 가르쳐 주신 주기도문일 것입니다. 요한복음 17장에는 위대한 예수님의 중보 기도가 한 장 전체에 나옵니다.

기도는 영혼의 호흡입니다. 우리 영혼을 하나님께로 향하게 하는 양식입니다. 그래서 하나님의 사람은 기도로 숨을 쉬고 기도를 먹고 삽니다. 바울도 쉬지 말고 기도하라고 권면했습니다. 매일매일 기도로 호흡하십시오.

■ 백성들아 시시로 그를 의지하고 그의 앞에 마음을 토하라 하나님은 우리의 피난처시로다(시 62:8).

죽기 전에 꼭 해야 할 일

당신이 가장 행복한 때는 언제입니까?

인간이 가장 행복한 때는 용서받을 때입니다. 용서받을 수 없는 자가 용서받고, 가치 없는 자가 은혜를 받을 때 행복을 느낍니다. 성경도 자신의 죄와 허물을 용서받은 사람은 행복하다고 말씀합니다. 인간은 누구나 죄를 짓습니다. 숨기고 있어서 안 들키는 것뿐입니다. 그 죄를 용서받는 이가 행복한 사람입니다.

성경을 보면 권선징악이 분명해 보입니다. 악인에게는 보복하고 징계합니다. 선을 행하는 것은 권면합니다. 그러나 문제가 있습니다. 깊이 들어가 보면 인간은 윤리나 도덕을 지킬 능력이 없습니다. 선한 일을 해야한다는 것은 알지만 할 능력이 없습니다. 누구든 위선자가 될 가능성이 많습니다. 죄를 안 들키려다 보니 불안함과 죄책감을 느낍니다.

우리는 언젠가 이 세상을 떠나야 합니다. 그때 우리가 살면서 행한 것의 결과를 하나님께서 물으실 것입니다. 그러므로 죽기 전에 꼭 회개를 해야 합니다. 자신의 죄를, 악한 과거를 그냥 숨기고 떠나면 그 대가를 치러야 합니다. 예수님은 우리를 대신해 십자가에 못 박혀 돌아가시고 우리가 용서받을 길을 마련해 놓으셨습니다. 회개하고 그 길을 걷기 바랍니다.

■ 허물의 사함을 받고 자신의 죄가 가려진 자는 복이 있도다(시 32:1).

0903

심판은 하나님만이 하십니다

하나님 대신 내가 칼을 휘두르지는 않습니까?

하나님은 이스라엘을 사랑하셨습니다. 그래서 수십 년 동안 시온을 괴롭힌 에돔을 심판하셨습니다. 에돔이 멸망해야 시온이 구원을 받습니다. 자격 없고 가치 없는 시온이었지만 특별한 은혜로 구원하셨습니다.

그런데 그때 예언자가 환상을 보았습니다. 시온을 괴롭히는 에돔 땅에서 한 사람이 걸어 나오는 환상입니다. 주홍빛 옷을 입은 그 사람을 자세히 보니 광채로 옷을 입고 용맹스럽게 에돔의 수도인 보스라에서 걸어옵니다. 그러면서 "나는 정의를 말하며 구원할 만한 힘을 가진 자이다"라고 말합니다.

심판이란 정의를 말합니다. 세상에서는 정의롭지 못한 사람이 심판할 때가 있습니다. 칼을 들고 사람을 죽이고 나라를 빼앗곤 합니다. 그것은 심판이 아닙니다. 진짜 심판은 하나님의 정의가 실현되는 것입니다. 심판은 정의로운 것입니다. 복수가 아니라 정의의 결과로 이뤄지는 것입니다. 따라서 심판에는 사람이 끼어들지 못합니다. 정의로운 심판은 하나님만이 단독으로 하십니다.

■ 에돔에서 오는 이 누구며 붉은 옷을 입고 보스라에서 오는 이 누구냐 그의 화려한 의복 큰 능력으로 걷는 이가 누구냐 그는 나이니 공의를 말하는 이요 구원하는 능력을 가진 이니라(사 63:1).

조건 없는 하나님의 사랑

무언가를 잘하든 못하든 하나님께서 나를 사랑하신다는 사실을 믿습니까?

하나님께서는 에돔을 심판하시고 시온을 구원하셨습니다. 시온에게 조건 없는 은혜를 베푸셨습니다. 이스라엘은 하나님 앞에 설 자격이 없었습니다. 뭔가를 잘했다든지 선을 행한 일이 없었습니다. 하나님 앞에 설 자격이 하나도 없는데 하나님께서 그냥 받아 주셨습니다. 그것을 가리켜 은혜라고 합니다.

하나님 앞에 설 만한 것이 하나도 없을지라도 걱정하지 마십시오. 그런 사람이라도 하나님께서 받아 주시고 기도를 들어주십니다. 뭔가를 잘해야 하나님께서 기도를 들어주시는 것이 아닙니다. 하는 것마다 배신이고, 실수고, 하나님의 마음을 아프게 한 것이라도 하나님은 자신이 택한 백성을 받아 주십니다. 하나님께서 이스라엘에게, 시온에게 무조건 은혜를 베풀고 사랑하기로 결정하셨기 때문입니다.

하나님께서 사랑하신 것은 조건 때문이 아닙니다. 우리가 잘하기 때문에 받아 주시는 것이 아니라, 이미 사랑하기로 결정하셨기 때문에 받아 주십니다. 하나님은 당신이 행하는 것과 상관없이 당신을 사랑하십니다. 그것을 무조건적인 사랑이라 합니다.

■ 하나님의 사랑 안에서 자기를 지키며 영생에 이르도록 우리 주 예수 그리스도의 긍휼을 기다리라(유 1:21).

0905

고난에 동참해 주시는 하나님

어려움과 고난을 당할 때 하나님께서 함께하고 계시다는 것을 믿습니까?

하나님께서 우리를 사랑하시는 방법 중 하나는 고난에 동참하는 것입니다. 하나님은 천사를 보내지 않고 친히 사람으로 오셨습니다. 그분이 예수 그리스도이십니다. 하나님의 사랑은 관념적이지 않습니다. 하루 이틀만 사랑하신 것이 아니라 긴긴 세월 동안 고쳐 주시고 안아 주시며 긍휼을 베푸셨습니다.

누가복음에 나오는 탕자가 아버지 품으로 돌아간 것은 아버지의 오랜 기다림이 있었기에 가능했습니다. '누군가 나를 기다리고 있다. 나를 사랑하며 용서하고 있다. 절대 나를 포기하지 않고 기다리고 있다'라는 생각이 나를 타락에서 건져 줍니다. 회개하게 합니다. '저 사람 앞에 가면 내가 살겠지. 나를 용서해 주겠지. 저 사람은 나를 기다려 주겠지' 하는 생각이 나를 변화시킵니다.

하나님께서 나를 기다리십니다. 나의 고난에 함께해 주십니다. 나를 끝까지 기다리시는 그 사랑을 믿고 고난을 이겨 내십시오.

■ 내가 알거니와 여호와는 고난 당하는 자를 변호해 주시며 궁핍한 자에게 공의를 베푸시리이다(시 140:12).

0906

지금 내 곁에 계시는 하나님

주님이 너무 멀리 계시다고 느낀 적이 있습니까? 왜 그렇게 느꼈을까요?

예수님은 사람의 모습으로 우리 곁을 찾아오셨습니다. 그런데 그분의 행적과 삶은 우리를 당황하게 합니다. 그래서 니고데모는 예수님을 만났을 때 "당신은 하늘로부터 온 사람입니까? 당신이 하는 것을 보면 사람이라고 보기에는 어려울 만큼 당신 앞에서는 너무나 내 양심이 부끄럽습니다"라고 고백합니다.

하나님의 실체는 무엇입니까? 눈에 보이지 않는 어떤 신령한 존재일까요? 인간으로 오신 예수 그리스도가 바로 하나님이십니다. 하나님은 영적인 존재이십니다. 영적인 존재라는 말은 시간과 공간을 초월한다는 뜻입니다. 영적인 존재는 물질이나 육체가 아니기 때문에 안 계시는 곳이 없습니다. 온 우주와 온 지구에 계십니다.

예수님은 지금 여기에 계십니다. 우리의 예배를 들으시고 우리의 기도에 귀 기울이십니다. 우리의 상처와 고민, 다른 사람들에게는 말하지 못하는 비밀이나 아픔을 다 알고 계십니다. 그분은 하나님이시기 때문입니다.

■ 하나님은 영이시니 예배하는 자가 영과 진리로 예배할지니라(요 4:24).

0907

하나님의 형상대로 돌아갑시다

하나님께서 주신 사명을 잘 감당하고 있습니까?

인간은 하나님의 형상대로 창조되었습니다. 그것만으로도 모든 인간은 존중받아야 합니다. 그런데 죄로 말미암아 그 하나님의 형상이 파괴되었습니다. 그러나 예수님께서 오셔서 원래 하나님께서 창조하신 모습대로 회복시켜 주셨습니다. 예수님이 다시 오실 때 우리는 완전히 회복된 모습으로 하나님 앞에 설 것입니다. 우리는 모두 하나님의 형상대로 돌아가야 합니다.

간혹 인간의 비천함을 '티끌'이나 '쓰레기', '벌레'라는 표현으로 드러냅니다. 그러나 하나님은 우리를 위대한 인간으로 만드셨습니다. 작은 육체를 가지고 살지만, 상상할 수 없이 더 넓은 우주를 지배하고 다스리고 통치하는 영광스런 인간으로 만드셨습니다. 비록 죄인의 모습이지만 다시 의로워져서 이 사명과 우리의 존재 가치를 다시 회복해야 합니다.

하나님은 인간에게 복을 주시고 우주 만물을 다스리는 주체자로서의 사명을 주셨습니다. 거울을 보면서 스스로에게 "너 참 위대하다. 이렇게 위대하고 보배롭고 존귀하게 세상에 태어났구나"라고 말해 보십시오. 당신은 하나님의 형상대로 지음받은 하나님의 사람입니다.

■ 하나님이 이르시되 우리의 형상을 따라 우리의 모양대로 우리가 사람을 만들고 그들로 바다의 물고기와 하늘의 새와 가축과 온 땅과 땅에 기는 모든 것을 다스리게 하자 하시고(창 1:26).

0908

한 알의 밀알처럼 사십시오

오늘은 무엇을 포기했습니까? 자존심을 내세운 적은 없습니까?

한 알의 밀알이 땅에 떨어지는 것은 죽음을 의미합니다. 내 생각과 사상이 죽는 것입니다. 자존심을 포기하는 것입니다. 한 알의 밀알처럼 산다는 것은 간단합니다. 사라진 것처럼 사는 것입니다. 내가 오늘 지구에서 사라졌다 여기고 살아가십시오. 이것이 밀알입니다.

쉬운 일이 아닙니다. 내가 죽지 않으면 할 수 없습니다. 늘 나의 생각과 주장, 방법이 있기 때문입니다. 밀알이 되어 땅에 들어가는 것은 고통을 겪는다는 것입니다. 희생한다는 뜻입니다. 밀알이 있는 곳에는 빛이 없습니다. 이웃도 없습니다. 고독합니다. 감정조차 느껴지지 않습니다. 보이는 것이나 느끼는 것 없이 외롭게 살아야 합니다.

하지만 약속을 믿고 따라가야 합니다. 감정이 없어도 믿어야 합니다. 손에 열매가 없어도 가야 합니다. 그것이 믿음입니다. 그렇게 할 수 있습니까? 자기를 부인하고 자기의 십자가만 지고 묵묵히 가는 것, 그것이 밀알의 삶입니다. 그러나 이렇게 약속을 끝까지 붙잡고 한 알의 밀알로 살 때 상상할 수 없는 부활의 열매가 맺힐 것입니다.

■ 자기의 생명을 사랑하는 자는 잃어버릴 것이요 이 세상에서 자기의 생명을 미워하는 자는 영생하도록 보전하리라(요 12:25).

0909

내면의 집을 청소하십시오

오늘 밤에 주님이 오신다면 반갑게 맞이할 준비가 되어 있습니까?

오늘 주님이 다시 오신다면 맞을 준비가 되었습니까? 아직 준비되지 않았다는 것이 우리의 문제입니다. 주님이 다시 오실 때 우리는 준비된 신부가 되어야 합니다. 청소가 안 된 집에 갑자기 손님이 들이닥치면 얼마나 당황스럽습니까? 지혜로운 다섯 신부처럼 준비해야 합니다.

옷을 멋지게 차려 입고 향수를 뿌리고 교양 있게 만나는 것은 진짜가 아닙니다. 그것이 실제 삶이 아닙니다. 드러내지 않아서 그렇지, 우리에게는 얼마나 어두운 부분이 많습니까? 겉으로는 웃고 있지만 속으로는 상대방을 미워하는 것이 우리의 실제 모습입니다.

그러나 예수님을 하나님이라 믿는다면 이렇게 살 수 없습니다. 우리 내면의 집을 깨끗하게 청소해야 합니다. 회개해야 합니다. 그리고 더 용기 있게, 더 지혜롭게, 더 확실한 믿음을 가지고 미래에 도전해야 합니다. 그럴 때 비로소 우리 내면의 모든 고민과 근심과 걱정과 죽음에서 해방될 것입니다.

■ 그런즉 누구든지 그리스도 안에 있으면 새로운 피조물이라 이전 것은 지나갔으니 보라 새 것이 되었도다(고후 5:17).

0910

아름다운 신부

우리가 드라마나 영화에 속고 있는 것은 무엇입니까?

깨어진 가정이 참 많습니다. 이혼한 가정은 물론 사랑 없이 억지로 사는 부부도 있습니다. 자녀들 때문에 할 수 없이 산다고들 합니다. 그러니 마음속에 행복한 가정에 대한 꿈과 비전이 있을 리 없습니다.

즐겨보는 드라마의 영향인지도 모릅니다. 드라마에는 깨어진 가정, 이혼한 가정, 불륜 이야기들로 가득합니다. 그 속에는 행복한 가정을 가지겠다는 꿈이 없습니다. 드라마가 꿈을 다 지웠습니다. 그런데도 우리는 모두 드라마에 빠져 있습니다. 나쁘다고 하면서도 열심히 봅니다. 말씀을 묵상하지 않고 드라마를 묵상합니다.

하나님께서 원하시는 가정을 마음속에 그려야 합니다. 한 여자를, 한 남자를 존경하고 깊이 사랑하는 가정을 꿈꿔야 합니다. 성경에 나오는 행복한 가정에 대한 꿈과 비전이 우리에게 있어야 합니다. 우리 가정의 대장은 예수님입니다. 그리스도 안에서 부부는 서로 순종해야 합니다. 말 한마디라도 따뜻하게 하고 어루만져 주고 상처를 치유하는 행복한 부부, 행복한 가정을 이루십시오. 그 속에서 자녀들도 행복할 것입니다.

■ 마치 청년이 처녀와 결혼함 같이 네 아들들이 너를 취하겠고 신랑이 신부를 기뻐함 같이 네 하나님이 너를 기뻐하시리라(사 62:5).

0911

참 생명과 연결하는 고리

당신에게는 예수님 안에 있는 생명이 있습니까?

우주는 하나의 생명체를 이루고 있습니다. 하나님께서 '생명'으로 천지를 창조하셨기 때문입니다. 생명은 창조 사역의 핵심입니다.

생명은 죽음의 반대 개념입니다. 죄를 지은 인간은 죽음의 그림자에 놓여 있습니다. 인간의 질병과 갈등, 고독은 모두 죽음을 향해 가는 것들입니다.

그러나 생명은 창조의 능력입니다. 이미 죽은 것도 생명이 들어가면 다시 살아납니다. 예수 그리스도는 하나님의 생명으로 충만한 분이십니다. 예수 그리스도를 만나면 죽은 사람도 살아나고 병든 사람도 회복되며 귀신들도 떠나갑니다.

원래 인간은 하나님의 생명으로 태어났지만, 죄를 범함으로써 하나님의 참된 생명에서 끊어져 생물학적 생명만 남게 되었습니다. 그러므로 예수님을 믿으라고 강조하는 것은 하나님의 생명에 다시 접붙이라는 뜻입니다. 예수님 안에 있는 생명은 우리가 죽은 후 천국에 갔을 때 하나님의 참 생명과 연결하는 고리가 됩니다.

■ 그 안에 생명이 있었으니 이 생명은 사람들의 빛이라(요 1:4).

티끌로 돌아갈 존재

육신이 흙으로 만들어졌음을 실감하고 삽니까?

인간의 몸은 흙으로 만들어졌습니다. 흙은 땅에서 오는 물질, 즉 '먼지, 티끌'이라 할 수 있습니다. 도예가가 흙으로 작품을 만들듯이 하나님께서 인간을 흙으로 만드셨습니다. 건강할 때는 이 사실을 자각하지 못하다가 병들고 고통받으면 심각하게 느낍니다.

욥도 건강할 때는 깨닫지 못하다가 고통에 깊이 들어갔을 때 육신이 흙이라는 사실을 묵상합니다. 인간을 가리켜 "하물며 흙 집에 살며 티끌로 터를 삼고 하루살이 앞에서라도 무너질 자"(욥 4:19)라고 말합니다.

이렇듯 인간은 죽음이 가까우면 티끌로 돌아갈 존재임을 인정합니다. 그러나 우리는 부활할 때 다시 새 몸을 입게 됩니다. "첫 사람은 땅에서 났으니 흙에 속한 자이거니와 둘째 사람은 하늘에서 나셨느니라"(고전 15:47). 우리는 흙에서 왔고 예수님은 하늘에서 오셨습니다.

우리는 흙이라는 사실을 깨닫고 살아야 합니다. 그러나 또한 하나님의 생명을 가진 존재입니다. 흙으로 지으시고 하나님의 생명을 그 코에 불어넣어 주셨기 때문입니다(창 2:7). 인간은 단순히 흙이 아니라 하나님의 생명을 가진 존귀한 존재입니다.

■ 기억하옵소서 주께서 내 몸 지으시기를 흙을 뭉치듯 하셨거늘 다시 나를 티끌로 돌려보내려 하시나이까(욥 10:9).

0913

현재 삶의 태도

미래의 주님을 만날 때를 생각하면서 말하고 행동합니까?

미래의 대심판은 현재 내가 어떻게 사랑하고 어떻게 봉사하고 어떻게 헌신하느냐와 깊은 관계가 있습니다. 천국에 관한 열 처녀의 비유를 보십시오. 기름을 준비한 다섯 처녀는 신랑과 함께 혼인잔치에 들어가지만, 준비하지 않은 사람들은 수치를 당합니다. 기름을 준비하라는 것입니다. 즉 깨어 기도하라는 말씀입니다.

또한 예수님은 달란트 비유로 재림 준비에 대한 힌트를 주십니다. 맡겨 주신 은사들을 땅에 묻어 썩히지 말고, 세상에 나가 열심히 장사해서 이익을 남겨 하나님께 영광을 돌리라는 것입니다. 맡겨 주신 사명을 최선을 다해 감당하라는 것입니다.

양과 염소의 비유는 받은 은사를 가지고 최선을 다해 준비하라는 말씀입니다. 주님이 다시 오실 때까지 어떻게 준비해야 할까요? 굶주리고 고통당하며 옥에 갇힌 이들에게 먹을 것을 주고 위로하고 돌보며 직접적으로 도와주어야 합니다. 나의 친절한 말 한마디와 따뜻한 웃음, 다정한 손길이 필요한 이들에게 그리스도의 사랑을 전하십시오.

■ 주께서 나를 모든 악한 일에서 건져내시고 또 그의 천국에 들어가도록 구원하시리니 그에게 영광이 세세무궁토록 있을지어다 아멘(딤후 4:18).

0914

옛사람을 벗으십시오

당신은 주님을 영접한 후에도 버리지 못한 나쁜 습관이 있습니까?

거지로 살 때는 거지 문화가 있습니다. 깡통을 들고 돌아다니며 구걸합니다. 그러나 왕이 된 후에는 왕다운 생활을 해야 합니다. 우상숭배하던 사람들도 예수를 믿으면 더 이상 그렇게 살면 안 됩니다. 돈과 명예가 우상이었다면 이제 그리스도를 섬겨야 합니다. 예수를 믿기 전에 따르던 모든 습관과 문화로부터 빠져나와야 합니다.

바울은 "너희는 유혹의 욕심을 따라 썩어져 가는 구습을 따르는 옛 사람을 벗어 버리고"(엡 4:22)라고 했습니다. 자기중심에서 이제 모든 것을 예수님 중심, 이웃 중심, 교회 중심으로 생각하십시오. 자존심, 나쁜 성격, 세상적 가치관을 모두 묶어서 예수님의 십자가 밑에 던져 버리십시오. 예수님만 바라보십시오.

죄는 브레이크가 고장 난 자동차와 같습니다. 운전자가 아무리 운전을 잘하려고 해도 브레이크가 고장 났기 때문에 장애물을 피할 수 없습니다. 아무리 훌륭하고 아름다웠더라도 그것이 옛사람이고 옛것이면 주저 없이 벗어 버리십시오. 버려야 할 것들을 모두 버려야만 영원한 세계에 들어갈 수 있습니다. 이제 구원받은 자로서 생활해야 합니다.

■ 그런즉 거짓을 버리고 각각 그 이웃과 더불어 참된 것을 말하라 이는 우리가 서로 지체가 됨이니라 … 너희는 모든 악독과 노함과 분냄과 떠드는 것과 비방하는 것을 모든 악의와 함께 버리고 서로 친절하게 하며 불쌍히 여기며 서로 용서하기를 하나님이 그리스도 안에서 너희를 용서하심과 같이 하라(엡 4:25-32).

0915

순종은 우연이 아닙니다

나의 생각과 달라도 말씀에 순종할 때 어떤 일이 일어납니까?

순종의 과정은 힘들어도 그 결과는 풍성합니다. 당장은 아무것도 보이지 않아도 순종하면 열매를 맺습니다. 베드로는 그냥 순종하기로 결심했습니다. "선생님, 저희가 밤새도록 애썼지만 아무것도 잡지 못했습니다. 그러나 선생님의 말씀대로 제가 그물을 내려 보겠습니다"(눅 5:5). 순종이란 감정이 아니고 의지입니다. 분위기가 아닙니다.

순종은 우연이 아닙니다. 원하던 상황이 되어야 순종하는 것이 아니라 말씀을 따르기로 자신이 선택하는 것입니다. 상황이 어떻든 상관없이 자신의 의지로 결단하는 것입니다. 순종이란 기다림이 아니라 행동입니다. 과거 실패의 경험을 회상하지 않고 미래를 향해 새롭게 도전하는 것입니다.

순종하지 못하는 것은 도전의식이 없기 때문입니다. 우리는 늘 과거의 경험을 보고 판단합니다. 과거는 상처뿐입니다. 잊어버릴 만하면 또 끌어다 생각하고 묵상합니다. 그래서 현재가 괴롭습니다.

과거의 좋고 나쁜 사건을 모두 끊어 버리십시오. 새로운 미래를 위해 결단하고 새로운 미래를 향해 도전하고 그 방향으로 가야 합니다. 그래야 길이 열리고 복이 옵니다. 말씀대로 순종하면 불가능이 가능해집니다.

■ 그렇게 하니 고기를 잡은 것이 심히 많아 그물이 찢어지는지라 이에 다른 배에 있는 동무들에게 손짓하여 와서 도와 달라 하니 그들이 와서 두 배에 채우매 잠기게 되었더라(눅 5:6-7).

0916

무엇을 먹을까 걱정하지 마십시오

당신이 지금 구하고 있는 것은 무엇입니까?

"오직 너희는 먼저 그 나라와 그 의를 구하라. 그러면 이 모든 것도 너희에게 더해 주실 것이다"(마 6:33). 먼저 구할 것과 나중에 구할 것의 우선순위를 결정하라는 말씀입니다. 언젠가 돈을 선택할 것인지, 하나님을 선택할 것인지 결정해야 하는 갈등의 순간이 옵니다.

기억하십시오. 하나님은 절대 우리를 굶기지 않으십니다. 아프리카의 한 선교 단체는 선교사들을 그냥 아프리카 한복판에 내려놓는다고 합니다. 그 선교사들은 "하나님은 이틀 이상 굶기지 않는다"고 간증합니다. 반드시 살 길을 주시고, 사람을 보내 주시고, 먹을 것을 주시며 넉넉히 사역하도록 해 주신다고 간증합니다.

하나님이 먼저입니다. 그의 나라와 그의 의를 구하는 것이 먼저입니다. 결정적인 순간에 어느 것을 선택할 것입니까? 손해 볼지라도, 실직하더라도 사람 살리는 일, 하나님께서 기뻐하시는 일을 선택해야 합니다. 수단과 목표를 분명히 하십시오. 직업은 수단입니다. 돈은 목표가 아닙니다. 우리 목표는 하나님입니다. 말씀입니다. 하나님의 나라와 그의 의를 구하는 것입니다.

■ 그러므로 염려하여 이르기를 무엇을 먹을까 무엇을 마실까 무엇을 입을까 하지 말라 이는 다 이방인들이 구하는 것이라 너희 하늘 아버지께서 이 모든 것이 너희에게 있어야 할 줄을 아시느니라 그런즉 너희는 먼저 그의 나라와 그의 의를 구하라 그리하면 이 모든 것을 너희에게 더하시리라(마 6:31-33).

0917

은혜받지 못하는 이유

예배 시간에 은혜받지 못한다면 그 이유가 무엇일까요?

교회에 와서 왜 은혜를 받지 못하는 것일까요? 적당히 살다가 회개도 없이 내면세계를 내버려 둔 채 앉았으니 말씀이 귀에 들어오지 않고 은혜도 받지 못하는 것입니다. 얼굴에는 어두움이 가득합니다. 그러나 말씀을 듣고 회개하여 내면세계가 변하면 기쁨이 넘쳐납니다. 나쁜 습관을 고치고 나면 그냥 웃음이 나옵니다. 배고프고 입을 옷이 없고 집이 없어도 좋습니다. 연애할 때 사랑하는 사람과 밤새워 이야기해도 마냥 좋듯이 하나님을 믿는 것도 그렇습니다. 하나님의 뜻에 가깝게 살면 그렇게 기쁠 수가 없습니다.

저는 대학생 시절 예수님을 만나고는 전도에 미쳤습니다. 서울역과 남산, 사직공원 등 어디서 누구를 만나든 예수님에 대해 이야기했습니다. 집으로 가는 만원 버스 안에서도 옆 사람을 붙들고 전도했습니다. 예수님이 정말 좋았기 때문입니다.

신앙은 변화하는 것입니다. 어제와 오늘이 다르고, 오늘과 내일이 다르고, 올해와 내년이 다릅니다. 내면에서 시작해서 외적인 습관, 언어, 사고방식이 모두 변해야 합니다. 예수님을 만나 내면이 변했습니까? 그리스도 안에서 성장하고 변화하는지 점검하기 바랍니다.

■ 또한 모든 것을 해로 여김은 내 주 그리스도 예수를 아는 지식이 가장 고상하기 때문이라 내가 그를 위하여 모든 것을 잃어버리고 배설물로 여김은 그리스도를 얻고 (빌 3:8).

0918

예배는 축제입니다

예배를 드리면서 축제를 경험하십니까?

예루살렘 성벽 봉헌식을 할 때 이스라엘 백성은 기뻐서 성벽 위로 올라갑니다. 어린아이부터 어른까지 모두 나와 춤을 춥니다. 모든 악기를 동원해 하나님을 찬양합니다. 이것이 예배입니다.

우리는 어떻습니까? 점잖게 앉아 적당히 졸다가 예배가 끝나면 바로 집으로 갑니다. 간혹 설교가 길어지면 은근히 화가 납니다. 자신의 삶에만 집중하기 때문에 예배를 제대로 드릴 수 없는 것입니다. 그러니 얼굴에는 기쁨이 없고, 기쁨의 찬양도 흘러나오지 않습니다.

예배는 축제입니다. 장례식이 아닙니다. 예배는 마음의 문을 열어놓고 하나님을 원 없이, 마음껏 찬양하는 것입니다.

예배드리기 전에 정성스럽게 준비하십시오. 대통령을 만난다면 그냥 갑니까? 유명한 사람을 만날 때도 옷매무새를 가다듬고 만반의 준비를 합니다. 그런데 하나님은 아무 정성 없이 만나는 경우가 많습니다.

경건하게 예배를 준비하십시오. 그리고 진심으로 하나님을 기뻐하고 즐거워하며 감격하십시오. 예배는 축제입니다.

■ 예루살렘 성벽을 봉헌하게 되니 각처에서 레위 사람들을 찾아 예루살렘으로 데려가다 감사하며 노래하며 제금을 치며 비파와 수금을 타며 즐거이 봉헌식을 행하려 하매(느 12:27).

0919

내가 사는 곳 변화시키기

지금 사는 지역을 위해 어떤 일을 하고 있습니까?

영국에서 참으로 귀한 가정교회, 셀 그룹을 보았습니다. 어떤 셀은 10명 정도 성도가 모이는데, 모두 한 아파트로 이사를 갑니다. 모여 기도하고, 그 동네를 청소하고, 아픈 사람을 도와줍니다. 동네 사람들이 그들을 궁금해 했습니다. 곧 그 동네가 복음화되었습니다. 그들은 오직 '어떻게 내가 사는 도시를 변화시킬 것인가'를 생각하면서 복음을 전했습니다.

느헤미야는 성벽 건축을 마친 뒤 성안을 살폈습니다. "그 성은 크고 넓은데 성안에 사는 사람들은 얼마 없고 제대로 지은 집들도 아직 얼마 없었습니다"(느 7:4). 예루살렘 성안이 형편없었다는 말입니다. 그러나 이스라엘 백성은 성전과 그 도시가 중요하다는 것을 알고 자원해서 그곳에 살았습니다. 폐허된 도시, 잡풀이 무성한 도시, 습격당한 도시, 아무것도 남아 있지 않은 도시에 가서 그 도시를 살려놓은 것입니다.

천국의 기쁨을 아는 사람만이 할 수 있는 일입니다. 하나님의 말씀 앞에 회개한 사람만이 그 세계를 볼 수 있기 때문입니다. 우리가 사는 지역을 위해 내가 할 수 있는 일이 무엇인지 생각해 보십시오. 그리고 작지만 시작해 보십시오. 작은 실천이 필요합니다.

■ 천국은 마치 밭에 감추인 보화와 같으니 사람이 이를 발견한 후 숨겨 두고 기뻐하여 돌아가서 자기의 소유를 다 팔아 그 밭을 사느니라(마 13:44).

0920

지금 천국을 누리는 기도

내 가정과 직장은 천국입니까? 주님의 통치 아래 있습니까?

주님을 믿는 두세 사람이 모인 곳에서도 천국을 경험할 수 있습니다. 실수하고 갈등하는 부족한 우리지만, 함께 모여 말씀을 중심으로 기도하고 사랑할 때 새로운 하나님의 세계를 경험합니다. 참으로 놀랍습니다. 사도 바울은 감옥에 있으면서도 천국을 경험했습니다. 환경이 중요하지 않습니다. 조직이 중요하지 않습니다. 예수님께서 통치하고 지배하시면 그곳이 천국입니다.

구원받았는데도 지금 사는 세상에서 지옥을 산다면 얼마나 큰 불행입니까? 내가 처한 그곳에서 천국을 누려야 합니다. 가정은 천국의 축소판이며 교회는 하나님 나라 백성이 모인 곳입니다. 어떤 형편에 있더라도 주님의 통치가 이뤄지도록 기도하십시오.

"주님, 저는 예수님을 믿고 구원을 받았다고 하면서도 여전히 제 생각, 제 고집, 제 방법대로 살아왔습니다. 그래서 깊은 갈등과 고민 속에 빠져 있습니다. 지금 제게 오셔서 저를 통치하옵소서. 천국이 제 마음과 가정에, 제가 사는 이 세계에 있게 하여 주옵소서. 저 자신의 왕좌에서 내려와 주님께 순종하겠나이다. 예수님의 이름으로 기도합니다."

■ 심령이 가난한 자는 복이 있나니 천국이 그들의 것임이요(마 5:3).

0921

하나님의 자녀가 되는 축복

내 이름이 천국 호적에서 흐려지지 않기 위해 어떻게 해야 할까요?

천국에 갈 수 있는 사람은 누구일까요? 불교에서는 적선(積善), 즉 선을 쌓아서 극락에 간다고 합니다. 하지만 이 세상 그 누구도 선행으로 천국에 갈 수 없습니다. 오직 하나님을 아버지로 삼은 자녀들만 천국에 갑니다. 하루 일과를 마치고 내 집으로 가는 것이 당연하듯, 이 땅에서 생을 마치고 돌아갈 곳은 내 아버지의 집, 바로 나의 집인 천국입니다. 진짜 축복은 하나님의 자녀가 되는 것, 하나님의 자녀로 입양되는 것입니다.

예수님을 믿어 하나님의 자녀가 되는 것은 이성이나 경험으로 받아들일 수 있는 것이 아닙니다. 그래서 하나님을 믿는 것은 기적이라 할 수 있습니다. 하나님의 자녀가 되면 하나님께서 우리를 상속자로 삼으시고, 아버지의 집인 천국까지 가게 하십니다. 지옥도 실체요, 천국도 실체입니다. 관념이나 개념이 아닙니다. 천국 호적에 당신의 이름이 올려지길 원합니다. 하나님 나라를 유업으로 받을 하나님의 자녀가 되십시오.

■ 육체의 일은 분명하니 곧 음행과 더러운 것과 호색과 우상 숭배와 주술과 원수 맺는 것과 분쟁과 시기와 분냄과 당 짓는 것과 분열함과 이단과 투기와 술 취함과 방탕함과 또 그와 같은 것들이라 전에 너희에게 경계한 것 같이 경계하노니 이런 일을 하는 자들은 하나님의 나라를 유업으로 받지 못할 것이요(갈 5:19-21).

지옥 설교를 꺼리는 이유

천국과 지옥을 관념적으로 생각하고 있지 않습니까?

한 번 죽는 것은 사람에게 정하신 일이요 그 후에는 심판이 있습니다(히 9:27). 천국이 있지만 동시에 지옥도 있습니다. 믿음으로 받아들여야 합니다. 그런데 현대인은 지옥에 관한 설교를 싫어합니다. "목사님, 지옥에 관한 설교는 하지 마십시오. 그거 참 재수 없습니다"라고 말하는 이들이 있습니다. 목사들은 교인들이 떠날까 봐 지옥에 관한 설교를 하지 않습니다. 지옥에 갈 것 같은 잠재된 불안감 때문에 죽음과 지옥에 대한 설교를 꺼리나 봅니다.

많은 현대인이 천국도 믿지 않지만 내세도 인정하려고 하지 않습니다. 상대적으로 그들에게 죄의식이 있기 때문입니다. 그래서 죄나 지옥, 죽음에 관한 얘기를 하면 아주 듣기 싫어합니다. 그러나 천국에 갈 사람은 심판 설교를 아무리 해도 두렵지 않습니다. 구원이 심판을 초월하기 때문입니다. 주님이 다시 오셔서 우리를 영접하시고 구원하실 것을 믿기 때문입니다.

예수님을 믿는 우리는 어느 날 다가올 죽음의 순간을 지나 하나님 나라에 들어갈 것을 믿습니다.

■ 이에 그 거지가 죽어 천사들에게 받들려 아브라함의 품에 들어가고 부자도 죽어 장사되매 그가 음부에서 고통 중에 눈을 들어 멀리 아브라함과 그의 품에 있는 나사로를 보고 불러 이르되 아버지 아브라함이여 나를 긍휼히 여기사 나사로를 보내어 그 손가락 끝에 물을 찍어 내 혀를 서늘하게 하소서 내가 이 불꽃 가운데서 괴로워하나이다(눅 16:22-24).

0923

씨 뿌리는 비유의 비밀

성경에서 말씀하는 천국의 비밀을 어떻게 이해하고 있습니까?

예수님께서는 제자들에게 친히 천국에 관한 비유를 설명하셨습니다. 그 중에서 씨 뿌리는 비유를 통해 천국에 대해 살펴보겠습니다.

첫째, 천국 말씀은 누구에게나 똑같이 뿌려졌습니다. 일부러 길가나 돌밭, 옥토에 뿌린 것이 아닙니다. 똑같이 천국 말씀을 뿌렸는데 사람 마음이 다른 것입니다. 복음은 누구에게나 뿌려져야 합니다. 복음을 듣지 못해 천국을 소유할 수 없다면 그것은 우리의 책임입니다. 그래서 예수님께서는 모든 족속으로 제자를 삼으라고 말씀하셨습니다.

둘째, 선포된 말씀을 모든 사람이 겸손하게 받아들이는 건 아닙니다. 각자 마음 상태에 따라서 말씀을 받아들이는 정도가 다릅니다. 모두 옥토처럼 준비된 마음이면 얼마나 좋겠습니까? 안타깝게도 그렇지 않습니다. 그러므로 나 자신을 부수어 달라고 기도해야 합니다. "주여, 제 자신을 깨어 주옵소서. 제가 저를 깰 수 없으니 길가처럼 단단한 제 마음을 오늘 부숴 주시옵소서."

셋째, 말씀을 바르게 깨달을 때 비로소 천국에 눈뜨고 천국의 기적과 능력을 체험합니다. 그 천국은 죽어서 맛보는 것이 아니라 지금 이 자리에서 누리며 경험하는 것입니다. 천국은 막연한 개념이 아니라 실제입니다.

■ 예수께서 비유로 여러 가지를 그들에게 말씀하여 이르시되 씨를 뿌리는 자가 뿌리러 나가서(마 13:3).

0924

은혜는 감사를 낳습니다

오늘 하루 동안 감사할 것들을 찾아보십시오.

아무리 복을 많이 받아도 감사할 줄 모르는 사람이 있는 반면, 작은 것에도 감사하는 사람이 있습니다. 감사가 없는 사람은 늘 불평하고 원망하지만, 감사가 있는 사람에게는 감동과 눈물과 감격이 있습니다. 감사는 어떻게 생길까요? 대답은 하나입니다. 은혜를 받아야 감사의 고백이 나옵니다.

은혜는 감사를 낳습니다. 은혜를 받으면 자신도 모르게 감사가 흘러넘칩니다. 감사는 감사를 낳고, 원망은 원망을 낳습니다. 감사하면 겸손해지지만 감사가 없으면 항상 교만합니다. 감사하느냐 안 하느냐는 내 자유이고 선택입니다. 감사를 선택하면 계속해서 감사와 축복이 따라옵니다. 그러나 작은 일에도 원망하고 불평하면 이상하게도 일할 때마다 원망과 불평만 눈에 보입니다.

은혜는 조건이 없습니다. 대가 없이 주어집니다. 자격이 없는데도 끼워 준 것입니다. 새치기 같다고도 할 수 있습니다. 내 실력으로는 떨어져야 하고 그 자리에 갈 수 없는데, 생각지도 못하게 붙었고 생각지도 못하게 살아난 것입니다. 죽었다 살아났는데 어찌 감사가 안 터져 나오겠습니까. 이것이 은혜입니다.

■ 우리 주의 은혜가 그리스도 예수 안에 있는 믿음과 사랑과 함께 넘치도록 풍성하였도다(딤전 1:14).

0925

말씀 앞으로 돌아가십시오

말씀의 거울이 당신을 깨우고 울린 적이 있습니까?

말씀 앞에서 자신을 돌아보고 죄로부터 완전히 돌아서는 것, 그것이 진정한 회개입니다. 많은 사람이 금식이다 철야다 하면서 한바탕 울며 가슴을 치고 기도하고는 다시 옛날로 돌아갑니다. 오늘 회개해도 며칠 지나면 다시 옛날로 돌아가는 것이 인간의 본성입니다. 그래서 이스라엘 백성은 자신의 잘못을 잊지 않기 위해 문서로 작성했습니다(느 9:38). 다시는 옛날처럼 살지 않겠다고 서명했습니다.

지금은 회개하고 말씀으로 돌아가야 할 때입니다. 크리스천에게 진정한 개혁은 말씀으로 돌아가는 것입니다. 청교도 정신을 회복해야 합니다. 미국뿐 아니라 많은 선진국들이 마약과 매춘, 동성애 등 하나님께서 싫어하시는 죄악으로 온통 뒤덮여 있습니다. 과거에 하나님께서 축복하셨더라도 신앙을 포기하면 앞으로 큰 어려움을 겪을 수밖에 없습니다.

우리나라도 마찬가지입니다. 하나님을 붙잡지 않아도 우리 능력으로 살 수 있다는 교만으로 가득 차 있습니다. 하나님 말씀을 별로 중요하게 생각하지 않는 시대입니다. 지금 한국 교회는 바람 앞에 있는 촛불처럼 위태롭습니다. 말씀을 버렸기 때문입니다. 지금은 말씀으로 돌아가야 할 때입니다.

■ 내 백성이 두 가지 악을 행하였나니 곧 그들이 생수의 근원되는 나를 버린 것과 스스로 웅덩이를 판 것인데 그것은 그 물을 가두지 못할 터진 웅덩이들이니라(렘 2:13).

0926

근심을 주님께 던져 버리십시오

아직도 주님께 맡기지 못한 걱정과 근심의 짐이 있습니까?

이 세상에 걱정 근심 없는 사람이 누가 있겠습니까? 그러나 그런 일이 있을 때 세상 사람들처럼 악을 악으로 대하지 마십시오. 근심 걱정을 모두 주님께 맡기고 하나님의 능력 안에서 겸손하십시오. 그러면 계속 당할 것 같지만 그렇지 않습니다. 그때마다 하나님께서 우리를 살게 하시고, 높이 세우시고, 은혜를 베푸십니다. 고난은 잠깐입니다. 근심을 주님께 맡기십시오.

CCC를 창설한 빌 브라이트 목사에게 어느 날 한 신문기자가 찾아왔습니다. 의도적으로 "당신에게는 근심 걱정이 없습니까?"라고 질문했습니다. 빌 브라이트는 "전혀 없다"고 대답했습니다. 모순된 말처럼 들립니다. 인간인데 어찌 근심이 없겠습니까? 기자는 그를 골탕 먹이려고 집요하게 추궁합니다. 빌 브라이트는 "하나님께서 '네 근심과 걱정을 주께 맡겨 버리라'고 하셨다. 나는 그분께 내 근심 걱정을 모두 맡겨서 문제가 없다"고 대답했습니다.

우리는 때때로 걱정 근심을 스스로 붙들어 맵니다. 빨리 주님께 던져 버리십시오. 주님이 해결하십니다. 고난이 깊을수록 하나님을 바라봐야 합니다. 우리를 온전하게 하시고 굳건히 세우시고 강하게 하실 주님을 믿고 의지해야 합니다.

■ 그러므로 하나님의 능하신 손 아래에서 겸손하라 때가 되면 너희를 높이시리라 너희 염려를 다 주께 맡기라 이는 그가 너희를 돌보심이라(벧전 5:6-7).

0927

약점까지 껴안은 사랑

하나님의 은혜의 보좌 앞에 담대히 나아갈 수 있습니까?

진정한 사랑은 상대방의 좋은 점뿐 아니라 약점까지도 사랑합니다. 좋은 점에 반해 쉽게 결혼하려는 사람들에게 저는 "상대방의 약점, 부족한 점까지도 사랑할 수 있을 때까지 기다리십시오"라고 권면합니다. 상대방 약점까지 사랑할 수 있을 때 진정한 사랑이 생깁니다.

주님은 우리 겉모습만 보고 사랑하신 것이 아닙니다. 좋은 점만 보신 것도 아닙니다. 우리의 연약함을 잘 알면서도 사랑하십니다. 이것이 진짜 사랑입니다. 누군가 내 좋은 점만 보고 사랑한다면 혹시 약점이 드러나 그 사람을 실망시킬까 봐 전전긍긍할 것입니다. 그러나 하나님은 우리 약점을 다 아시면서도 우리를 사랑하셨습니다. 우리가 아직 죄인 되었을 때에 이미 우리를 사랑하셨습니다(롬 5:8).

우리가 은혜의 보좌 앞에 담대히 나아갈 수 있는 것은 바로 그 긍휼과 자비와 절대 사랑 때문입니다. 내가 어떤 모습이라도 다 받아 주시는 주님의 사랑 때문에 우리는 하나님 안에서 언제나 안전합니다.

■ 그러므로 우리는 긍휼하심을 받고 때를 따라 돕는 은혜를 얻기 위하여 은혜의 보좌 앞에 담대히 나아갈 것이니라(히 4:16).

0928

기적을 믿는 믿음

당신은 삶 속에서 신앙의 기적을 경험한 적이 있습니까?

성경에는 크고 작은 기적들이 기록되어 있습니다. 그 중에서 가장 대단한 기적은 단연 하나님의 천지 창조와 예수 그리스도의 부활 사건입니다. 하나님은 말씀으로 천지를 창조하셨습니다. 예수 그리스도는 죽은 자들 가운데 가장 먼저 부활하셨습니다. 이 두 사건만 제대로 믿으면 다른 기적들은 거저 이해할 수 있습니다.

기적은 자연과 반대되는 개념입니다. 그래서 초자연적인 사건이라고 말합니다. 기적은 인간의 이성이나 상식, 경험 등으로 이해할 수 없습니다. 오직 영적인 눈으로만, 믿음으로만 이해할 수 있는 영역입니다.

예수님의 부활도 아무나 이해할 수 있는 것이 아닙니다. 오직 성령을 받은 사람만이 이해할 수 있습니다. 인간의 본성이나 경험에는 부활이 없기 때문입니다. 우리 안에 살리시는 영이 있으면 예수님처럼 우리도 부활합니다(롬 8:11).

■ 이에 예수께서 그들의 눈을 만지시며 이르시되 너희 믿음대로 되라 하시니(마 9:29).

0929

두려워하지 않아도 되는 근거

지금 나를 두렵게 하는 것은 무엇입니까?

어려운 일을 만날 때 두려워하지 않아도 됩니다. 하나님께서 나와 함께 하시기 때문입니다. 고통 중에는 하나님께서 보이지 않고 멀리 계시는 것 같습니다. 그러나 하나님께서 직접 "걱정하지 마라. 나는 네 하나님 이다. 내가 너를 강하게 하고 너를 도와주겠다!"라고 말씀하십니다(사 41:10).

하나님을 믿으면 어려움이 없거나 고통이 즉시 사라지는 것이 아닙니다. 고통과 어려움은 여전합니다. 그러나 하나님께서 그 고난을 이길 힘과 능력을 주십니다. 나를 굳세게 하십니다. 나를 붙들어 주십니다. 내가 하나님을 붙잡은 것이 아니라 하나님께서 나를 붙들어 주신 것입니다. 내가 붙잡은 것이면 놓칠 수 있는데, 하나님께서 붙잡으시니 내가 힘이 없어도 끄떡없습니다. 전쟁은 여호와께 속한 것입니다. 내가 싸우는 것이 아니라 우리 안에 계신 예수 그리스도께서 싸우시는 것입니다.

하나님께서 "두려워하지 마라. 내가 너를 강하게 하고 너를 도와주겠다. 내 의로운 오른손으로 너를 붙들어 주겠다"라고 말씀하셨으니, 믿으십시오. 그 믿음을 택하십시오. 그러면 인생이 축복으로 변하기 시작합니다.

■ 너는 갑작스러운 두려움도 악인에게 닥치는 멸망도 두려워하지 말라 대저 여호와는 네가 의지할 이시니라 네 발을 지켜 걸리지 않게 하시리라(잠 3:25-26).

0930

감출 수 없는 사랑

하나님의 사랑을 받은 자로서 이웃에게 사랑을 베풀며 살고 있습니까?

하나님의 사랑은 넓고 커서 인간의 언어로 다 설명할 수 없습니다. 한 찬송가 작가는 "하늘을 두루마리 삼고 바다를 먹물 삼아도 한없는 하나님의 사랑 다 기록할 수 없겠네"라고 노래했습니다.

하나님을 알면 알수록 그 깊이와 넓이와 그 사랑을 측량할 길이 없습니다. 하나님은 우리를 무조건적으로 사랑하기로 결정하셨습니다. 이것이 하나님의 사랑이요, 선택이요, 부르심입니다.

우리가 예수님을 믿게 된 것은 전적으로 하나님께서 우리를 사랑하셨기 때문입니다. 하나님은 인간을 너무 사랑하셔서 독생자 예수 그리스도를 이 땅에 보내셨습니다. 가장 아끼고 사랑하시는 것을 인간에게 주신 것입니다. 죄에 빠진 인간을 구원하시기 위한 하나님의 사랑은 이처럼 놀랍고 위대합니다.

그 사랑을 받은 우리는 오직 한 가지 일을 해야 합니다. 하나님께서 우리를 사랑하신 것같이 이웃을 사랑하는 것입니다. 예수님의 사랑을 나눠 주고 전함으로써 세상을 변화시켜야 합니다. 그것이 크리스천과 교회가 세상을 위해 해야 할 가장 중요한 일입니다.

■ 곧 창세 전에 그리스도 안에서 우리를 택하사 우리로 사랑 안에서 그 앞에 거룩하고 흠이 없게 하시려고(엡 1:4).

10월

참된 순종을 실천하는 삶

좋은 주인에게만 순종할 것이 아니라
미운 사람, 불편한 사람에게도 순종하십시오.

1001

쉬지말고 기도하십시오

당신은 오늘 언제 기도했습니까?

기도는 생명줄입니다. 기도는 하나님과 함께하는 대화입니다. 기도하지 않는 것은 숨을 쉬지 않는 것과 같습니다. 사람이 호흡할 때 산소는 받아들이고 탄산가스를 내보내듯이 기도할 때 영혼의 생기는 받아들이고 영혼의 악취를 내보냅니다. 또한 기도하면 하나님이 보입니다. 기도하면 응답이 옵니다. 기도하면 불가능한 문제들이 해결됩니다.

사실 인간은 본능적으로 기도하게 되어 있습니다. 누구나 급하면 기도합니다. 자신의 힘으로 해결할 수 없으면 예수님을 믿지 않아도 누구나 기도합니다. 기도할 만한 때에 기도하는 것은 자연인입니다. 그러나 거듭난 사람은 쉬지 않고 기도합니다. 성경은 '네가 어렵고 힘드니까 기도하라'는 것이 아니라 '믿음으로 의지적으로 결단하여 쉬지 말고 기도하라'고 말합니다.

기도는 인격적 대화입니다. 기도는 사랑의 고백입니다. 기도는 찬양의 예배입니다. 기도는 성령의 감동입니다. 기도는 회개의 고백입니다. 기도는 의지의 결단입니다. 필요할 때, 위기 때, 주술적으로 기도하는 것이 아니라 성령의 이끄심이 있는 믿음의 기도를 해야 합니다. 약속의 기도, 쉬지 않는 기도를 할 수 있도록 성령님의 도우심을 구하십시오.

■ 쉬지 말고 기도하라(살전 5:17).

1002

모든 일에 감사하십시오

오늘 하루를 보내면서 하나님께 어떤 감사기도를 드리고 싶습니까?

무엇이든지 감사로 바꾸십시오. 힘든 일이 생기면 그것도 감사하십시오. 우리는 슬플 것이 없습니다. 힘들 것이 없습니다. 누가 나를 괴롭히면 "할렐루야, 감사합니다. 이것도 감사하고 저것도 감사하고 다 감사합니다"라고 선포하십시오. 무덤에 들어갈 때까지 그렇게 감사할 수 있어야 합니다. 감사는 찬양이요, 예배입니다.

누가복음 17장을 보면 문둥병에 걸린 사람 열 명이 예수님께 사정을 해서 병이 다 나았습니다. 그런데 병 고침을 받고 감사하러 돌아온 사람은 한 사람뿐이었습니다. 예수님께서는 "아홉은 어디 갔느냐"라고 찾으셨습니다. 이것은 "왜 아홉은 감사를 하지 않느냐"는 뜻입니다. 예수님께서는 감사하는 자를 찾으십니다. 우리는 아홉에 속한 사람이 아니라 예수님께 감사하는 한 사람이 되어야 합니다.

시편 136편을 보면 모든 절이 감사로 가득 차 있습니다. 그러나 우리는 감사를 골라서 합니다. 숨 쉬는 것, 살아 있는 것, 내가 생각하는 것, 모든 것에 감사하십시오. 감사는 모든 슬픔을 기쁨으로 바꿉니다. 모든 비참함을 영광스러운 것으로 바꿉니다. 감사는 행복의 조건입니다.

■ 아무 것도 염려하지 말고 다만 모든 일에 기도와 간구로, 너희 구할 것을 감사함으로 하나님께 아뢰라(빌 4:6).

1003

먼저 죄를 고백하십시오

아무리 기도해도 응답이 안 되는 기도 제목은 무엇입니까?

우리 안에 죄가 숨어 있으면 아무리 소리쳐도 하나님께서 듣지 않으십니다. 그러나 내 안에 숨어 있는 죄를 고백하고 인정하고 드러내면 축복이 강물처럼 흘러넘칩니다.

  그릇을 깨끗이 닦아야 맛난 음식을 담을 수 있습니다. 하나님께서는 우리에게 깨끗한 그릇을 원하십니다. 화려한 그릇이 아닙니다. 금식으로, 방언으로, 봉사로 하나님의 마음을 사려고 하지 마십시오. 하나님 마음에 들려면 깨끗해야 합니다. 순결해야 합니다. 거룩해야 합니다. 진실해야 합니다. 자기 죄를 감추는 사람은 무슨 일을 해도 되지 않습니다. 그러나 자기 죄를 고백하는 사람은 무슨 일이든지 잘됩니다. 축복이 흘러넘칩니다.

  하나님 앞에서 죄를 고백하는 것을 두려워하지 마십시오. 하나님 앞에서 당신의 허물을 드러내는 것을 부끄러워하지 마십시오.
  기도에 능력이 없다면 하나님 탓이 아닙니다. 하나님께서는 다 보고 다 듣고 계십니다. 하나님과 나 사이에 있는 죄를 고백하는 것, 그것이 기도의 열쇠입니다.

■ 오직 너희 죄악이 너희와 너희 하나님 사이를 갈라 놓았고 너희 죄가 그의 얼굴을 가리어서 너희에게서 듣지 않으시게 함이니라(사 59:2).

1004

광야를 지나고 있습니까?

지금 풀리지 않는 일 때문에 답답합니까? 그것은 무엇입니까?

크리스천의 삶에는 두 가지 주제가 있습니다. 첫째는 고통입니다. 고통은 끊임없이 파도처럼 몰려옵니다. 하나를 해결한 것 같으면 또 찾아옵니다. 이 고통을 어떻게 받아들여야 하는가가 중요합니다. 둘째는 기다림입니다. 우리는 마음이 조급합니다. 정해 놓은 시간 안에 해결되기를 원합니다. 그러나 하나님의 시간이 있습니다. 그런데도 우리는 내 시간에 따라 움직여 달라고 아우성을 칩니다.

예수님을 믿게 되는 것은 한순간입니다. 그러나 닮아 가는 것은 평생 걸립니다. 우리가 죄인이라 할지라도 예수님을 믿으면 구원받습니다. 그러나 우리는 고통을 겪습니다. 예수님 없이 살았던 삶이 뒤틀렸고 엉망이기 때문입니다. 본질적으로는 모두 죄 때문입니다. 때로는 하나님께서 우리를 성숙시키기 위해 고통의 터널로 들어가게 하실 때가 있습니다.

하나님은 이스라엘 백성을 구원하셨지만 젖과 꿀이 흐르는 약속의 땅에 곧바로 인도하시지 않았습니다. 바로 여기에 영적 의미가 있습니다. 광야에는 비밀이 많습니다. 그것을 하나하나 발견하면서 하나님의 때를 기다리면 아무리 힘들고 고통스러운 상황에서도 세상과 비교할 수 없는 환희, 기쁨, 감동, 능력을 얻게 됩니다. 고통스런 광야를 지나면서 하나님께서는 이스라엘 백성을 하나님의 백성으로 만들어 가셨습니다.

■ 네 하나님 여호와께서 이 사십 년 동안에 네게 광야 길을 걷게 하신 것을 기억하라 이는 너를 낮추시며 너를 시험하사 네 마음이 어떠한지 그 명령을 지키는지 지키지 않는지 알려 하심이라(신 8:2).

1005

하나님 유비쿼터스 시대

문명의 이기가 어떻게 당신의 평안을 빼앗고 있습니까?

하나님의 속성 중 대표적인 것이 '영원성'(Eternal) 입니다. 인간은 시간과 공간이라는 틀 안에 살고 있습니다. 하지만 하나님은 시작도 끝도 없습니다. 그래서 '알파요 오메가'라 부릅니다. 무소부재(無所不在)의 속성도 있습니다. 여기서 '유비쿼터스'라는 말이 나옵니다. 하나님은 어디든지, 언제든지 다 계신다는 뜻입니다.

하지만 세상은 하나님 대신 기계가 편재하는 시대를 '유비쿼터스 시대'라고 부릅니다. 기계가 모든 걸 다해 주는 편안한 시대가 온다면 어떻게 될까요? 사람들이 더 허무주의로 빠질 것 같습니다. 문명의 이기가 그렇게 많은데도 마음에 평안이 없게 되는 것입니다.

편안과 평안은 다릅니다. 참된 평안은 우리를 편안하게 하는 물질이나 과학 기술에서 오는 것이 아닙니다. 오직 하나님을 경험할 때 찾아옵니다. 기계가 아니라, 어디서나 편재하시는 하나님을 경험하는 진정한 유비쿼터스 시대를 개척하십시오.

■ 내가 너희에게 분부한 모든 것을 가르쳐 지키게 하라 볼지어다 내가 세상 끝날까지 너희와 항상 함께 있으리라 하시니라(마 28:20).

1006

소망은 비전입니다

오늘 당신이 새롭게 가져야 할 소망은 무엇입니까?

사람에게는 소망이 없으면 미래도 없습니다. 소망은 아직 이루어지지 않은 것입니다. 미래는 아무도 가본 사람이 없습니다. 그렇다면 미래는 누가 갑니까. 바로 소망을 가진 사람만이 미래로 갑니다.

　소망은 다른 말로 비전이라고 합니다. 현실의 고통과 어려움은 이러한 소망과 비전으로 극복해 갈 수 있습니다. 소망은 등대와 같습니다. 소망은 미래의 닻입니다. 가장 불쌍한 사람은 소망이 없는 사람입니다. 성경에는 "비전이 없는 민족은 망한다"는 말씀이 있습니다.
　엄청난 자원이 있다고 일등 국가가 아닙니다. 자원이나 환경이 일등 국가를 만드는 것이 아닙니다. 소망이 미래의 문을 엽니다.

　그렇다면 소망은 어디서부터 올까요? 바로 예수 그리스도입니다. 그분 안에는 믿음, 소망, 사랑이 다 있습니다. 그래서 이상하게 예수님을 만나면 자기도 모르는 사이에 믿음이 생깁니다. 그리고 그 믿음은 소망과 사랑으로 이어집니다. 오늘 저녁 예수님께서 주시는 소망을 품으십시오. 그 소망을 하나님께서 이루실 것입니다.

■ 너희는 그를 죽은 자 가운데서 살리시고 영광을 주신 하나님을 그리스도로 말미암아 믿는 자니 너희 믿음과 소망이 하나님께 있게 하셨느니라(벧전 1:21).

1007

생명의 메신저

내가 기뻐하는 이 구원의 소식을 누구에게 알리겠습니까?

메신저란 메시지만큼 중요합니다. 아무리 중요한 메시지여도 그것을 전하는 메신저가 없으면 그 메시지는 사라질 것입니다.

기원 전, 그 유명한 마라톤 광장에서 그리스는 기병 만 명을 데리고 페르시아 십만 대군과 전투를 했습니다. 그리고 기적처럼 만 명의 그리스 기병이 십만 명의 페르시아 대군을 협곡으로 끌고 들어가서 무찌릅니다. 이때 그리스의 한 병사가 아테네까지 약 40km 이상을 단숨에 달려와 승전보를 전하고 죽었다고 합니다. 이 그리스의 메신저를 기리기 위해 42.195km를 경주하는 마라톤 종목이 생겼습니다. 마라톤은 올림픽 경기에서 중요한 피날레 경기가 되었습니다.

하나님께서 우리 인간을 구원하기 위해 메신저를 보내셨는데, 바로 예수 그리스도입니다. 예수님은 공생애 기간 동안 하나님 나라의 메시지를 전하는 메신저셨습니다. 자신의 목숨을 버리시면서 영원한 생명을 인류에게 전한 생명의 메신저셨습니다. 예수님은 부활하셔서 지금도 온 인류에게 생명을 주시는 영원한 메신저이십니다. 이제 우리 차례입니다. 기쁘고 복된 메시지를 전하는 예수님의 메신저가 되십시오.

■ 좋은 소식을 전하며 평화를 공포하며 복된 좋은 소식을 가져오며 구원을 공포하며 시온을 향하여 이르기를 네 하나님이 통치하신다 하는 자의 산을 넘는 발이 어찌 그리 아름다운가(사 52:7).

1008

행복한 삶을 누리기 위한 공식

지금 당신의 인생에 목표와 방향이 있습니까? 무엇입니까?

우리 인생에 있어서 몇 가지 중요한 공식이 있습니다.

첫째, 속도보다 중요한 것은 방향입니다. 속도를 따라 살면 사고가 나기 쉽습니다. 정해진 속도 이상을 달리면 주변을 볼 수 없습니다. 속도는 쾌감을 줍니다. 속도는 승리감을 줍니다. 그러나 속도는 어느 한순간에 사고를 부릅니다.

둘째, 성취보다 중요한 것은 의미입니다. 우리는 무언가를 성취하기 위해 엄청나게 노력합니다. 하지만 성취보다 의미가 더 중요합니다. 지금 당신이 하는 일은 어떤 의미가 있습니까?

셋째, 쾌락보다 중요한 것은 감동입니다. 내가 좀 못 먹고, 가진 것이 없고, 건강을 잃었다 할지라도 자신을 돌아보며 감동의 눈물을 흘릴 수 있다면 얼마나 좋겠습니까? 그런 감동이 사람을 변화시킵니다.

넷째, 소유보다 중요한 것은 나눔입니다. 많이 소유하면 행복할까요? 그렇지 않습니다. 많이 소유할수록 불안해집니다. 지식도 마찬가지입니다.

행복한 삶을 누리는 방법은 생각보다 간단합니다. 단순한 몇 가지 공식만 지키면 인생의 목표와 방향을 잘 잡아 갈 수 있습니다.

■ 주의 빛과 주의 진리를 보내시어 나를 인도하시고 주의 거룩한 산과 주께서 계시는 곳에 이르게 하소서(시 43:3).

1009
하나님을 믿고 싶다면

당신은 하나님을 어떻게 믿게 되었습니까?

하나님께서 우주를 창조하시고 또한 나를 창조하셨습니다. 그분의 아들 예수 그리스도는 나와 세상을 구했습니다. 이 사실을 어떻게 이해할 수 있을까요? 기도하십시오. 하나님을 믿고 싶다고 기도하십시오. 성경에 이런 말이 있습니다. "귀를 지으신 분이 듣지 못하시겠느냐? 눈을 지으신 분이 보지 못하겠느냐?"(시 94:9).

볼 수 없는 분이 어떻게 보는 눈을 만들었겠느냐는 것입니다. 하나님은 볼 수도 있고, 들을 수도 있는 분이십니다. 살아계신 하나님은 우리 기도를 들으시고, 또한 우리에게 말씀하시고, 우리 곁에 있기를 원하십니다. 우리 눈에는 보이지 않지만, 그분은 우리를 언제나 지켜보십니다. 눈에 보이지 않는 하나님을 하나님이 주시는 믿음으로 만날 때 우리 인생에 엄청난 변화가 일어납니다.

하나님을 만나는 순간 하나님께서 내 인생에 들어오셔서 내 삶을 변화시켜 주실 것입니다.

■ 우리가 주목하는 것은 보이는 것이 아니요 보이지 않는 것이니 보이는 것은 잠깐이요 보이지 않는 것은 영원함이라(고후 4:18).

1010

다투지 않기 위한 최고의 방법

미워하는 사람이 있습니까? 이유는 무엇입니까?

흔히 부부싸움을 하는 데는 몇 가지 이유가 있습니다.

첫째, 체질이 다르기 때문입니다. 부부는 보통 서로 성격이 다릅니다. 내게 없는 다른 점에 끌려 사랑했는데 결혼하면 다른 점 때문에 너무나 고통스럽습니다. 한 사람은 급하고 한 사람은 느리고, 한 사람은 어지르고 한 사람은 치웁니다. 그러나 싸움으로 상대방을 절대 못 바꿉니다. 그냥 나와 다른 것을 받아들이십시오.

둘째, 문화가 다르기 때문입니다. 같은 나라에 산다고 할지라도 가정마다 문화가 다 다릅니다. 그 문화를 비판하면 안 됩니다. 서로 다른 것을 즐길 줄 알아야 합니다. 차이를 이해해야 합니다.

셋째, 싸움의 원인은 상처 때문입니다. 어렸을 때 상처받은 사람은 아무 일도 아닌데 그 문제가 나오면 화를 버럭 냅니다. 상처 때문입니다. 그 상처를 건드리면 안 됩니다. 상처는 서로 기도하며 치유해 주어야 합니다.

그러면 사람들과 싸우지 않는 최고의 방법은 무엇일까요? 하나님을 잘 믿는 것입니다. 말씀대로 주의 계명을 좇아 살아가는 것입니다. 여기에 모든 해답이 있습니다.

■ 주의 법을 사랑하는 자에게는 큰 평안이 있으니 그들에게 장애물이 없으리이다(시 119:165).

1011

인생의 하프 타임

쉼을 통해 재충전하고 있습니까? 아직도 흥분과 도전이 살아 있습니까?

쉼이란 일하는 사람에게 필요합니다. 일할 것이 없는 사람에게 쉼은 의미가 없습니다. 창조 때문에 안식이 있고 일 때문에 쉼이 있습니다. 바쁜 사람들에게 더욱 안식이 필요하고 쉼이 필요합니다.

인생의 위기는 권태와 허무에서 옵니다. 아무리 의미 있고 재미있는 일이라도 반드시 권태기가 찾아옵니다. 내가 이것을 왜 하는지 모릅니다. 흥분과 도전이 지나가고 판에 박힌 삶을 살 때 권태, 허무, 의무감을 느낍니다. 이것이 위기입니다.

이런 위기를 겪을 때 바로 전환점이 필요합니다. 인생에는 하프 타임이 필요합니다. 하나님께서는 우리에게 하프 타임을 주기 원하십니다. 과연 내가 전반전에 했던 대로 후반전에 하는 것이 괜찮은가? 잠깐 멈추어 서서 내가 잘 가고 있는지, 바른 길을 가고 있는지 생각해 보고 예수님 말씀에 귀 기울이십시오.

■ 수고하고 무거운 짐 진 자들아 다 내게로 오라 내가 너희를 쉬게 하리라 나는 마음이 온유하고 겸손하니 나의 멍에를 메고 내게 배우라 그리하면 너희 마음이 쉼을 얻으리니(마 11:28-29).

1012
후회와 회개

오늘 어떤 일에서 기쁨을 느끼고, 어떤 일에서 부족함을 느꼈습니까?

거룩하신 하나님은 우리에게 회개를 원하십니다. 그런데 사람들은 회개가 아니라 후회를 합니다. 후회는 열매가 없습니다. 그러나 회개는 열매가 있습니다.

회개에는 참 회개와 거짓 회개가 있습니다. 회개를 했는데 변하지 않는 것은 그 회개에 애통함이 없기 때문입니다. 우리는 자기의 잘못과 실수를 말하기만 하면 회개를 했다고 생각합니다. 그건 그냥 고백일 뿐입니다. 죄에 대한 애통이 없습니다. 가슴을 찢는 일이 없습니다. 진실함이 없습니다. 참 회개에는 애통이 있습니다. 내가 지은 죄를 보면서 가슴을 찌르는 고통을 느끼고 더러움과 추함에 어쩔 줄 몰라 하는 영적 태도가 있습니다.

우리의 회개가 너무 뻔뻔하지는 않습니까? 요즘은 죄의 정도가 심해져서 아무리 약을 써도 죽지 않는 병균처럼, 웬만한 죄는 회개하지도 않습니다. 그만큼 마음이 굳어졌습니다.

영혼의 순수함을 회복하십시오. 사람 앞이 아니라 하나님 앞에서 통회하고 자복하고 재를 뒤집어쓰고 눈물을 흘리고 무릎 꿇는 영적 태도가 있기를 바랍니다.

■ 슬퍼하며 애통하며 울지어다 너희 웃음을 애통으로, 너희 즐거움을 근심으로 바꿀지어다(약 4:9).

1013

크리스천의 다섯 가지 사명

주님께서 주신 명령을 기억합니까?

예수님께서는 부활을 경험한 사람에게 다섯 가지 사명을 주셨습니다.

첫째, 파송입니다. 가는 것입니다. 정상적인 사람은 결혼하면 아이를 갖고 싶어 합니다. 나무도 동물도 인간도 정상적인 것은 생산입니다. 이것이 '가라'는 말에 다 포함되어 있습니다.

둘째, 모든 민족을 제자로 삼는 것입니다. 이제는 개인이 아니라 한 집단, 단체, 국가를 전도하는 시대입니다. 이런 열정과 복음의 에너지는 누구도 막을 수가 없습니다.

셋째, 아버지와 아들과 성령의 이름으로 세례 주는 것입니다. 교회에서 세례를 주는 일은 너무 중요합니다.

넷째, 모든 것을 가르치는 것입니다. 꼭 기억하십시오. 주님의 명령은 배우는 것이 아니라 가르치는 것입니다. 배우지만 말고 반드시 가르치는 사람이 되십시오.

다섯째, 지키게 하는 것입니다. 삶을 훈련하는 것입니다. 말씀대로, 배운 대로 행동하고 결정하는 것입니다. 이것이 봉사입니다. 내 삶을 바꾸는 것입니다.

이 메시지를 받아들이고, 날마다 삶이 감동과 기적과 축복과 찬양으로 가득 차는 것을 경험하십시오.

■ 그러므로 너희는 가서 모든 민족을 제자로 삼아 아버지와 아들과 성령의 이름으로 세례를 베풀고 내가 너희에게 분부한 모든 것을 가르쳐 지키게 하라 볼지어다 내가 세상 끝날까지 너희와 항상 함께 있으리라 하시니라(마 28:19-20).

1014

사랑만이 변화를 일으킵니다

내가 특히 더 사랑해야 할 영역은 어디입니까?

우리는 모두 사랑이 필요합니다. 모든 영역에서 사랑이 필요합니다. 꽃과 나무에게 계속 "사랑한다"라고 말했더니 더 잘 자랐다고 합니다. 심지어 생명 없는 물에다 "사랑한다"고 계속 말했더니 물의 분자가 달라졌답니다. 사랑받으며 자란 동물과 학대받고 자란 동물은 말할 것도 없습니다. 하물며 사람은 어떻겠습니까.

사랑하면 잘 됩니다. 그러나 사랑하지 않으면 다 망합니다. 당신이 속한 학교, 직장을 사랑하십시오. 아무리 노력해도 사랑할 수 없다면 기둥이라도 붙들고 그냥 기도하십시오. 개인, 가정, 사회, 국가에는 반드시 사랑이 필요합니다.

야단치고 충고하고 비판하고 고발한다고 사람이 변하지 않습니다. 절대 화를 내거나 남을 비판하거나 남을 고발하거나 남에게 충고하지 마십시오. 어떤 사람은 사랑하면 버릇만 나빠진다고 걱정하는데, 사실은 사랑했다 안 했다 해서 그런 것입니다. 꾸준히 사랑하고 믿어 주면 반드시 변합니다. 사랑은 사람을 변화시키는 단 하나의 방법입니다. 끝까지 사랑하십시오. 어린아이뿐 아니라 세상 만물도, 모든 인간도 사랑을 그리워합니다.

■ 너희가 진리를 순종함으로 너희 영혼을 깨끗하게 하여 거짓이 없이 형제를 사랑하기에 이르렀으니 마음으로 뜨겁게 서로 사랑하라(벧전 1:22).

1015

풍성한 잔치가 있다

영혼의 갈급함을 느끼면서 살고 있습니까?

구원은 목마른 자가 물을 마시는 것과 같습니다. 끝없이 갈증을 느끼는 모든 인류는 목말라 죽게 되어 있습니다. 불안하고 외롭고 고통스럽고 절망스러워하는 인류에게는 물이 필요합니다. 그런데 인간의 능력으로는 물을 마실 수 없습니다. 하나님께서 그 인류에게 마실 물을 주셨습니다. 성경은 "너희 모든 목마른 사람들아, 와서 값없이 마시라"라고 말씀하십니다. 이것은 하나님께서 주시는 구원입니다. 또 "값없이, 포도주와 우유를 먹으라"고 하십니다. 이 말은 풍성한 잔치가 있다는 뜻입니다. 신앙생활은 날마다 하나님께서 마련하신 잔치에 초대받는 것입니다. 신앙생활은 날마다 기쁨에 차고 넘치는 삶을 사는 것입니다.

예수님께서 이 세상에 오신 이유는 양이 생명을 얻되 더욱 풍성하게 얻게 하려는 것입니다. 언제나 하나님은 우리에게 풍성하게 주십니다. 가까스로 신앙생활을 이어 가지 마십시오. 날마다 우유와 포도주를 마시는 잔치에 참여하듯이 항상 '내 잔이 넘치나이다'라고 고백하시기를 바랍니다. 푸른 초장과 잔잔한 시냇가로 가서 그곳에 누워 먹고 마시고 위로받고 치유 받는 역사를 경험하십시오.

■ 오호라 너희 모든 목마른 자들아 물로 나아오라 돈 없는 자도 오라 너희는 와서 사 먹되 돈 없이, 값 없이 와서 포도주와 젖을 사라(사 55:1).

1016

예수님이 목표입니다

오늘 하루 성실한 삶을 살았습니까? 그 이유는 무엇입니까?

성경에는 목표 없이 "애써라, 노력해라, 성실하게 살아라, 최선을 다해라"는 말을 하지 않습니다. 예수님을 만나지 않은 사람이 성실하게 산다면 그것은 그냥 성실하게 방황하는 것입니다.

크리스천의 목표는 성실이 아닙니다. 예수님이 목표입니다. 예수님이 있어야 구원도 있습니다. 성실하다고 구원받는 것은 아닙니다. 구원은 내가 노력해서 얻을 수 있는 것이 아닙니다. 내가 착하게 산다고 얻을 수 있는 것이 아닙니다. 예수님을 만나야 합니다. 하나님 말씀에 귀를 기울여야 합니다. 하나님께서 만들어 놓은 구원을 받아들이면 됩니다. 그러면 사는 것입니다.

참으로 하나님의 구원은 놀라운 은혜요 신비요 축복입니다. 구원받기 위해 선을 행하고 착하게 사는 것이 아닙니다. 구원받았기 때문에 선하게 살고 하나님의 창조 질서대로 사는 것입니다.

■ 너희는 그 은혜에 의하여 믿음으로 말미암아 구원을 받았으니 이것은 너희에게서 난 것이 아니요 하나님의 선물이라 행위에서 난 것이 아니니 이는 누구든지 자랑하지 못하게 함이라 우리는 그가 만드신 바라 그리스도 예수 안에서 선한 일을 위하여 지으심을 받은 자니 이 일은 하나님이 전에 예비하사 우리로 그 가운데서 행하게 하려 하심이니라(엡 2:8-10).

찬란하고 완벽한 곳

당신이 생각하는 새 예루살렘이란 무엇입니까?

하나님께서는 땅의 예루살렘이 아니라 하늘의 예루살렘을 보여 주십니다. 땅의 예루살렘은 믿음의 조상인 아브라함과 이삭과 야곱이 하나님을 만났던 장소입니다. 기념비적이고 역사적인 장소입니다. 옛날 예루살렘의 영광이 새로운 미래를 만들어 주지는 못합니다. 하나님께서 이스라엘 백성에게 주시려는 것은 옛날 예루살렘 영광의 회복이 아닙니다. 새로운 예루살렘, 이스라엘 백성이 한 번도 가져 보지 못한 그 놀라운 영적 세계를 주시기 원하십니다.

새 예루살렘은 인간의 언어로는 표현할 수 없는, 값지고 아름답고 찬란하고 완벽하고 거룩한 곳입니다. 실제로 보지 못했기에 인간의 언어 중 가장 좋은 것, 보석을 들어 설명하고 있습니다. 혹자는 새 예루살렘에 사파이어도 있고 루비도 있고 석류석도 있으니 다 뜯어 오면 좋겠다고 생각하는데 착각하지 마십시오. 홍옥으로 벽을 쌓고 사파이어로 주춧돌을 놓고 루비로 뾰족탑을 만들고 반짝이는 석류석으로 성문을 만들고 보석으로 모든 성벽을 만든 성이 존재한다는 의미가 아닙니다.

하나님께서 주시고자 하는 것은 우리가 상상하지도 못할 크고 놀라운 새 예루살렘입니다. 새 예루살렘을 기대하고 그 나라를 위해 기도하십시오.

■ 너 곤고하며 광풍에 요동하여 안위를 받지 못한 자여 보라 내가 화려한 채색으로 네 돌 사이에 더하며 청옥으로 네 기초를 쌓으며 홍보석으로 네 성벽을 지으며 석류석으로 네 성문을 만들고 네 지경을 다 보석으로 꾸밀 것이며(사 54:11-12).

1018
우리의 영원한 고향

오늘 당신은 하나님의 나라를 생각했습니까?

성경은 새 예루살렘의 외형을 보석으로 설명했습니다. 그렇다면 내면의 모습은 어떻게 설명할 수 있을까요? 평화와 정의입니다. 새 예루살렘에는 평화가 있고 정의가 있고 하나님 말씀이 있습니다. 그곳에는 압제가 없고 두려움과 공포가 없습니다.

하나님 나라에는 사탄의 영향력, 공격이 모두 사라집니다. 크리스천은 죽음에 대한 불안이 없어야 합니다. 우리는 이미 죽음을 이겼습니다. 죽음에 대한 불안과 걱정은 사탄이 주는 것입니다. "사망아, 네 승리가 어디 있느냐? 사망아, 너의 독침은 어디 있느냐?"(고전 15:55)라고 말할 수 있어야 합니다.

우리에게는 죽음 대신에 새 하늘의 영광이 있습니다. 우리의 고향은 영원한 그곳입니다. 우리의 비전도, 관심도 거기에 있습니다. 우리가 사는 이 땅은 잠깐 머물다 가는 여관과 같습니다. 여기는 영원히 살 집이 아닙니다. 살아 있을 때는 최선을 다해 이 땅에 하나님 나라를 세우고 죽어서는 육신의 옷을 벗고 그곳으로 가는 것입니다. 이것이 새 예루살렘을 가진 사람의 특권입니다.

오늘 하나님 나라를 생각하십시오. 새 하늘과 새 땅을 묵상하십시오. 그곳이 우리의 고향입니다.

■ 또 내가 보매 거룩한 성 새 예루살렘이 하나님께로부터 하늘에서 내려오니 그 준비한 것이 신부가 남편을 위하여 단장한 것 같더라(계 21:2).

1019

죄를 그만 쌓으십시오

당신이 죄를 지었을 때 하나님의 마음은 어떠하셨을까요?

어떤 사람은 죄를 지어도 아무 일도 생기지 않는다고 합니다. 하나님도 모를 것이라고 생각합니다. 그러나 절대 그렇지 않습니다. 죄가 쌓이고 있을 뿐입니다. 구름이 모이면 비가 되어 떨어지듯이 죄가 계속 쌓이면 언젠가 저주가 되어 뚝 떨어집니다. 죄가 가득하면 심판이 옵니다. 죄는 세월이 지난다고 사라지는 게 아닙니다. 기억은 사라져도 죄는 계속 쌓입니다. 죄를 빨리 처리하십시오. 예수님의 이름으로 회개하십시오.

인류가 지은 죄의 무게는 폭발 직전입니다. 전쟁, 지진, 기아, 기근 등 지구상에서 일어나는 일들이 얼마나 더 오래 가겠습니까? 결국 터질 것입니다. 노아시대가 그랬습니다. 너무 커서 더 이상 손을 쓸 수 없었습니다. 그래서 하나님께서 40일 동안 주야로 비를 내리셨습니다. 하나님께서는 심판하시면서도 너무 마음이 아팠습니다. 자식을 때리고 야단치면서 기분 좋아하는 부모는 없습니다. 자식은 부모 마음도 모르고 섭섭해 합니다. 그러나 야단치면서도 가슴을 찢고 피눈물을 흘리는 것이 부모입니다.

하나님은 나를 사랑하십니다. 그러나 죄를 그대로 두지는 않으십니다. 하나님께 회개하고, 그분의 자비와 긍휼을 구하십시오.

■ 내가 넘치는 진노로 내 얼굴을 네게서 잠시 가렸으나 영원한 자비로 너를 긍휼히 여기리라 네 구속자 여호와께서 말씀하셨느니라(사 54:8).

1020

나를 살리는 하나님의 것

당신은 오늘 하루 예수님처럼 살았습니까?

사람들은 자신이 원하는 것과 자신에게 필요한 것을 잘 구별하지 못합니다. 흔히 돈을 원합니다. 건강을 원하고 인기를 원합니다. 그런 것들이 자신에게 꼭 필요한 것이라고 생각합니다. 그러나 실상은 그렇지 않습니다. 사람들에게 필요한 것은 영혼의 평안입니다. 내면의 진리입니다. 사람들은 원하는 행복을 찾아가지만 모두 허상입니다. 어떤 사람은 돈이 있으면 행복해질 것이라고 생각합니다. 아닙니다. 돈이 없어서 불행한 것이 아니라 삶의 목적과 의미가 없어서 불행한 것입니다.

어떻게 인생을 살아야 할까요? 예수님처럼 살면 됩니다. 예수님은 가르치시고 복음을 전하고 주변에 있는 병든 사람들, 귀신 들린 사람들, 아픈 사람들을 고쳐 주셨습니다.

하나님의 것은 화려하지 않을 수도 있습니다. 그렇지만 분명 우리 영혼을 살릴 것입니다. 죽어 가는 삶, 자살하고 싶은 마음을 되돌릴 것입니다. 이것이 예수님께서 원하시는 것입니다.

■ 예수께서 온 갈릴리에 두루 다니사 그들의 회당에서 가르치시며 천국 복음을 전파하시며 백성 중의 모든 병과 모든 약한 것을 고치시니(마 4:23).

1021
상처를 받지 않는 비결

오늘 하루 상처를 주거나 받은 일이 있습니까? 어떻게 극복해야 할까요?

우리를 가장 괴롭히는 것은 나쁜 성격입니다. 자기가 자기 성격을 못 이기는 사람들이 많습니다. 나쁜 성격은 다른 사람에게 상처를 줍니다. 사랑하지 않아서가 아니라 성격이 나빠서입니다.

또한 성격이 나빠서 상처를 받기도 합니다. 누군가 상처를 주면 '노 땡큐'(No thank you) 해야 합니다. 어떤 사람은 이상하게 상처만 '아멘'으로 받아들입니다. 그러고는 아파하고 눈물을 흘립니다. 마음이 허전한 사람이 상처를 잘 받습니다.

어떤 사람은 성격이 너무 강하고 어떤 사람은 너무 예민합니다. 다른 사람의 옷차림까지 간섭합니다. 재미있게도 사람들은 대부분 자기 성격 못된 것은 괜찮고 남 성격 못된 것은 못 견딥니다. 좋아하는 사람은 지나치게 좋아하고, 싫어하는 사람은 곁에 오지도 못하게 합니다.

예수님을 믿고 나서 내 나쁜 성격을 고치는 것도 매우 중요한 일입니다. 우리가 진정으로 예수님을 만나면 오만하고 교만하고 신경질 내고 시기 질투했던 모습이 정리될 것입니다.

■ 화평하게 하는 자는 복이 있나니 그들이 하나님의 아들이라 일컬음을 받을 것임이요(마 5:9).

좋은 인간관계를 위한 네 가지 마음

좋은 인간관계를 맺기 위한 방법은 무엇입니까?

성경에는 좋은 인간관계를 맺기 위한 네 가지 마음이 나옵니다.

첫째, 불쌍히 여기는 마음입니다. 사랑보다 깊은 것이 긍휼입니다. 어떤 사람을 보면 마음이 찡하고 찢어지고 아픈 것입니다. 긍휼한 마음은 그 사람이 저지른 실수와 잘못까지도 용서하는 것을 포함합니다. 남을 긍휼히 여기는 사람은 긍휼히 여김을 받을 것입니다.

둘째, 깨끗한 마음입니다. 마음이 깨끗한 사람은 하나님을 볼 것이라고 말씀하십니다. 우리가 하나님을 보지 못하는 이유는 마음이 더럽기 때문입니다. '하나님을 보면 믿겠다'고 하는데, 마음이 더러워서 볼 수가 없는 것입니다.

셋째, 평화를 이루는 마음입니다. 즉 피스메이커(peacemaker)입니다. 당신은 평화를 이루는 사람이 되어야 합니다. 이것의 반대말은 트러블메이커(troublemaker)입니다. 피스메이커가 있는 곳에는 싸움이 사라지고 모두 부드러운 마음을 갖게 됩니다.

넷째, 의를 위하여 핍박을 받아야 합니다. 이 사람은 고난을 아는 사람입니다. 고난을 모르는 사람은 삶의 깊이가 없습니다. 억울한 일도 당하고 누명도 써 보고 고난도 겪어 본 사람만이 성품에 깊이가 있습니다.

■ 의를 위하여 박해를 받은 자는 복이 있나니 천국이 그들의 것임이라 나로 말미암아 너희를 욕하고 박해하고 거짓으로 너희를 거슬러 모든 악한 말을 할 때에는 너희에게 복이 있나니 기뻐하고 즐거워하라 하늘에서 너희의 상이 큼이라 너희 전에 있던 선지자들도 이같이 박해하였느니라(마 5:10-12).

1023

소금은 크리스천의 존재양식

오늘 하루 주변에 어떤 영향력을 끼쳤습니까?

예수님께서 크리스천에게 별명을 붙여 주셨습니다. 그중 하나가 소금입니다. 소금은 크리스천의 존재 양식입니다.

소금에는 두 가지 역할이 있습니다. 첫째, 맛을 내는 역할입니다. 적당한 소금은 신비로운 맛을 냅니다. 맛없는 이 세상, 무기력한 이 세상, 허무한 이 세상에서 크리스천은 맛을 내는 사람입니다. 둘째, 방부제 역할입니다. 음식이 썩지 않도록 오래 보존해 줍니다. 마찬가지로 크리스천은 썩어 가는 이 세상에서 방부제 역할을 하는 사람입니다.

소금에는 독특한 특성이 있습니다. 영향력입니다. 소금을 뿌리면 뿌린 곳만 짜지 않습니다. 녹아서 전체로 퍼집니다. 이것이 영향력입니다. 이와 같이 크리스천은 형태가 중요하지 않습니다. 맛이 중요합니다. 본질이 중요합니다.

소금이 맛을 잃어버리면 쓸 데가 없습니다. 그래서 밖에 버려지고 사람들에게 짓밟히게 됩니다. 크리스천이 크리스천답게 살지 않으면 사람들의 관심은 멀어집니다. 사람들은 그를 밖에 버리고 짓밟을 것입니다. 이것이 소금의 운명입니다.

우리가 가는 곳마다 우리를 통해 썩어 가는 것들이 살아나기를 바랍니다. 우리 삶과 주변이 거룩해지고 영광스럽게 되도록 기도하십시오.

■ 너희는 세상의 소금이니 소금이 만일 그 맛을 잃으면 무엇으로 짜게 하리요 후에는 아무 쓸 데 없어 다만 밖에 버려져 사람에게 밟힐 뿐이니라(마 5:13).

1024

고난에 대한 반응

당신은 억울하게 고난을 당할 때 어떻게 반응합니까?

십자가에서 고난당할 때 예수님은 어떤 반응을 보이셨습니까?

첫째, 끝까지 침묵하셨습니다. 예수님은 학대받고 괴로움을 당하셨지만 결코 입을 열어 자신의 무고를 주장하거나 변명하지 않으셨습니다. 어려울 때 침묵하는 것은 쉽지 않습니다. 잘못한 것이 없는데 변명하지 않고 무죄라 주장하지 않고 기다리는 것은 쉽지 않습니다. 그런데 예수님께서 그렇게 하셨습니다.

둘째, 순한 양처럼 저항하지 않고 순종하셨습니다. 데모하고 고발하고 주장하는 요즘 세대와는 전혀 달랐습니다. 예수님은 할 말이 많은 데도 침묵하고 순종하십니다. 할 말 다하는 사람은 무섭지 않습니다. 순종하고 알면서 속아 주고, 대신 대가를 치르고 허물을 대신 뒤집어쓰는 사람이 정말 두려운 사람입니다. 따질 것 다 따지고 주장할 것 다 하고 나면 아무 은혜가 없습니다. 그 말이 틀린 것은 아닙니다. 그런데 그 결과는 비참합니다.

셋째, 예수님은 온유한 모습으로 고난을 겪으셨습니다. 예수님은 최후까지 침묵하고 순종하고 온유하셨습니다. 크리스천에게는 이런 성숙한 모습이 필요합니다.

■ 그가 곤욕을 당하여 괴로울 때에도 그의 입을 열지 아니하였음이여 마치 도수장으로 끌려 가는 어린 양과 털 깎는 자 앞에서 잠잠한 양 같이 그의 입을 열지 아니하였도다(사 53:7).

1025

하나님을 내 삶에 모시는 방법

오늘 읽은 하나님의 말씀에서 무엇을 묵상했습니까?

하나님을 믿는 것으로 만족하지 마십시오. 하나님께서 살아 계신 것은 마귀도 압니다. 하나님을 만나야 합니다. 하나님의 음성을 들어야 합니다. 하나님을 느껴야 합니다. 그래야 진짜 믿는 것입니다. 걷다가도 하나님을 느끼고, 잠을 자다가도 하나님의 기적을 느끼고 다른 생각을 하다가도 하나님께서 함께하신다는 것을 느껴야 합니다.

내 삶에 하나님께서 들어오시도록 하는 방법이 있습니다. 말씀 묵상입니다. 하나님께서 말씀을 주셨습니다. 그 말씀을 받으면 하나님께서 내 속으로 들어오십니다.

날마다 성경 말씀을 읽으시고, 설교를 들으시고, 큐티를 하십시오. 하나님께서 예수님을 통해 우리 안에 완전히 들어오시면 나에게 주시는 개인적인 음성을 듣게 됩니다. 마음이 슬프면 위로해 주시고, 용기가 없으면 용기를 주시고, 지혜가 없을 때 지혜를 주시고, 마음이 차가워졌을 때 따뜻하게 해 주시고, 지치고 힘들 때 새 힘을 얻어 춤추게 하십니다. 꾸준히 말씀을 묵상하여 하나님의 임재를 경험하시기 바랍니다.

■ 그러므로 내 백성은 내 이름을 알리라 그러므로 그 날에는 그들이 이 말을 하는 자가 나인 줄을 알리라 내가 여기 있느니라(사 52:6).

1026

행하신 일을 기억하십시오

어려움 속에서 응답을 기다릴 때 주님이 이미 베풀어 주신 기적을 묵상합니까?

시편기자는 원수들에게 시련을 당하고 고난을 겪을 때 이렇게 절규합니다. "여호와여, 진노하며 일어나소서. 내 적들에 맞서 일어나 싸워 주소서"(시 7:6).

억울한 일을 당한 적이 있습니까? 인간적으로 스스로 해결할 수 없는 상황에 빠진 적이 있습니까? 그럴 때 우리는 하나님의 응답을 바라지만 하나님께서는 침묵하는 것처럼 보입니다(시 44:23).

그런데 절규의 기도를 할 때 하나님께서 행하신 기적을 꼭 기억하십시오. "하나님께서 천지를 창조하시고 노아를 통해서 방주를 짓게 하시고 홍수에서 건지시지 않았습니까?"라고 기도하면 내면으로부터 위로가 올라옵니다. 이사야는 홍해 사건을 기억했습니다. 신약을 보면 예수님은 풍랑을 잠잠케 하셨고, 귀신을 쫓아 주셨습니다. 앉은뱅이를 일으켜 세우시고, 귀머거리의 귀를 들리게 하시고, 눈먼 자의 눈을 뜨게 하시고, 문둥병자를 고쳐 주셨습니다.

하나님께서 베푸신 기적을 기억하고 예수님께서 행하신 그 위대한 일들을 묵상하십시오. 그러면 우리의 절규가 위로로 변하기 시작할 것입니다. 우리 고통에 대한 하나님의 응답이 오기 시작합니다.

■ 바다를, 넓고 깊은 물을 말리시고 바다 깊은 곳에 길을 내어 구속 받은 자들을 건너게 하신 이가 어찌 주가 아니시니이까(사 51:10).

세상을 겁내지 마십시오

세상 속에서 하나님의 임재와 능력을 얼마나 경험했습니까?

신앙생활을 오래 하다 보면 실수하는 것이 있습니다. 특히 하나님의 능력과 임재를 잊어버릴 때가 많습니다. 하나님을 믿으면서도 순식간에 하나님의 능력을 잊어버립니다. 종종 하나님을 우리처럼 생각합니다. '내가 못하니 하나님도 못하실 것이다'라고 생각합니다. 그러나 하나님은 인간이 아닙니다. 하나님을 인정하십시오. 하나님은 능력이 있는 분이십니다.

하나님께서는 "너는 나의 능력과 임재를 무시하는구나. 나의 이름을 부르면서도 나의 능력은 인정하지 않는구나"라고 책망하십니다. 하나님은 안 되는 것이 없고 못하는 것도 없으십니다.

또한 우리는 현실의 권력을 두려워합니다. 세상에 겁먹지 마십시오. 세상이 여리고성 같고 태산같이 느껴져도 세상의 물질과 권력, 인기에 겁먹지 마십시오. 우리는 당당한 하나님의 자녀이기 때문입니다. 하나님의 자녀답게 사십시오. 하나님은 두려워해야 합니다. 성령 받은 사람의 충고는 겸손히 받아야 합니다. 그러나 사탄의 조소와 비난에는 겁먹을 필요가 없습니다. 두려워하지 마십시오. 담대하십시오. 믿음으로 소신껏 살아가십시오.

■ 이르시되 너희를 위로하는 자는 나 곧 나이니라 너는 어떠한 자이기에 죽을 사람을 두려워하며 풀 같이 될 사람의 아들을 두려워하느냐(사 51:12).

진짜 예수님을 만났습니까?

예수님을 만날 때 우리 능력과 의로움을 내세우고 있지는 않습니까?

예수를 믿는 사람은 두 종류로 나눌 수 있습니다. 하나는 습관적, 형식적, 전통적으로 그냥 예수를 믿는 사람입니다. 내가 그런 사람이었습니다. 나는 모태 신앙이었기에 이북에서 피난 내려올 때부터 자동적으로 예수를 믿었고 유년주일학교에 다녔습니다. 그러나 "진짜 예수님을 만났니?"라고 묻는다면 자신이 없었습니다. 그냥 하나님을 믿었지 만난 적이 없었기 때문입니다.

그런데 어느 날 예수님께서 나를 찾아오셨습니다. 굉장히 힘들고 어려울 때 하나님께 진지하게 질문하자 나를 찾아오셔서 나를 만져 주셨습니다. 십자가를 보여 주셨습니다. 기도하는 동안 가시면류관을 쓰신 예수님, 2천 년 전에 죽으신 예수님께서 진짜 살아서 내 마음으로 들어오시는 것을 경험했습니다.

그때부터 삶이 달라졌습니다. 예수님은, 조건 없이 죄인인 나를 사랑하시기 때문에 먼저 찾아와 주셨습니다. 예수님을 만난 순간 삶이 달라집니다. 오늘 저녁 예수님께서 찾아와 우리 자신을 만나 주시고 마음을 만져 달라고 기도하십시오.

■ 그들이 듣고 주 예수의 이름으로 세례를 받으니 바울이 그들에게 안수하매 성령이 그들에게 임하시므로 방언도 하고 예언도 하니(행 19:5-6).

1029

나는 작아지고 성령이 커집니다

내 생각을 내려놓으면 어떤 일이 일어날까요?

인생이 아무리 슬프고 힘들고 어려워도 성령님께 모든 상황을 고하십시오. 그분이 때로는 신선한 아이디어를 주시고, 새로운 영감을 주시고, 상상할 수 없었던 열정을 부어 주실 것입니다.

처음에는 잘 모릅니다. 그러나 계속해서 집중해 기도하고 그분의 음성을 듣기 시작하면 나중에는 성령의 생각이 커집니다. 나는 작아지고 결국엔 없어집니다.

지금 내 안에 나 자신만 가득 차 있다면 성령님께 마음속을 모두 채워 달라고 기도하십시오. 성령님께서 나와 함께 나를 움직일 것입니다. 나는 작아지고 성령의 생각이 커집니다.

성령님은 우리 안에 계십니다. 그런데도 이를 깨닫는 사람이 있고, 모르는 사람이 있습니다. 모르는 사람은 마치 은행 계좌에 돈이 많은데도 알지 못해 쓰지 못하는 사람과 같습니다. 우리 마음 문이 열리고 성령님께서 우리를 지배하게 되길 바랍니다.

■ 각 사람에게 성령을 나타내심은 유익하게 하려 하심이라 (고전 12:7).

1030

위로자를 찾으시는 하나님

힘들고 어려울 때 하나님의 위로와 격려를 어떻게 받습니까?

세상에는 위로와 격려가 필요한 사람이 많습니다. 최선을 다했는데도 목표를 이루지 못하고 좌절한 사람에게 위로와 격려가 필요합니다. 재정적으로 파산한 사람에게도 마찬가지입니다. 지진, 태풍, 쓰나미, 산불 등 갑자기 자연재해를 만나 삶의 터전을 잃어버린 사람에게도 위로와 격려가 필요합니다.

이런 사람들의 특징은 스스로의 힘으로는 어찌할 수 없는 환경에 놓여 있다는 것입니다. 장애를 가진 사람도 있습니다. 인격에 장애가 있는 사람은 보통 자신에게 문제가 있다는 것을 잘 모릅니다. 자신은 정상이라고 생각합니다. 이런 사람은 참 외롭습니다. 고독합니다. 주변에 사람이 없기 때문입니다. 이런 사람에게도 위로와 격려가 필요합니다.

포로로 잡혀 간 이스라엘 백성도 너무 지치고 힘들었습니다. 하나님께서는 이런 이스라엘을 위로하고 격려하십니다. "그렇다. 여호와께서 시온을 위로하셨다. 폐허가 된 시온의 모든 곳을 불쌍히 여기셨다"(사 51:3).

어떤 환경 가운데 있습니까? 일어설 힘조차 없습니까? 하나님의 위로와 격려가 다시 살아갈 힘이 됩니다.

■ 환난 날에 나를 부르라 내가 너를 건지리니 네가 나를 영화롭게 하리로다(시 50:15).

1031

구원의 투구를 쓰십시오

구원의 확신이 단단히 서 있습니까?

크리스천이 세상을 살아가는 데 중요한 영적 무기 중 하나는 구원의 투구입니다. 구원의 투구는 구원의 확신을 의미합니다. 이것이 신앙생활에서 가장 중요한 출발점입니다. 구원의 확신이 없는 사람은 어떤 형태의 신앙이든 자신을 잃어버리기 쉽습니다. 다른 것을 다 못할지라도 구원의 확신만은 충만해야 합니다.

한 팔이 다치면 다른 한 팔이 있습니다. 그러나 머리는 다쳐서는 안 됩니다. 그래서 오토바이를 타는 사람들은 꼭 머리를 보호합니다. 이와 마찬가지로 크리스천은 사탄에게 이리 몰리고 저리 찢겨도 상처받지 않도록 구원의 투구를 써야 합니다. 내 영혼에, 내 심령에 예수님의 구원만 있다면 어떤 부상도 회복할 수 있습니다.

구원의 확신이 있습니까? 바울은 사탄이 와서 우리를 흔들어 댄다 해도 이 한 가지만큼은 흔들리지 않아야 한다고 했습니다.

■ 모든 것 위에 믿음의 방패를 가지고 이로써 능히 악한 자의 모든 불화살을 소멸하고 구원의 투구와 성령의 검 곧 하나님의 말씀을 가지라(엡 6:16-17).

지금 이 땅에는 묵묵하게 씨앗을 뿌리는 사람이 필요합니다.
더딜지라도 눈물 흘리며 씨앗을 뿌리는 사람이 필요합니다.
미래를 위해 준비하는 시작은 씨앗을 뿌리는 것입니다.

씨앗을 뿌리는 사람에게 필요한 것은 '믿음'입니다.
씨앗을 뿌리는 사람에게 필요한 것은 '소망'입니다.
씨앗을 뿌리는 사람에게 필요한 것은 '사랑'입니다.

어떤 상황 속에서도 씨앗을 뿌리십시오.
기쁨으로 단을 거두는 순간이 반드시 올 것입니다.

November

11월
사랑보다 큰 것은 없다

예수님이 우리를 사랑하신 것같이
우리도 서로 사랑해야 합니다.

1101

하나님께서 말씀하시면

당신은 극심한 어려움 속에서 영적으로 단단할 수 있습니까?

누구든지 고난과 시련을 연달아 겪으면 믿음이 흔들립니다. 포로 생활에 지친 이스라엘 백성도 그랬습니다. 이스라엘 백성을 회복시킬 것이라는 하나님의 메시지를 환영하면서도 믿지 못했습니다. 그들은 자신들의 불순종은 대수롭지 않게 여기면서 당장 닥친 고난만 생각했습니다. 결국 자신들의 죄와 실수 때문에 고통 받고 있음을 인정하지 않았습니다.

이스라엘 백성에게 돌아올 기회를 수없이 주었으나 받아들이지 않자 하나님은 폭풍 질문을 던지십니다. "내가 돌아왔을 때 너는 어디에 있었느냐?" "내가 너희를 구원할 능력이 없느냐?"

하나님께서 한번 꾸짖으시면 바다가 말라 육지처럼 됩니다. 홍해사건을 상기하십시오. 바다가 갈라져 육지가 되었습니다. 요단강도, 다른 어떤 강도 하나님께서 말씀하시면 광야처럼 말라 버립니다. 어려움과 고통이 닥칠 때 그동안의 죄와 실수를 인정하고 회개하십시오. 능력의 하나님은 그 고통을 단번에 사라지게 하실 구원자이십니다.

■ 내가 왔어도 사람이 없었으며 내가 불러도 대답하는 자가 없었음은 어찌 됨이냐 내손이 어찌 짧아 구속하지 못하겠느냐 내게 어찌 건질 능력이 없겠느냐 보라 내가 꾸짖어 바다를 마르게 하며 강들을 사막이 되게 하며 물이 없어졌으므로 그 물고기들이 악취를 내며 갈하여 죽으리라(사 50:2).

1102

영혼을 살리는 말

오늘 하루 중 영혼을 살리는 말을 얼마나 했습니까?

하나님께서 인간에게 주신 가장 큰 축복은 언어의 축복입니다. 말을 조리 있게 잘하는 것은 중요하지 않습니다. 탁월하게 논리적으로 말하는 것도 중요하지 않습니다. 그 말이 영혼을 살리는 말이냐 아니냐가 중요합니다.

예수님을 보십시오. 그분이 입을 열면 죽은 자가 살아나고 문둥병자가 깨끗해지고 귀신이 떠나고 광풍이 불던 바다가 잠잠해졌습니다. 예수님은 말씀으로 죽은 자를 살립니다. 병든 자를 고칩니다. 포기한 자에게 희망을 줍니다. 모든 사람이 다 안 된다고 말할 때 된다고 말합니다.

예수님은 잔소리를 하지 않으셨습니다. 짧고 쉽고 분명하게 말씀하셨습니다. 알아듣지 못하는 사람이 하나도 없었습니다.

하나님께 예수님의 혀를 달라고 간구하십시오. 나를 만난 사람은 다 복 받고, 나를 만난 사람은 생기가 솟고, 나를 만난 사람은 행복해지고, 나를 만난 사람은 희망을 갖게 된다면 얼마나 좋겠습니까? 예수님의 혀를 가지면 우리 입에서 욕과 비판이 사라집니다. 성령께서 임하시면 영혼을 살리는 말의 권세를 누릴 수 있습니다.

■ 주 여호와께서 학자들의 혀를 내게 주사 나로 곤고한 자를 말로 어떻게 도와 줄 줄을 알게 하시고 아침마다 깨우치시되 나의 귀를 깨우치사 학자들 같이 알아듣게 하시도다(사 50:4).

1103

다시 살리시는 성령님

당신은 성령의 역사를 체험했습니까?

성령의 역사란 바람과 같습니다. 바람이 불면 계절과 자연 현상이 바뀝니다. 또한 성령의 역사는 불과 같습니다. 끌 수 없는 불입니다. 성령은 이와 같이 바람처럼 불처럼 내게 주어지는 것입니다.

오순절 날 마가다락방에서 120명의 사람들이 성령 체험을 했습니다. 거기 모인 사람들이 다 믿음이 좋았을까요? 그렇지 않을 것입니다. 그렇지만 일단 다락방에 들어온 사람들은 다 성령의 불과 바람을 경험했습니다.

이사야 49장을 보면 성령의 바람이 불고 성령의 불이 임한다는 예언이 나타납니다. 바벨론에서 포로 생활을 하는 이스라엘에게 현재는 고통이 있었습니다. 비참하고 불안했습니다. 그러나 하나님께서는 고통받고 신음하는 이스라엘 백성에게 약속대로 성령의 바람을 불어 주셨습니다. 희망과 회복을 주시고 구원의 노래를 부를 수 있도록 비전을 주셨습니다.

성령께서 역사하시면 교회도, 가정도, 기업도 부흥할 것입니다. 죽었던 자가 살아나고 잃었던 자가 돌아오고 병들었던 자가 치유되고 포기했던 자가 돌아오는 역사가 일어납니다.

■ 오순절 날이 이미 이르매 저희가 다같이 한 곳에 모였더니 홀연히 하늘로부터 급하고 강한 바람 같은 소리가 있어 그들이 앉은 온 집에 가득하며 마치 불의 혀처럼 갈라지는 것들이 그들에게 보여 각 사람 위에 하나씩 임하여 있더니(행 2:1-3).

1104

우리를 잊지 않으시는 하나님

하나님께서 언제나 당신을 기억하고 계심을 알고 있습니까?

이스라엘 백성은 포로 생활을 하면서 상처받았습니다. 왜 하나님은 사랑한다고 하시면서 고통과 시련 가운데 그대로 두시는지 알 수 없었습니다. 고통과 시련을 겪으면 꿈을 잃어버립니다. 이스라엘 백성에게는 하나님의 구원과 회복의 약속이 있었습니다. 하지만 현실의 고통과 시련에 짓눌려서 무기력해지고 꿈을 잃어버리고 좌절했습니다.

여기서 우리는 깨닫습니다. 아무리 힘들고 어려운 일이 있다 할지라도 희망을 버려서는 안 됩니다. 이스라엘 백성은 하나님의 약속이 있었음에도 불구하고 현실이 너무 어려웠기 때문에 부정적이고 절망적인 말을 했습니다. 미래의 문을 스스로 닫은 것입니다.

현실적 고통과 슬픔과 아픔 앞에서 좌절하지 마십시오. 부정적으로 생각하지 마십시오. 죽더라도 희망을 버리지 마십시오. 희망을 붙들고 죽으십시오. 그것이 축복입니다. 이스라엘 백성은 고통과 시련 앞에서 부정적인 말을 했습니다. 부정적인 말을 하면 미래는 닫힙니다. 그러나 끝까지 하나님을 붙잡고 나아가면 절망이 희망으로 바뀝니다. 죽음이 생명으로 바뀝니다. 왜냐하면 하나님은 우리를 잊지 않으시기 때문입니다.

■ 여인이 어찌 그 젖 먹는 자식을 잊겠으며 자기 태에서 난 아들을 긍휼히 여기지 않겠느냐 그들은 혹시 잊을지라도 나는 너를 잊지 아니할 것이라(사 49:15).

1105

작은 의심이 약속을 흔듭니다

오늘 하루 부정적인 생각이 당신을 지배했던 적은 없습니까?

신앙생활에서 가장 큰 위기는 의심입니다. 하나님을 의심하면, 말씀을 의심하면 흔들리기 시작합니다.

의심이 오는 통로는 첫째, 사탄의 역사입니다. 아담과 하와를 보십시오. 사탄은 에덴동산에서 인간과 하나님의 틈을 파고들었습니다. 사탄은 단지 "정말 에덴동산의 모든 실과를 먹지 말라고 하시더냐?"라고 작은 의심을 주었습니다. 여기에 걸려든 것입니다. 의심이 올 때 영적 통찰력이 필요합니다. 사람에게 온 것인지 사탄에게서 온 것인지 알아야 합니다.

둘째, 무지입니다. 성령을 알지 못하고 막연한 추측과 생각으로 신앙생활을 하면 의심이 생깁니다. 성경과 하나님을 오해하게 됩니다.

셋째, 상처입니다. 상처가 많은 사람은 의심합니다. 옳고 그름은 상관없습니다. 과거에 받은 상처 때문에 일단 마음의 문을 닫아 버리는 것입니다.

넷째, 자존심과 잘못된 고집입니다. 어떤 사람은 무조건 반대부터 합니다. 어떤 사람은 믿지 않기로 작정했다고 합니다. 믿지 않기로 결정한 것입니다. 이런 사람은 믿음을 갖기 어렵습니다.

오늘 우리 안에 있는 자존심, 고집, 무지, 편견, 귀신의 세력이 무너지기를 소망하며 기도하십시오.

■ 오직 믿음으로 구하고 조금도 의심하지 말라 의심하는 자는 마치 바람에 밀려 요동하는 바다 물결 같으니(약 1:6).

1106
기다릴 때 문이 열립니다

당신은 하나님의 축복을 어떤 태도로 기다리고 있습니까?

나무를 심으면 한 자리에 오래 두어야 합니다. 나무를 심고 조급해서 옮기고 또 옮기면 결국 나무는 죽습니다. 한 곳에 나무를 심었으면 물과 비료를 주고 기다려야 합니다. 시간이 필요합니다. 믿음에는 인내와 기다림이 필요합니다. 씨를 뿌렸다면 열매가 열릴 것을 믿으십시오. 하나님 말씀은 인내를 갖고 기다려야 합니다. 그러면 반드시 열매가 맺힙니다.

모세가 홍해를 가르고 애굽을 빠져나왔습니다. 하나님께서는 쓴물을 단물로 바꾸시고 만나와 메추라기를 주시고 바위에서 샘이 터져 나오게 하셨습니다. 홍해를 가르신 분이 물을 주시지 않겠습니까? 하나님께서 우리를 위해 자기 아들을 십자가에 못 박으셨는데 무엇을 아끼겠습니까? 다 주십니다. 이것을 믿으십시오.

약속을 붙들면 하나님의 축복의 그림자가 조금씩 구체적으로 보입니다. 믿음을 가진 사람에게는 문이 열립니다. 생각이 열립니다. 인생이 열립니다. 말씀과 하나님의 약속을 믿을 때 미래가 열립니다. 하나님의 약속을 믿을 때 능력의 사람이 되는 것입니다.

■ 그러므로 형제들아 주께서 강림하시기까지 길이 참으라 보라 농부가 땅에서 나는 귀한 열매를 바라고 길이 참아 이른 비와 늦은 비를 기다리나니(약 5:7).

1107
누군가로 부터 멸시를 당할 때

오늘 하루 누군가 당신을 멸시했습니까?

누가 무시하고 공격하고 미워하면 간단합니다. '그런가 보다' 하고 생각
하십시오. 그냥 가만히 계십시오. 그건 우리 인생에 중요하지 않기 때문
입니다.

우리의 비참한 신분과 처지가 우리를 괴롭힐 수 없습니다. 우리에게
는 영광스런 주님, 그분이 주신 비전이 있기 때문입니다. 사도 바울은 죄
수의 신분으로 로마에 갔지만 죄수라는 사실이 아무렇지도 않았습니다.
단지 로마에 갔다는 것이 중요했습니다.

이것을 기억하십시오. 하나님께서는 창세전에 우리를 택하셨습니다.
거룩하고 흠이 없게 하기 위해서입니다. 우리를 예정하시고 양자로 삼
으셨습니다(엡 1:4-5). 이것만 생각해도 절대로 흔들리지 않습니다. 실
패를 해도, 모든 계획이 다 망가져도 이 말씀이 중심에 있다면 흔들리지
않습니다.

우리는 멸시를 당할 것입니다. 미움을 받을 것입니다. 그러나 이것은
우리에게 중요하지 않습니다.

■ 이스라엘의 구속자 이스라엘의 거룩한 이이신 여호와께서 사람에게 멸시를 당하는
자, 백성에게 미움을 받는 자, 관원들에게 종이 된 자에게 이같이 이르시되 왕들이
보고 일어서며 고관들이 경배하리니 이는 이스라엘의 거룩하신 이 신실하신 여호
와 그가 너를 택하였음이니라(사 49:7).

1108

가장 좋은 것을 가르쳐 주시는 분

하나님께서 우리 갈 길을 예비하시고 말씀하시는 분이심을 믿습니까?

사탄의 세계에는 용서, 격려, 회복, 구원이라는 단어가 없습니다. 그러나 하나님의 세계에는 언제나 구원과 회복이 있습니다. 우리가 잘 아는 요한복음 3장 16절은 하나님께서 독생자 예수 그리스도를 이 땅에 보내신 목적을 잘 말해 줍니다. "하나님께서 세상을 이처럼 사랑하셔서 외아들을 주셨으니 이는 그를 믿는 사람마다 멸망하지 않고 영생을 얻게 하려는 것이다."

하나님의 결론은 언제나 멸망이 아니라 영생이요, 저주가 아니라 축복이요, 심판이 아니라 구원이라는 사실을 잊지 마십시오. 당신이 받는 고난은 멸망을 위한 것이 아닙니다. 그것은 구원을 위한 하나님의 방법입니다.

하나님은 우리에게 "나는 네 하나님 여호와다. 가장 좋은 것을 네게 가르치고 네가 가야 할 길로 이끄는 하나님이다"라고 선언하십니다. 마음의 문을 여십시오. 그분을 받아들이십시오. 그 말씀을 믿으십시오. 하나님의 말씀이 우리에게 임할 것입니다. 좋은 것으로 유익한 것으로 축복된 것으로 채우시고 가르치고 인도하실 것입니다.

■ 너희의 구속자시요 이스라엘의 거룩하신 이이신 여호와께서 이르시되 나는 네게 유익하도록 가르치고 너를 마땅히 행할 길로 인도하는 네 하나님 여호와라(사 48:17).

1109

말씀을 듣는 귀를 열어야 합니다

하나님께서 아무런 계획 없이 즉흥적으로 행동하신다고 생각합니까?

하나님께서 무슨 일을 하실 때는 즉흥적으로 하시지 않습니다. 언제나 먼저 말씀을 하십니다. 바벨론의 멸망도 먼저 선지자를 통해 말씀해 주셨습니다. 바벨론이 우연히 망한 게 아닙니다. 계획된 것입니다. 하나님은 언제든지 선지자를 통해 말씀하시고 설교자를 통해 이야기하십니다. 우리가 무지하고 어리석고 교만하여 하나님의 음성을 듣지 못하고 하나님의 계획을 깨닫지 못했을 뿐입니다.

하나님은 지금도 말씀하십니다. 미래에 있을 일에 대해 지금도 말씀하시는데 우리가 알아듣지 못하는 것입니다. 하나님께서 당신의 기도와 삶을 통해 미래의 일을 준비하고 계십니다. 당신에게 하나님의 말씀을 듣는 귀와 말씀을 깨닫는 가슴이 있다면 미래가 안전합니다.

자신의 벽을 깨고 하나님의 위대한 능력을 믿으십시오. 말씀을 믿으십시오. 하나님은 언제나 시대마다 하나님의 사람을 보내 주셨습니다.

■ 너희는 내게 가까이 나아와 이것을 들으라 내가 처음부터 비밀히 말하지 아니하였나니 그것이 있을 때부터 내가 거기에 있었노라 하셨느니라 이제는 주 여호와께서 나와 그의 영을 보내셨느니라(사 48:16).

1110

헌신하면 책임지십니다

하나님 앞에서 온전히 헌신하지 못하는 이유가 무엇입니까?

떠나는 것은 쉬운 일이 아닙니다. 이스라엘 백성들은 애굽을 떠나려 했지만 그동안 살았던 집, 가축, 자식 생각에 쉽게 떠나지 못했습니다. 하나님께서 애굽을 떠나 약속의 땅으로 가라고 하셨지만 그들을 기다린 것은 광야였습니다. 젖과 꿀이 흐르는 가나안 땅은 좋지만 광야는 싫습니다. 그런데도 하나님은 젖과 꿀이 흐르는 가나안 땅에 살기 위해서는 애굽을 떠나 광야로 가라고 하셨습니다.

이것이 헌신입니다. 헌신하면 죽을 것 같습니다. 순종하면 손해 보는 것이 너무 많은 것 같습니다. 헌신은 광야로 들어가는 삶과 같습니다.

그러나 하나님께서는 물 한 모금 마시지 못할 것 같은 광야에서 바위를 쳐 샘물을 내셨습니다. 하늘에서 비처럼 만나가 내렸고 아말렉 군대가 무너졌고 시내산에서 말씀이 왔고 성막을 쳤고 불기둥과 구름기둥이 그들을 보호했습니다. 이것이 광야에 예비된 하나님의 보석들입니다.

걱정하지 말고 헌신하십시오. 걱정하지 말고 희생하십시오. 걱정하지 말고 순종하십시오. 헌신하면 하나님께서 책임지십니다. 순종하면 하나님께서 책임지십니다. 당신이 상상할 수 없는 결과를 마련해 주십니다.

■ 여호와께서 그들을 사막으로 통과하게 하시던 때에 그들이 목마르지 아니하게 하시되 그들을 위하여 바위에서 물이 흘러나게 하시며 바위를 쪼개사 물이 솟아나게 하셨느니라(사 48:21).

1111

하나님의 사람은 순종합니다

오늘 하루 주의 계명에 순종하려고 노력했습니까?

변명, 핑계는 죄의 속성입니다. 죄를 지은 사람은 변명하고 핑계를 대고 책임을 전가시킵니다. 또한 죄인은 자신이 지은 죄를 인정하지 않으려 합니다. 죄를 지은 것도, 실수를 한 것도 사실이지만 인정하지 않습니다. 이것은 오만입니다. 교만입니다.

가장 불행한 사람은 반항적 영을 가진 사람입니다. 애들이 가장 먼저 하는 말이 "싫어"입니다. 누가 안 가르쳤는데도 처음부터 반항합니다. 수용하지 않고 거부합니다. 이것이 인간입니다. 그러나 하나님의 사람은 순종합니다. 사탄의 영을 받은 사람은 반항하고 고발하고 싸웁니다. 하나님께서는 반항하는 사람을 기뻐하시지 않습니다.

반항, 불순종, 변명, 핑계 등은 인생을 피곤하게 합니다. 간단한 일을 어렵게 만듭니다. 변명하면 문제가 더 커지고 복잡해집니다. 안 믿으면 차라리 나을 텐데 믿으면서 계속 반항합니다. 하나님께 쇠코뚜레를 잡혔을 때 그냥 빨리 끌려가십시오. 끌려가지 않으려고 하면 더 괴롭습니다. 하나님께 붙잡힌 사람은 반항할수록 더 괴롭습니다. 그냥 가십시오. 그것이 간단합니다.

■ 에브라임이 스스로 탄식함을 내가 분명히 들었노니 주께서 나를 징벌하시매 멍에에 익숙하지 못한 송아지 같은 내가 징벌을 받았나이다 주는 나의 하나님 여호와이시니 나를 이끌어 돌이키소서 그리하시면 내가 돌아오겠나이다(렘 31:18).

1112

고난의 용광로

고통당할 때 하나님께서 당신을 사랑하신다고 확신하나요?

하나님은 우리를 고난의 용광로에 넣으십니다. 이것이 하나님의 사랑입니다. 이것이 하나님의 은혜입니다. 불성실하고 완악하고 우상을 숭배하고 심판과 저주를 받을 존재인 이스라엘을 하나님께서는 고난의 용광로에 넣어 하나님의 사람으로 만드셨습니다. 하나님은 심판을 늦추고 기다리십니다. 노여움과 분노를 누르고 마지막 순간까지 우리가 돌아오고 회개하기를 기다리십니다.

이사야 48장 10절에는 이런 말씀이 있습니다. "보아라. 내가 너를 제련했지만 은처럼 하지 않고 고난의 용광로에서 너를 시험했다."

하나님의 사랑은 변함이 없습니다. 그 사랑은 반드시 우리를 변화시킵니다. 그래서 그 사랑 앞에 서면 눈물이 나고 무릎 꿇고 감동받는 것입니다. 그래서 우리는 하나님의 이 절대적이고 변함없는 무한한 사랑 앞에 경배와 찬양을 올려 드립니다. 우리의 삶을 다 드립니다.

오늘 저녁 하나님의 영원한 사랑 앞에 무릎을 꿇으십시오. 그의 용광로에 들어가서 순결한 사람으로 거듭나도록 기도하십시오.

■ 도가니는 은을, 풀무는 금을 연단하거니와 여호와는 마음을 연단하시느니라(잠 17:3).

1113

우상숭배의 끝은 멸망뿐

당신의 주변에 우상숭배의 모습이 있습니까?

역사를 보면 수많은 제국이 등장했다 사라졌습니다. 성경에도 이집트, 앗수르, 바벨론, 페르시아, 헬라, 로마제국 등이 기록되어 있습니다. 예수님 당시에는 헬라와 로마제국이 이름을 떨쳤지만 어느 순간 최후를 맞이했습니다.

이유가 무엇일까요? 역사적으로 보면 다양한 이유가 있겠지만 결국 우상을 숭배했기 때문입니다. 우상을 숭배하고 도덕적·정신적 공황 상태가 되면 아무리 강대한 제국일지라도 무너질 수밖에 없습니다.

하나님은 우상을 숭배하는 어떤 민족도, 어떤 개인도 기뻐하시지 않습니다. 만약 미신, 우상, 세상을 섬기면서도 하나님께 복 받기를 원한다면 포기하십시오. 불가능합니다. 우상숭배의 결과는 제국의 몰락, 개인의 몰락입니다. 우연이 아닙니다. 한 시대의 종말도 마찬가지입니다. 거기에는 반드시 하나님이 계십니다.

사람들은 우상이 우리를 구원할 수 있다고 생각합니다. 우상이 우리 건강과 재물과 권력과 사업을 유지해 줄 것이라고 생각합니다. 그러나 그렇지 않습니다. 우상은 반드시 망합니다. 우리를 구원하시는 분은 하나님이십니다. 그분의 이름은 만군의 여호와입니다.

■ 조각한 우상을 의지하며 부어 만든 우상을 향하여 너희는 우리의 신이라 하는 자는 물리침을 받아 크게 수치를 당하리라(사 42:17).

1114

멸망의 선봉, 교만

당신은 일이 잘 풀릴 때 어떤 생각을 합니까?

사람들은 일이 잘될 때, 승승장구할 때, 권력을 가졌을 때면, 내가 잘나고 똑똑해서 그렇게 되었다고 착각합니다. 그때 빠지기 쉬운 것이 교만이요 방자함입니다. 그러나 내가 잘나고 훌륭해서 잘된 것이 아닙니다. 하나님께서 그렇게 해 주신 것입니다. 그때 하나님의 섭리를 깨닫고 자기 분수와 자기 한계를 지켜야 합니다. 그래야 계속될 수 있습니다. 그렇지 못하면 망합니다.

바벨론은 하나님의 섭리 앞에서 마치 자기가 열국의 주권자인 듯이 권력을 휘둘렀습니다. 심지어 무자비하게 노인들에게 멍에를 지우고 학대했습니다. 그들의 악이 극에 달하자 하나님은 바벨론을 멸망시키십니다. 바벨론은 하나님의 섭리와 뜻을 모르고 한참 잘될 때 교만했습니다.

권력이 생겼을 때 나를 높이면 추락하게 되지만, 하나님을 높이면 더 큰 비전이 생깁니다. 내가 잘될 때 자신을 낮추고 하나님을 높여야 합니다. 일이 잘 풀릴 때 하나님의 섭리와 뜻을 구하십시오.

■ 교만은 패망의 선봉이요 거만한 마음은 넘어짐의 앞잡이니라 겸손한 자와 함께 하여 마음을 낮추는 것이 교만한 자와 함께 하여 탈취물을 나누는 것보다 나으니라(잠 16:18~19).

1115

생각과 육체의 균형

생각만 하고 실천하지 못하는 일들은 무엇입니까?

크리스천이 신앙생활에 갈등을 느끼는 이유는 대부분 생각과 몸이 일치하지 않기 때문입니다. 생각은 있지만 몸이 따라가지 않기 때문에 신앙생활의 균형이 깨집니다. 마음이 간절하다는 것은 생각이 간절하다는 뜻입니다. 물론 생각조차도 훈련이 안 된 사람도 많습니다. 생각이 사탄에게 사로잡혀 세상적인 생각만 하는 사람입니다. 그러나 진정한 경건 생활이란 생각과 육체가 균형을 이루고 하나 되는 것을 의미합니다.

기도하고 싶지 않은 사람이 어디 있겠습니까? 그러나 훈련되지 않은 사람은 꾸준히 기도하기 어렵습니다. 반대로 훈련이 잘 되어 있는 사람은 비가 오나 눈이 오나 바람이 부나 시험이 드나 가난하나 부유하나 상관없이 신앙생활을 꾸준히 합니다. 그것이 신앙을 끝까지 지킬 수 있는 경건의 힘을 키웁니다.

나는 어떻습니까? 아직도 생각에만 머물러 있습니까?

■ 시험에 들지 않게 깨어 기도하라 마음에는 원이로되 육신이 약하도다 하시고(마 26:41).

1116

크리스천의 경제생활 원칙

십일조를 틀림없이 드립니까?

십일조는 크리스천 경제생활의 원칙이고 기준입니다. 사람은 누구나 돈과 재물에 약합니다. 믿음이 굳세지 않고서는 돈과 관련된 시험에서 헤어 나올 자가 없습니다. 하나님과 재물은 동시에 섬길 수 없습니다(마 6:24).

그렇다고 돈을 배척하거나 돈 없이 살 수 있다는 말은 아닙니다. 예수님께서는 우리에게 무엇을 먹고 마시고 입을까 염려하지 말라고 하셨습니다. 또한 우리에게 필요한 것을 다 아신다고 하셨습니다. 그러나 사람들은 대부분 돈을 목적으로 살아갑니다.

사업하는 어떤 분이 독일에서 비싼 기계를 들여왔습니다. 그런데 공장을 완공한 날 화재가 나 모두 잿더미가 되었습니다. 그분은 불타는 공장을 보면서 "내가 얼마나 하나님을 잘 섬겼는데 왜 하나님은 공장을 잿더미로 만드십니까?"라고 원망했습니다. 그런데 마음속에서 하나님의 음성이 들렸다고 합니다. "네가 내 돈 떼먹었지?" 그분은 바로 회개하고 하나님께 돌려드렸답니다. 그때부터 회사가 잘되기 시작했다는 말을 들었습니다.

하나님께서 십일조만큼은 시험하라고 말씀하셨습니다(말 3:10). 십일조를 잘 드리면 얼마나 복을 주시는지 시험해 보라는 것입니다. 십일조는 하나님의 것입니다.

■ 너는 마땅히 매 년 토지 소산의 십일조를 드릴 것이며(신 14:22).

1117

시간을 헛되이 보내지 마십시오

당신의 인생을 주관하고 계시는 분이 하나님이심을 믿고 있습니까?

인간에게는 신에 대한 갈망이 있습니다. 오대양 육대주를 가 보십시오. 예외 없이 토속신이 있고 무당이 있고 무속신앙이 있습니다. 무당이 없는 나라는 없습니다.

사람들은 엉뚱한 데 돈을 많이 씁니다. 허무한 데 시간을 보냅니다. 무익한 것에 얼마나 많은 시간과 열정을 쏟았습니까? 생각해 보십시오. 오늘의 운세나 점이 어떻게 미래를 만들며, 나의 사주팔자가 어떻게 행복한 결혼과 건강한 가정을 만들 수 있겠습니까? 그런데도 재미삼아 운세를 보고, 사주팔자를 이야기하고, 손금을 봅니다. 미신에 빠지면 지성인도 헤어나지 못합니다.

이런 일은 흉내도 내지 않아야 합니다. 미신적 사고방식을 다 버리십시오. 우리 인생은 말도 못하는 거짓 우상에 의해 결정되는 것이 아닙니다. 살아계신 하나님, 창조주 하나님, 인격적인 하나님, 사랑과 긍휼의 하나님, 역사를 정의로 심판하시는 하나님에 의해 결정된다는 사실을 믿으십시오. 인생의 정답은 하나님이십니다. 돌이켜 하나님을 신뢰하십시오. 우리는 숙명론을 믿는 사람이 아니라 하나님의 섭리를 믿는 사람들입니다.

■ 악은 어떤 모양이라도 버리라 평강의 하나님이 친히 너희를 온전히 거룩하게 하시고 또 너희의 온 영과 혼과 몸이 우리 주 예수 그리스도께서 강림하실 때에 흠 없게 보전되기를 원하노라(살전 5:22-23).

1118

교회를 위해 기도하십시오

당신은 교회를 얼마나 귀하고 소중하게 여깁니까?

하나님은 땅 끝 백성까지도 교회를 통해 회복시키시기 원하십니다. 하나님과 상관없는 백성들이 교회에서 무릎을 꿇고 하나님을 찬양하는 장면을 상상해 보십시오. 100여 년 전 한국은 황무지였습니다. 그러나 지금은 한국 땅에 복음의 꽃이 활짝 폈습니다.

　어떤 사람들은 한국에 십자가가 너무 많다고 비판합니다. 그러나 십자가를 꽃이라고 생각해 보십시오. 한국에는 꽃이 활짝 핀 것입니다. 교회가 이처럼 많은 것은 축복이 아니겠습니까?

　이 세상에서 가장 중요한 것은 교회 공동체입니다. 교회는 하나님의 나라입니다. 교회는 조직이 아니라 영적 유기체입니다. 교회는 그리스도의 몸입니다. 교회는 그리스도의 신부입니다. 그러므로 교회는 좋은 방향을 제시할 수 있어야 합니다. 이 사회를 건강하게 만들 책임이 교회와 크리스천들에게 있습니다.

　내가 다니는 교회를 소중하고 귀하게 여기십시오. 교회를 소중히 여기는 것은 예수 그리스도를 소중히 여기는 것입니다. 예수 그리스도의 꽃이 활짝 필 수 있도록 교회를 위해 기도하십시오.

■ 또 만물을 그의 발 아래에 복종하게 하시고 그를 만물 위에 교회의 머리로 삼으셨느니라 교회는 그의 몸이니 만물 안에서 만물을 충만하게 하시는 이의 충만함이니라(엡 1:22-23).

1119

회복의 시작

처음 은혜 받았던 때를 기억해 보십시오.

하나님의 사랑과 은혜를 기억하면 회복이 옵니다. 회복은 받은 은혜와 사랑을 기억하는 것에서 시작합니다. 혹시 은혜를 다 잊어버리고 시험에 들었습니까? 은혜 받았던 때를 기억하십시오. 예수를 믿었을 때의 첫 사랑을 회복하십시오.

하나님은 우리를 잊지 않으십니다. 우리가 심판을 받고 있을지라도 회복시키기를 원하십니다.

죄는 은혜를 잊게 합니다. 사랑을 잊게 합니다. 탕자의 특징은 부모의 사랑을 잊은 것입니다. 부모를 거역하는 자녀의 특징은 부모의 사랑을 잊었다는 것입니다.

회상하는 것이 회복의 첫 걸음입니다. 하나님의 사랑과 은혜를 기억하십시오. 아버지의 사랑을 기억하면 회개가 시작됩니다. 아버지를 기억하기 시작하면 아버지의 집으로 돌아가야겠다고 결단하게 됩니다.

우리는 하나님을 잊고 살지만 하나님은 단 한 번도 우리를 잊으신 적이 없습니다.

■ 야곱아 이스라엘아 이 일을 기억하라 너는 내 종이니라 내가 너를 지었으니 너는 내 종이니라 이스라엘아 너는 나에게 잊혀지지 아니하리라(사 44:21).

예수님의 관심은 회복입니다

하나님께서 내게 주신 회복의 기회에 정직하게 반응했습니까?

연약한 우리는 실수합니다. 그러나 하나님은 회복할 수 있도록 충분한 기회를 주십니다. 예수님은 부활하신 후 베드로에게 "네가 나를 사랑하느냐"고 세 번이나 물으셨습니다. 베드로가 못 알아들었기 때문이 아닙니다. 세 번 배신한 베드로에게 회복의 기회를 세 번 주신 것입니다.

베드로는 추위 때문에 숯불을 피워 놓은 가야바 법정에서 예수님을 세 번 부인했습니다. 그런데 이제 예수님께서 숯불을 피워 놓고 베드로를 회복시켜 주십니다.

예수님은 베드로에게 "너의 능력이 얼마나 되냐? 네가 완벽하냐?"라고 묻지 않았습니다. 또한 "네가 얼마나 실수를 많이 했느냐? 네가 얼마나 많이 배신했느냐?"고 책망하시지도 않았습니다. 오로지 "네가 나를 사랑하느냐?"라고 세 번 물어보셨을 뿐입니다. 한 영혼을 향한 예수님의 깊은 배려입니다.

주님은 자신감을 잃은 사람, 본인에게 스스로 실망한 사람에게 용기를 주시고 회복시켜 주십니다. 예수님은 정죄가 아니라 회복에 관심이 있기 때문입니다. 나를 회복하시기 원하는 예수님께 사랑한다고 고백하십시오.

■ 또 두 번째 이르시되 요한의 아들 시몬아 네가 나를 사랑하느냐 하시니 이르되 주님 그러하나이다 내가 주님을 사랑하는 줄 주님께서 아시나이다 이르시되 내 양을 치라 하시고(요 21:16).

1121

세상을 이기는 용서

마음속에 아직도 용서하지 못한 사람이 있습니까?

용서는 기독교의 최선이자 핵심입니다. 용서를 넘어서지 못하면 진정한 사랑이 아닙니다. 크리스천의 모든 덕은 용서에서 시작됩니다.

예수님께서 최후에 주신 메시지는 용서에 관한 것입니다. 용서는 기독교가 세상을 이길 수 있는 유일한 방법입니다. 우리는 자신을 용서하고 가족, 이웃, 민족을 용서해야 합니다.

'구원받았다'는 것은 '죄를 용서받았다'는 것입니다. 죄를 용서해 주시는 분이 누구입니까? 절대 권위와 절대 능력을 가지신 하나님께서 우리 죄를 용서하시고 도말하셨습니다. 인간의 부족함이나 허물, 실수와 상관이 없습니다. 우리는 하나님의 하나님 되심과 그의 완전하심 때문에 구원받은 것입니다.

하나님께서는 우리 모든 죄를 깊은 바다에 던지십니다(미 7:19). 우리 죄를 다시 찾을 수 없게 하십니다. 그러므로 우리는 자기 자신을 정죄하지 말아야 합니다. 자유를 누리십시오. 용서의 축복을 누리십시오. 또한 이웃을 용서하십시오. 공격하지 마십시오. 어떤 이유든 사랑하지 않고 미워하는 것도 사탄으로부터 오는 것입니다. 남을 비판하고 정죄하는 것은 성령님의 뜻이 아닙니다.

■ 너희가 누구의 죄든지 사하면 사하여질 것이요 누구의 죄든지 그대로 두면 그대로 있으리라 하시니라(요 20:23).

1122

우리는 주님의 것입니다

열등감과 좌절감에 빠져 허우적거린 적이 있습니까?

우리는 두려워하지 않아도 됩니다. 하나님께서 구속하시고, 또한 우리를 지명하여 부르셨기 때문입니다. 하나님께서 우리에게 "너는 내 것이다"라고 말씀하십니다. 이 말은 "내가 너를 책임지겠다"는 약속입니다. 그래서 크리스천은 어떤 환경과 상황에서도 두려워하거나 의심하지 말고, 우리 주님을 바라봐야 합니다.

　이스라엘 백성은 바벨론에서 포로 생활을 했습니다. 그들의 삶은 비참했습니다. 그렇지만 하나님께서는 이스라엘 백성에게 "두려워 말라"고 하십니다.

　인생을 살다 보면 매사가 잘되는 것만은 아닙니다. 이것이 잘되면 저것이 어렵습니다. 삶에는 굴곡이 있어서 이런 일들이 계속 이어집니다. 하나님께서는 굴곡 많은 인생을 사는 백성을 향해 "걱정하지 말라. 두려워 말라. 너를 버리지 않겠다"고 말씀하십니다.

　온몸은 상처투성이요, 세상에서 패배한 자 같지만 하나님께서 "너를 보배로운 존재로 만들겠다"고 말씀하십니다. 더 이상 무엇을 바라겠습니까?

■ 야곱아 너를 창조하신 여호와께서 지금 말씀하시느니라 이스라엘아 너를 지으신 이가 말씀하시느니라 너는 두려워하지 말라 내가 너를 구속하였고 내가 너를 지명하여 불렀나니 너는 내 것이라(사 43:1).

1123

크리스천의 첫 시작

구원과 사랑에 감격하여 목이 쉬도록 찬송을 불러 보았습니까?

찬송은 은혜 받은 자만이 부를 수 있는 하늘의 노래입니다. 감사와 감격과 눈물 없이는 진정한 찬송이 없습니다. 기도가 메마르면 찬송도 메마릅니다. 말씀이 메마르면 찬송도 메마릅니다. 사랑과 겸손이 메마르면 찬송이 나오지 않습니다.

신앙의 척도는 찬송에 있습니다. 입술에서 감사와 찬송이 나오는 사람은 성령 충만하기 때문입니다. 성령 충만하지 않으면 자기도 모르게 찬송이 사라집니다. 감사가 사라지고 기도가 사라집니다.

눈물을 흘리며 목이 쉬도록 찬송을 불렀던 적이 있습니까? 나는 1966년에 첫 은혜를 받았습니다. 한 달 동안 찬송을 불러서 완전히 목이 상했습니다. 그때 많이 불렀던 찬송이 "나 같은 죄인 살리신", "주 예수 대문 밖에", "주 달려 죽은 십자가" 등입니다. 그 찬송이 너무 좋아 한 달 동안 목이 쉬도록 불렀습니다. 주님이 나를 찾아오셔서 피 묻은 손을 보여 주셨고, 그 사랑을 보여 주셨기 때문에 감격에 찬 찬양을 드렸습니다.

복음을 가진 크리스천은, 예수를 만난 크리스천은, 하늘의 신령한 복을 경험한 크리스천은, 구원을 경험한 크리스천은 찬송에서부터 시작합니다.

■ 주 나의 하나님이여 내가 전심으로 주를 찬송하고 영원토록 주의 이름에 영광을 돌리오리니 이는 내게 향하신 주의 인자하심이 크사 내 영혼을 깊은 스올에서 건지셨음이니이다(시 86:12-13).

1124

만 입이 내게 있으면

시편을 통해 두 가지 독특한 단어를 발견합니다. '감사하라'와 '찬양하라'입니다. 이 선포들은 시편 전체를 가득 메우고 있습니다. 감사는 곧 찬양으로 변합니다.

인간이 사용하는 언어 중에 '감사'라는 말보다 위대하고 복된 것은 없을 것입니다. 참된 크리스천이라면 하나님께 드리는 감사와 그분께 받은 감동이 언행에서 나타나야 합니다. 생활 현장에서 힘들고 고통스럽고 손해보고 핍박받는다 해도 하나님 때문에 감동할 수 있어야 합니다.

성경을 자세히 살펴보면, 고통을 많이 겪고 시련의 폭풍을 지나온 사람들에게는 참된 감사가 있습니다. 고난을 모르는 사람들은 감사의 깊이와 복을 잘 모릅니다. 죽음의 고비를 넘긴 사람, 절망에서 다시 인생을 찾은 사람, 더 이상 희망이 없다고 여겼다가 회복된 사람에게는 참된 눈물이 있고 기쁨의 감사가 있습니다. 진정한 감사는 고통 뒤에 있고, 은혜 안에 있습니다. "만 입이 내게 있으면 그 입 다 가지고 내 구주 주신 은총을 늘 찬송하겠네"라는 찬송가가 있습니다. 크리스천의 입술은 항상 감사와 찬양으로 가득해야 합니다.

오늘 잠들기 전 하나님께 감사의 찬송을 드림으로 복된 인생을 누리십시오.

■ 시와 찬송과 신령한 노래들로 서로 화답하며 너희의 마음으로 주께 노래하며 찬송하며 범사에 우리 주 예수 그리스도의 이름으로 항상 아버지 하나님께 감사하며(엡 5:19-20).

1125

복 주시기로 작정하신 예수님

오늘 하루 우연히 일어난 일을 통해 하나님의 섭리를 발견했습니까?

예수님을 만나 기적을 경험한 열 사람이 있습니다. 그들은 모두 문둥병자였습니다. 사람에게 우연은 하나님의 필연입니다. 우연히 예수님을 만난 것 같은데, 나중에 알고 보면 하나님의 섭리였고 계획이었습니다. 열 명의 문둥병자들은 예수님을 만나리라 기대하지도 않았고 희망도 없었습니다. 그런데 만났습니다.

당시 문둥병자는 하나님의 저주를 받은 사람으로 취급받았습니다. 그래서 미움을 받고 접촉을 금지당했습니다. 그들은 죽음의 항해를 나서는 배에 올라탄 사람과 같았습니다. 그들에게 구원을 베풀고 미래의 희망을 전할 사람은 전혀 없었습니다. 앞을 봐도, 뒤를 봐도, 하늘을 봐도 살 길이 없었습니다.

이런 문둥병자 열 사람이 예수님을 만났습니다. 예수님은 제사장들에게 가서 몸을 보이라고 말씀하실 때, 이미 기적을 베풀기로 결정하신 것입니다.

그들을 고치기로 작정하신 것같이, 예수님은 이미 우리를 구원하시고 복 주시기로 작정하셨습니다. 우연이란 없습니다. 우리를 향한 하나님의 계획만 있을 뿐입니다.

■ 보시고 이르시되 가서 제사장들에게 너희 몸을 보이라 하셨더니 그들이 가다가 깨끗함을 받은지라(눅 17:14).

1126

의지와 결단을 표현하십시오

내가 처한 형편과 필요를 주님께 정직하게 표현합니까?

예수님은 언제나 아픈 사람들에게 "네가 낫고자 하느냐?"라고 물으셨습니다. 왜 그냥 고쳐 주지 않고 이런 질문을 하셨을까요? 병을 고치실 때 반드시 고침받는 자의 믿음이 필요하기 때문입니다. 다시 말하면 예수님의 기적은 인간의 의지와 결단을 요구합니다. 예수님께서는 그 사람의 의지와 상관없이 일방적으로 고치시지 않습니다. 누구나 치유의 복을 받으려면 믿음이 필요합니다. 믿음은 구원에 이르는 하나님의 방법이기 때문입니다.

예수님은 십자가에서 피 흘려 돌아가셨습니다. 그 사건만으로 누구나 자연히 구원받는 것은 아닙니다. 구원을 받으려면 내 의지와 내 결단으로 "주님 나도 믿겠습니다"라고 말해야 합니다.

믿음은 결단이요 행동이요 자기 의지입니다. 자기 의지 없이 병 낫기를 원하고, 자기 행동 없이 "하나님께서 알아서 해 주세요"라고 말하지 마십시오. 하나님은 우리의 의지와 결단과 행동을 사용하십니다. 하나님은 우리 안에 강렬한 영적 갈망, 영적 추구, 영적 의지와 결단을 요구하십니다.

■ 예수께서 말씀하여 이르시되 네게 무엇을 하여 주기를 원하느냐 맹인이 이르되 선생님이여 보기를 원하나이다 예수께서 이르시되 가라 네 믿음이 너를 구원하였느니라 하시니 그가 곧 보게 되어 예수를 길에서 따르니라(막 10:51-52).

1127

믿음의 비밀

어떻게 해야 큰 믿음을 가질 수 있을까요?

하나님은 아브라함을 믿음의 조상으로 택하셨습니다. 아브라함의 믿음이 좋아서도 아니고, 그가 상식이 뛰어난 사람이어서도 아닙니다. 그런데 왜 택하셨을까요? 이유는 간단합니다. 먼 훗날 누구든지 구원받을 수 있다는 진리를 가르쳐 주시기 위함입니다.

예수님을 믿으면 구원받는다는 뜻이 무엇입니까? 내가 구원받기 위해 노력하거나 값을 치르지 않아도 된다는 말입니다. 그것을 보여 주기 위해 하나님은 한 이방인, 하나님이 없던 사람, 믿음이 없던 사람, 상식과 경험과 이성으로만 살아왔던 사람인 아브라함을 택하시고 믿음으로 사는 법을 가르쳐 주십니다. 믿음의 비밀을 보여 주십니다. 믿음은 내가 나를 설득하는 게 아니라는 사실을 알려 주십니다. 믿음은 하나님께서 나를 설득하는 것입니다. 내가 나에게 확신을 주는 것이 아닙니다. 하나님께서 나에게 확신을 주는 것입니다.

큰 믿음은 하나님께서 주십니다. 순결한 믿음, 보배로운 믿음, 예수 그리스도에 이르는 믿음을 위해 기도하십시오.

■ 그러므로 믿음으로 말미암은 자는 믿음이 있는 아브라함과 함께 복을 받느니라(갈 3:9).

1128

익숙한 것에서 떠나십시오

하나님을 만나기 위해 진정으로 떠나야 할 것들은 무엇입니까?

믿음을 갖기 위해서는 집착에서 떠나야 합니다. 가장 소중하게 생각하는 것을 다 끊어야 합니다. 그래서 힘듭니다. 누구든지 변화는 원하지만 실제로 변하기는 어렵습니다. 변화하기 위해서는 자기 실수, 자기 부족함을 인정하고 자기를 부인해야 하기 때문입니다.

인간의 본성은 자기를 보호하려 하고 보완하려 합니다. 내려놓기 싫어합니다. 자꾸 붙이려고 합니다. 가진 것이 없어서가 아니라 자꾸 붙이려는 욕심 때문에 불행한 것입니다. 그런 사람은 모든 것이 있지만 하나님이 없습니다.

친하고 익숙하고 영향력을 주는 것에서 떠나십시오. 그럴 때 하나님이 보일 것입니다. 누구나 막상 떠나려면 불안합니다. 낭떠러지에 빠지는 것 같고 죽는 것 같습니다. '내가 이렇게 해도 되는 걸까?' 하는 생각이 자꾸 듭니다. 뭔가를 붙잡아야 살 것 같습니다. 그러나 떠나면, 하나님이 내 도움이시고 내 구원이심을 알게 됩니다.

지금껏 잡고 있던 마음속 마지막 보루를 꺼내 버리십시오. 하나님만 바라보게 될 것입니다.

■ 여호와께서 내게 도움이 되지 아니하셨더면 내 영혼이 벌써 침묵 속에 잠겼으리로다(시 94:17).

1129

희망의 믿음, 약속의 믿음

당신은 약속의 말씀을 붙잡고 살고 있습니까?

믿음에는 두 가지 종류가 있습니다. '희망의 믿음'과 '약속의 믿음'입니다. 언뜻 보면 비슷하지만 내용은 굉장히 다릅니다.

희망의 믿음은 겉으로 보기에 굉장히 그럴듯하고 화려합니다. 그러나 단순한 희망에 근거하기 때문에 내용이 없습니다. 바라고 꿈꾸고 소망하는 것을 믿음이라고 착각하는 것입니다. 당신이 희망하는 것은 믿음이 아닙니다. 그것은 그냥 희망일 뿐입니다. 희망은 내가 원한다고 반드시 이루어지는 것이 아닙니다. 이루어질 수도 있고 이루어지지 않을 수도 있습니다.

그렇다면 약속의 믿음이란 무엇입니까? 희망은 내가 원하는 것이지만 약속은 하나님께서 말씀하시는 것입니다. 그래서 희망보다 화려해 보이지 않습니다. 그러나 그 약속은 하나님께서 하신 약속이요, 예언이요, 말씀이기에 반드시 이루어집니다.

오늘 주신 하나님의 약속은 무엇입니까? 결코 변하지 않을 약속의 말씀을 믿고 기대하십시오.

■ 내 언약을 깨뜨리지 아니하고 내 입술에서 낸 것은 변하지 아니하리로다(시 89:34).

<u>11</u><u>30</u>

믿음의 세 가지 충족 조건

내가 가진 믿음은 어디에서 오는 것입니까?

믿음은 세 가지 측면에서 충족되어야 합니다.

첫째, 하나님 말씀에서 오는 믿음이어야 합니다. 믿음은 개인의 생각이나 판단이 아니라, 성경에 기록된 하나님의 말씀을 믿는 것입니다. 우리는 정황이나 내 상태에 따라 말씀을 취사선택(取捨選擇)하는 경향이 있습니다. 매우 위험한 일입니다. 절대 그러면 안 됩니다. 믿음은 전체를 그대로 믿는 것입니다.

둘째, 예수 그리스도의 십자가 사건에서 오는 믿음이어야 합니다. 믿음은 예수 그리스도의 보혈의 능력을 자신 안으로 들여오는 것입니다.

셋째, 성령님의 기름 부으심이 있는 믿음이어야 합니다. 성령님은 순간마다 하나님 말씀을 생각나게 하십니다. 성령님의 충만하신 은혜가 임하실 때, 우리는 약속의 말씀을 기억하고 모든 염려와 불안을 떨쳐버릴 수 있습니다. 성령님께서 임하시면 영적 치유가 일어납니다.

■ 만일 너희가 믿음에 거하고 터 위에 굳게 서서 너희 들은 바 복음의 소망에서 흔들리지 아니하면 그리하리라 이 복음은 천하 만민에게 전파된 바요 나 바울은 이 복음의 일꾼이 되었노라(골 1:23).

12월
또 다른 저녁을 준비하며

보이지 않는 미래의 비전을 꿈꾸며
성심으로 하루를 사십시오.

1201

하나님의 별을 따라가는 삶

복음의 별을 발견했습니까? 그 별을 잘 따라가고 있습니까?

예수님의 탄생을 축하하는 분위기가 가득한 12월입니다. 이때 무엇보다 먼저 복음을 발견하고 복음을 깨달아야 합니다.

동방박사들은 하늘을 살피며 우주의 섭리를 발견하고 별을 연구했습니다. 그들은 갑자기 이상한 별 하나가 나타난 것을 발견했습니다. 오랜 시간 별을 연구했지만 그 별의 정체를 아는 사람은 없었습니다. 동방박사들은 그 별이 우주에 떠 있는 별이 아니고 하나님의 별이라는 것을 깨닫습니다. 하나님께서 예수님의 탄생을 알리기 위해 보내신 특별한 별임을 알게 됩니다.

동방박사들은 하나님의 별을 봤기 때문에 그 별을 따라간 것입니다. 예수님의 탄생에 기뻐하는 이때, 우리 마음 가운데 진정한 하나님의 별을 발견하십시오. 내가 발견한 마음 속 그 별을 따라가는 믿음을 가지십시오.

오늘 저녁 하나님의 별을 발견하고 따라가는 축복이 임하도록 하나님께 기도하십시오.

■ 박사들이 왕의 말을 듣고 갈새 동방에서 보던 그 별이 문득 앞서 인도하여 가다가 아기 있는 곳 위에 머물러 서 있는지라 그들이 별을 보고 매우 크게 기뻐하고 기뻐하더라(마 2:9-10).

1202

메시아의 대속

메시아는 왜 멸시와 고통을 당하고 버림을 받았을까요?

하나님께서 이 땅에 오셨습니다. 그분을 우리는 메시아라고 말합니다. 그런데 인간이 그 메시아를 환영하지 않았습니다. 오히려 거부하고 혐오하고 적대했습니다. 메시아가 실수했거나 죄를 지었기 때문이 아닙니다. 이유는 정반대였습니다. 메시아가 오면 어두워진 마음과 허물과 죄와 실수가 드러날까 봐 철저하게 메시아를 거부한 것입니다.

그러나 예수님은 우리의 죄는 물론이고 병, 아픔, 고난까지 짊어지셨습니다(사 53:4). 인류가 짊어진 죄, 질병, 저주가 예수님에게로 갔다는 것입니다. 여기서 굉장히 새로운 사실을 발견합니다. 바로 '대속'입니다. 다른 종교에서는 찾아볼 수 없는 개념입니다. 예수님은 우리 대신 아프고, 대신 빚을 갚고, 대신 수모를 겪으셨습니다. 그분이 짊어진 병은 우리의 병이요, 그분이 짊어진 아픔은 우리의 아픔입니다.

더 이상 우리는 우리의 죄 때문에 두려워할 필요가 없습니다. 예수님 앞에서 부끄러워할 이유도 없습니다. 예수님께서 친히 우리의 죄와 고통을 감당하셨기 때문입니다.

■ 그는 실로 우리의 질고를 지고 우리의 슬픔을 당하였거늘 우리는 생각하기를 그는 징벌을 받아 하나님께 맞으며 고난을 당한다 하였노라(사 53:4).

1203

그리스도를 만난 기적

그동안 살면서 어떤 기적을 경험했습니까?

우리 마음을 감동시킨 한 자매의 이야기입니다. 교통사고로 그녀는 큰 화상을 입고 피부의 50%를 잃었습니다. 붕대로 몸을 감고 7개월 만에 집에 가서 유리창에 비친 자기 모습을 보니 너무나 생소했습니다. 그런 자기를 받아들일 수가 없었습니다.

그런데 어느 날, "사랑하는 딸아!"라는 예수님의 음성을 들었습니다. 그녀에게 일어난 기적은, 피부가 재생한 것도, 잃어버린 손가락이 다시 생긴 것도 아닙니다. 예수님의 음성을 들은 것입니다!

"너는 너처럼 교통사고를 당해서 인생의 어려움을 겪고 있는 사람들을 위로하고, 그들에게 희망을 주는 사람이 되어라!"

예수님은 그녀에게 비전을 심어 주셨습니다. 그녀는 마음이 변하기 시작했습니다. 예수님을 만나고 예수님의 음성을 듣고 그녀의 삶이 변하기 시작했습니다.

한 해가 저물어 갑니다. 예수님은 우리를 기다리고 있습니다. 아직 해결하지 못한 상처와 좌절과 절망과 저주와 풀리지 않는 문제들을 지금 예수님 앞에 고백하십시오. 예수님은 당신을 만나 주시고, 기적을 베푸십니다.

■ 그는 근본 하나님의 본체시나 하나님과 동등됨을 취할 것으로 여기지 아니하시고 (빌 2:6).

1204

하나님의 허락

하나님의 때를 기다리는 간절한 소원이 있습니까?

주변 국가를 제패하고 큰 궁궐에 살던 다윗은 하나님의 집이 초라한 것이 마음에 걸렸습니다. 그래서 하나님께 매달려 기도했습니다. 다윗은 백향목과 대리석, 금과 은을 모았습니다. 하나님의 집을 짓기 위해 목수, 철공, 나무, 돌 등을 다 준비했습니다. 하지만 하나님께서 허락하시지 않았습니다.

하고 싶다고 다 할 수 있는 것은 아닙니다. 무슨 일이든지 하나님께서 허락하셔야 합니다. 하나님은 다윗이 하나님의 집을 짓는 것을 허락하지 않았습니다. 전쟁을 많이 해서 손에 피가 가득했기 때문입니다. 그러나 하나님은 다윗의 마음을 아셨습니다. 그래서 약속을 주셨습니다. 성전 짓는 것을 허락하지 않으셨지만 다윗을 버린 것은 아니었습니다.

그 후 다윗의 아들 솔로몬이 혼신의 힘을 다해 하나님께서 가르쳐 주신 대로 집을 지었습니다. 사람들을 모아 봉헌식을 하고 봉헌 기도를 했습니다. 결국 다윗의 소원은 이루어졌습니다.

지금 당장 이루어지지 않은 소원이 있습니까? 하나님의 뜻이라면 반드시 그 기도에 응답하십니다. 하나님께서 허락하시는 때를 기다리십시오. 믿음을 가지고 기도하십시오.

■ 주께서 주의 종 내 아버지 다윗에게 허락하신 말씀을 지키시되 주의 입으로 말씀하신 것을 손으로 이루심이 오늘과 같으니이다(대하 6:15).

1205

기도의 불을 지피십시오

해결하지 못한 채로 남아 있는 문제가 있습니까?

기도를 잃어버린 시대입니다. 회개하는 기도, 금식하는 기도가 점점 적어지고 있습니다. 솔로몬이 성전을 완성하고 봉헌 기도를 마치자 바로 불이 하늘에서 내려와서 번제물과 제물을 불태웠습니다. 기도를 마치니 하늘에서 불이 임했습니다. 기도하면 어렵고 힘든 상황에서도 하나님께서 다시 불을 붙여 주실 것입니다. 불은 애쓴다고, 눈물 흘린다고 일어나지 않습니다. 기도하면 임합니다.

크리스천은 우리가 사는 사회를 위해, 경제와 국가와 청소년과 교육을 위해 기도해야 합니다. 세상의 모든 것이 다 기도 제목입니다. 기도 없이 해결할 수 있는 것은 없습니다.

아직까지 풀리지 않는 문제가 있습니까? 기도가 부족하다는 뜻입니다. 하나님은 우리에게 기도의 양과 질을 원하십니다. 우리가 보기에 이정도면 되겠다 싶겠지만 하나님 보시기에는 그렇지 않습니다.

하나님은 우리가 기도의 사람이 되기를 원하십니다. 기도의 불을 지피십시오. 기도하는 중에 하나님의 능력이 불처럼 임할 것입니다.

■ 솔로몬이 기도를 마치매 불이 하늘에서부터 내려와서 그 번제물과 제물들을 사르고 여호와의 영광이 그 성전에 가득하니 (대하 7:1).

1206

공동체의 위기 탈출법

당신은 교회에 문제가 생기면 어떤 태도를 취합니까?

성령 충만하고 은혜롭던 초대교회에 서로 원망하고 싸우는 일이 발생했습니다. 교회가 구제하는 문제 때문에 성도들 사이에 분열이 생긴 것입니다. 위기를 느낀 사도들은 어떻게 대처했습니까? 그들은 모든 제자를 불러 놓고 이렇게 말합니다.

"우리가 하나님의 말씀을 제쳐 놓고 공궤를 일삼는 것이 마땅치 아니합니다. 그러니 여러분 가운데서 성령과 지혜가 충만하여 칭찬 듣는 사람 일곱을 택하십시오. 그 일을 그분들에게 맡기고 우리는 기도하는 것과 말씀 전하는 것에 전무하겠습니다."

사도들은 구제하는 일을 잘할 만한 다른 이들에게 맡기고 기도와 말씀에 전적으로 힘을 쏟기로 결정합니다. 오직 기도하고 말씀에 전무함으로써 분열의 문제를 극복합니다.

어떤 문제가 생기면 기도와 말씀으로 돌아가야 합니다. 그것만이 하나님의 교회가 든든히 서며 우리의 믿음이 올바로 유지되는 비결입니다.

■ 여호와께서 내 음성과 내 간구를 들으시므로 내가 그를 사랑하는도다 그의 귀를 내게 기울이셨으므로 내가 평생에 기도하리로다(시 116:1~2).

1207

죄 사함을 선언하십시오

부정적인 생각과 행동을 계속 답습하고 있지 않습니까?

우리가 죄 사함을 받은 결정적인 이유는 예수 그리스도의 보혈의 능력 때문입니다. 죄 사함이란 인류의 원죄가 뿌리째 뽑힌 것을 말합니다. 아담과 이브의 원죄가 DNA처럼 우리에게 유전되어 왔는데 그것이 송두리째 사라진 것입니다. 우리는 은혜의 풍성함을 따라 예수님의 보혈로 구속(救贖), 곧 죄 사함을 받았습니다. 죄와 사망의 법에서 해방되었습니다.

이제 우리는 긍정적인 사고, 건강한 생활, 믿음의 문화를 이루어야 합니다. 그러나 우리는 너무 오랜 시간 사탄의 잘못된 문화를 답습해 와 금세 넘어지기 쉽습니다. 부정적으로 살아온 사람은 항상 상대방에게 상처가 되는 말을 합니다. 사탄의 역사는 죄를 계속 생각나게 합니다. 그러나 성령님의 역사는 하나님과 관련한 모든 것을 생각나게 합니다.

예수 그리스도 안에 있는 자들에게 결코 정죄함이 없다는 사실을 자주 선포하십시오. 이것이 옛 습관에서 벗어나는 길입니다. 죄 사함을 받으면 질병뿐 아니라 절망과 죽음마저 이기게 합니다.

■ 우리는 그리스도 안에서 그의 은혜의 풍성함을 따라 그의 피로 말미암아 속량 곧 죄 사함을 받았느니라(엡 1:7).

1208

오직 믿음으로

믿음이 어디서 온다고 생각합니까?

믿음이란 예수 그리스도를 만나면 하나님께서 주십니다. 우리는 그 믿음 덕분에 하나님께서 예비하신 복음의 권세와 복들을 누리게 되는 것입니다.

복음의 능력과 복을 받는 것에는 어떤 자격이나 방법 혹은 시간의 제한이 없습니다. 동서고금을 막론하고 누구든지 예수 그리스도를 만나면 그 즉시로 복음의 능력인 죄 사함을 받고 구원을 얻습니다. 하나님의 자녀가 되었기 때문에 하나님과의 특별한 관계 안에 들어가는 것입니다. 이것을 믿는 일이 신앙생활에서 기적을 만드는 방법입니다.

믿음은 현재형입니다. 지금 믿음으로 나아가면 주님께서 미리 예비해 두신 복들을 얻을 수 있습니다. 오직 믿음으로만 복음의 능력과 축복을 경험할 수 있습니다. 복음에는 하나님의 의가 나타나 우리로 하여금 믿음으로 믿음에 이르게 합니다.

■ 곧 예수 그리스도를 믿음으로 말미암아 모든 믿는 자에게 미치는 하나님의 의니 차별이 없느니라(롬 3:22).

1209

진리를 거부하는 이유

내 눈을 어둡게 하고 허탄한 이야기들에 귀를 기울이고 있지는 않습니까?

예수 외에 다른 이름으로는 구원이 없습니다. 많은 지성인이 이 말씀에 좌절합니다. "예수 믿는 사람들은 너무 독선적이다. 왜 기독교에만 구원이 있다고 하는가? 남산에 이르는 길이 어찌 한 길뿐이냐? 동서남북 길이 다 있지 않느냐?"라고 말합니다.

그러나 진리는 하나입니다. 그래서 진리는 모든 사람이 다 좋아하지 않습니다. 진리라면 모든 사람이 다 좋아하고, 선이라면 누구나 환영해야 할 것 같습니다. 그러나 그렇지 않습니다. 진리를 소유하지 않은 사람들에게는 진리를 소유한 사람이 거추장스럽고 부담스러운 법입니다. 불의한 사람에게는 정의로운 사람이 기쁘지 않습니다. 어두움의 사람들은 빛을 거부합니다. 그들은 어두움에 있기를 원합니다. 오히려 적극적으로 선과 정의와 진리를 비판하고 도전합니다.

나는 진리를 따르는 자입니까? 아니면 귀를 가리고 허탄한 이야기에 타협하는 자입니까? 예수님만이 우리의 구원자이십니다. 이것은 사라지지 않는 진리입니다. 오늘 저녁, 진리이신 예수님을 따르십시오.

■ 때가 이르리니 사람이 바른 교훈을 받지 아니하며 귀가 가려워서 자기의 사욕을 따를 스승을 많이 두고 또 그 귀를 진리에서 돌이켜 허탄한 이야기를 따르리라(딤후 4:3-4).

선하게 예수님을 밝히십시오

오늘 하루 예수님을 전하는 삶을 살았습니까?

개인 전도는 즉석 전도와 생활 전도가 있습니다. 즉석 전도를 통해 급하게 결신하고 예수님을 믿는 경우도 많이 있습니다. 그러나 그런 경우, 교회에 왔다가 쉽게 떠날 수 있다는 문제점이 있습니다. 그래서 교회에 오는 사람도 많지만 떠나는 사람도 많이 생기는 것입니다. 씨는 뿌렸는데 어떻게 열매를 맺고 있는지를 잘 모르는 경우가 많다는 것입니다.

이 한계점을 극복하기 위한 전도법이 생활 전도입니다. 생활 전도는 삶을 통해 주위 사람들의 마음을 먼저 열고 자연스럽게 예수님을 전하는 방법입니다. 친절과 겸손한 삶이 전도의 도구가 되는 것입니다. 본이 되는 삶을 사는 크리스천에게만 가능한 전도 방법입니다.

우리 스스로는 선하게 살아가기 힘듭니다. 그러나 하나님은 선한 것이 무엇인지 우리 마음속에 알려 주십니다. 하나님과 동행하면 선하게 사는 일이 더 이상 힘들지 않습니다. 우리의 선한 삶을 통해 예수 그리스도가 전해지도록 기도하십시오.

■ 사람아 주께서 선한 것이 무엇임을 네게 보이셨나니 여호와께서 네게 구하시는 것은 오직 정의를 행하며 인자를 사랑하며 겸손하게 네 하나님과 함께 행하는 것이 아니냐(미 6:8).

1211

회개와 회복

예수님을 제대로 믿고 있습니까?

하나님은 두 가지 이유 때문에 울고 계십니다. 예수를 믿지 않는 사람들 때문에 울고 예수를 잘못 믿는 사람들 때문에 우십니다. 예수를 믿는다는 사람들, 신앙생활을 오래했다는 사람들 때문에도 하나님은 가슴이 아프십니다. 방탕한 생활을 한 둘째 아들을 보고 가슴 아프신 하나님은 큰아들을 보고도 가슴이 아프십니다.

회개가 없으면 하나님을 기쁘시게 못합니다. 회개의 예배가 있고 회복의 예배가 있습니다. 그런데 순서가 있습니다. 회개의 예배가 먼저입니다. 치유와 회복은 회개 없이는 불가능합니다.

얼마나 오래 신앙생활을 했는지는 중요하지 않습니다. 나이와 직분도 상관없습니다. 눈물을 흘리며 벌거벗은 모습으로, 어린아이 같이 진실한 모습으로 하나님 앞에 나아가면 하나님은 우리를 맞아 주십니다. 둘째 아들이 아버지께 돌아올 때 아버지는 야단치지 않았습니다. 아버지는 둘째 아들이 돌아오자마자 잔치를 베풀고 가락지를 끼우고 옷을 입히고 사람들을 초청해서 축제를 했습니다. 날마다 회개의 예배를 드림으로 회복의 예배를 경험하시기 바랍니다.

■ 그러므로 너희가 회개하고 돌이켜 너희 죄 없이 함을 받으라 이같이 하면 새롭게 되는 날이 주 앞으로부터 이를 것이요(행 3:19).

1212

성령이 임하시면

성령 받은 것을 어떻게 알 수 있습니까?

성령이 임하면 권능이 생깁니다. 이 권능은 세상 사람들이 말하는 능력이 아닙니다. 이 권능은 주변 사람들에게 관심을 갖게 하며 육의 문제가 아니라 영의 문제에 눈뜨게 합니다.

허드슨 테일러가 중국 선교를 하다가 너무 힘이 들어서 중국을 떠나려고 했습니다. 그때 고열이 나면서 심하게 앓았습니다. 잠을 자는데 비몽사몽간에 꿈을 꾸었습니다. 중국 사람들이 지옥에 들어가는 꿈이었습니다. 그 꿈을 꾼 후 중국을 떠나려는 발걸음을 멈추었습니다.

성령 받은 사람들은 안정과 평안과 행복을 버리고 본토 친척 아비 집을 떠납니다. 하나님께서 주시는 꿈을 따라서 자신의 삶을 바칩니다. 예수 그리스도의 증인이 되어 나아갑니다.

성령이 임하시면 우리의 인생 목표는 땅 끝까지 주의 증인이 되는 것으로 변합니다. 예수님의 증인이 되십시오.

■ 오직 성령이 너희에게 임하시면 너희가 권능을 받고 예루살렘과 온 유대와 사마리아와 땅 끝까지 이르러 내 증인이 되리라 하시니라(행 1:8).

1213

성숙한 삶을 살기 위해

당신은 날마다 성숙한 삶을 살아갑니까?

성숙해지려면 시간이 필요합니다. 어린아이는 아직 생각이 미숙하고 짧습니다. 그들이 어떻게 성숙해집니까? 산전수전 겪고 실패도 하고 한계도 느끼면서 성숙합니다. 신앙생활도 갑자기 성숙해지지 않습니다. 성숙은 과정이지, 하루아침에 이뤄지는 것은 아닙니다. 아이가 성숙하지 못하다고 해서 밉습니까? 부족하면 부족한 대로 그 아이가 예쁘고 좋은 겁니다.

예수님을 믿는 것은 암벽타기가 아닙니다. 암벽타기는 고도의 기술이 필요합니다. 그것을 익힌 몇 사람만 할 수 있습니다. 예수 믿는 것에는 고도의 기술이 필요하지 않습니다. 잘 믿으면 됩니다. 매일매일 주님과 손잡고 등산하는 겁니다. 처음에는 해발 100미터를 등산합니다. 한참 하다 보면 어느 날 해발 600미터, 700미터, 800미터도 올라가는데 가는 방법은 똑같습니다. 해발 800미터에 올라갔다고 해서 갑자기 뛰어다니는 것이 아닙니다.

성숙하지 못한 나 자신을 자책하지 마십시오. 성숙한 삶을 살고 싶다고 하나님께 기도하십시오. 그리고 기다리십시오. 하나님께서 우리 손을 잡아 주시고 성숙한 삶으로 인도하십니다.

■ 그런즉 심는 이나 물 주는 이는 아무 것도 아니로되 오직 자라게 하시는 이는 하나님뿐이니라(고전 3:7).

1214

죄인이 새 출발을 하려면

교회에 다니면서 아직 세례를 받지 못한 사람들이 있습니까?

크리스천에게 세례란, 그리스도의 죽음과 함께 죽는 것이며 그리스도의 부활과 함께 다시 사는 것을 말합니다. 그리스도의 죽음과 부활에 동참하여 새 사람이 되는 것입니다. 그렇다면 세례는 반드시 죄인이 받아야 합니다.

많은 사람이 세례 받는 것을 주춤합니다. 세례를 받으라고 권면하면 아직 준비가 안 되었다고 말합니다. 준비란 무엇입니까? 세례 요한은 '회개하고' 세례를 받으라고 했습니다. 준비가 안 되었다는 말은 아직 회개하지 않았다는 말입니다. 그 말 깊은 곳에는 회개를 못하겠다는 인간의 고집이 있지 않습니까? 하나님께 항복하지 않겠다는 자존심이 있지 않습니까?

진정한 세례의 준비는 회개입니다. 나의 죄와 잘못을 인정하고 하나님 앞에 두 손 들고 항복하면서 "주여 내 인생이 잘못되었고 내 삶이 잘못되었으니 이제 내가 고치기를 원하며 내 인생의 방향을 수정하기를 원합니다"라고 고백하는 것이 세례의 준비입니다.

지식으로 세례를 받을 수 없습니다. 중심으로 회개했다면 세례 받을 자격이 있습니다. 세례의 의미를 기억하고 죄인임을 고백하십시오.

■ 베드로가 이르되 너희가 회개하여 각각 예수 그리스도의 이름으로 세례를 받고 죄 **사함을 받으라 그리하면 성령의 선물을 받으리니**(행 2:38).

1215

숨은 죄들을 드러내십시오

사소한 죄들을 모두 해결하고 은혜 받는 삶을 누리고 있습니까?

죄는 다른 사람이 끄집어내지 못합니다. 나 자신도 무서워서 꺼내지 못합니다. 그러나 하나님 말씀이 비추면 죄들은 스스로 껍질을 깨고 나올 수밖에 없습니다. 말씀 앞에 죄는 여지없이 폭로되고 노출됩니다. 봇물이 터지듯 쏟아져 나옵니다. 그래서 눈물 콧물 흘리면서 자신도 모르게 입술로 고백하기 시작합니다.

진정한 영적 부흥은 바로 죄의 고백에서부터 시작됩니다. 속에 감추어진 죄가 빠져나오기 전에는 아무리 은혜를 받고 싶어도 은혜를 받을 수 없고 하나님을 만나고 싶어도 만나지지 않습니다. 그러나 하나님 말씀이 비추면 빛 앞에 어두움이 물러가듯이 숨겨진 죄들은 모두 드러납니다. 그때 비로소 은혜를 경험하고 하나님을 만납니다.

나의 어두운 죄가 빛 앞에 드러나는 것을 두려워하지 마십시오. 빛 되신 예수님께서 다시는 어두운 곳에 우리를 두지 않겠다고 말씀하십니다. 참 빛이신 예수님 안에서 죄 사함의 은혜를 누리십시오.

■ 예수께서 또 말씀하여 이르시되 나는 세상의 빛이니 나를 따르는 자는 어둠에 다니지 아니하고 생명의 빛을 얻으리라(요 8:12).

1216

천국은 이미 시작되었습니다

당신이 생각하는 천국이란 어떤 곳입니까?

누구든지 예수 그리스도를 영접한 자에게는 천국이 이미 시작되었습니다. 이 세상을 사는 동안 우리 안에서 이루어져 갑니다. 이는 세상과 죄와 사탄의 때를 벗고 크리스천으로, 천국 시민으로 훈련받는 것과 같습니다. 이것을 '영적 전쟁'이라고 표현합니다. 어둠의 세력에게 빼앗겼던 것을 탈환함으로 하나님 나라가 이 땅에 확장되는 것입니다.

마지막 날 육신의 옷을 벗고 주님 앞에 섰을 때 우리는 그 영광스러운 천국을 경험할 것입니다. 또 주님께서 승리의 주님으로 재림하실 때 우리는 완전한 천국을 볼 것입니다.

그러나 천국은 하나님의 통치와 주권이 그리스도 안에서 이루어진 세계입니다. 즉 어떤 지역이나 땅의 개념이 아니라 통치의 개념입니다. 하나님께서 통치하시고 주님이 계신 곳은 어디든 하늘나라입니다. 그러므로 누구든지 예수 그리스도를 영접한 순간부터 그의 영혼은 하나님 나라를 경험합니다.

천국은 죽은 후에 가는 곳이 아닙니다. 예수 그리스도를 영접하는 순간부터 이 지상에서 경험할 수 있습니다. 오늘 저녁 당신의 마음속에 있는 천국을 선포하십시오. "주 계신 곳은 이미 하늘나라!"

■ 또 여기 있다 저기 있다고도 못하리니 하나님의 나라는 너희 안에 있느니라(눅 17:21).

1217

천국과 지옥은 실제로 존재합니다

당신은 지옥이 두렵습니까?

천국과 동시에 지옥도 실재합니다. 영원히 꺼지지 않는 풀무불에서 울며 이를 갈 날이 있으리라는 것은 사실적인 표현입니다. 지옥이 어떤 곳인지 안다면 예수님을 믿지 않고는 견딜 수가 없을 것입니다. 그래서 사탄은 최대한 지옥의 실재를 보여 주지 않으려 할지 모릅니다.

많은 현대인이 하나님을 믿지 않습니다. 천국도 믿지 않습니다. 지옥도 인정하려 들지 않습니다. 왜 그럴까요? 죄의식이 있기 때문입니다. 그래서 죄나 지옥이나 죽음에 대한 얘기를 하면 듣기 싫어합니다. 지옥에 관해 설교하면 기분 나쁘다고 말합니다. 모두 다 지옥에 갈 사람들이기 때문에 두려운 것입니다.

그러나 구원받은 크리스천들은 지옥에 대해 들어도 두렵지 않습니다. 구원이 심판을 초월하기 때문입니다. 주님이 다시 오셔서 우리를 영접하시고 구원해 주실 것을 믿기 때문입니다.

죄에 빠져 지옥에 갈 수밖에 없는 우리를 구해 주신 예수님을 구원자로 믿으십니까? 그리스도의 피로 의롭다 하심을 받았기 때문에 지옥은 더 이상 나와 상관없는 곳이 되었습니다.

■ 그러면 이제 우리가 그의 피로 말미암아 의롭다 하심을 받았으니 더욱 그로 말미암아 진노하심에서 구원을 받을 것이니(롬 5:9).

1218

동방박사의 예물

당신은 주님께 어떤 마음으로 예물을 드립니까?

동방박사들은 아기 예수를 위한 예물을 준비했습니다. 여기서 예배의 태도를 배웁니다. 참된 예배란 정성어린 예물을 드림으로써 하나님께 영광을 돌리는 것입니다. 구약에서는 타락하고 정성 없는 제물(祭物), 마음에 없는 안식일에 대해 하나님께서 진노하시는 모습이 나옵니다 (사 1:1-17).

오늘날 예배가 능력이 없고 감격과 기쁨이 없는 것은 진정한 예물이 없기 때문인지 모릅니다. 자존심만 강하고 욕심과 허영으로 가득 찬 크리스천이 많습니다. 그들은 아까운 마음에 인간적으로 계산된 헌금이나 예물을 드리는 경우가 많습니다. 아니면 아예 빈손으로 예배에 나갈 때도 있습니다. 지금껏 하나님께 드린 헌금에 감사와 감격의 눈물이 있었는지 생각해 보십시오.

예물이 있는 곳에 진정한 예배가 있습니다. 하나님께 예배드리러 나갈 때 정성이 담긴 예물을 준비하십시오. 참된 예배를 회복하고 예배의 감격과 기쁨을 경험할 것입니다.

■ 집에 들어가 아기와 그의 어머니 마리아가 함께 있는 것을 보고 엎드려 아기께 경배하고 보배합을 열어 황금과 유향과 몰약을 예물로 드리니라(마 2:11).

1219

성탄의 신비

성탄의 능력과 기쁨을 누리고 있습니까?

예수님께서는 성령으로 잉태되셨습니다(마 1:18-20). 하나님께서 인간의 몸 안으로 들어왔다는 것입니다. 이 사실을 받아들이는 사람만이 성탄을 기뻐할 자격이 있습니다.

또한 성령으로 잉태되었다는 말은 예수님에게는 죄가 없으시다는 것입니다. 모든 인간은 죄가 있습니다. 그것을 원죄라고 합니다. 그런데 예수님은 성령으로 태어났기 때문에 죄가 없습니다. 죄인은 죄인을 구원할 수 없습니다. 예수님은 죄가 없으시기에 우리를 구원할 자격이 있었습니다. 죄의 본능을 가진 인간은 더 높아지려는 성향이 있습니다. 그러나 예수님은 죄가 없기 때문에 더 낮은 곳으로 오셨습니다.

성령으로 잉태된 죄 없는 예수님께서 우리를 구원하시기 위해 가장 낮은 곳에 오셨습니다. 이것이 성탄의 신비입니다. 요셉은 의심하지 않고 성령의 신비를 믿었기 때문에 임신한 마리아를 데려왔고 위대한 예수님의 탄생을 직접 경험했습니다. 성탄의 신비를 믿으십시오. 성탄의 능력과 기쁨이 임할 것입니다.

■ 이 일을 생각할 때에 주의 사자가 현몽하여 이르되 다윗의 자손 요셉아 네 아내 마리아 데려오기를 무서워하지 말라 그에게 잉태된 자는 성령으로 된 것이라(마 1:20).

준비된 사람만이 누리는 기쁨

메시아를 기다렸던 시므온의 심정으로 날마다 주님을 갈망합니까?

드디어 때가 되어 시므온은 예수님을 만납니다. 예수 그리스도는 태어난 이후 팔일 만에 할례를 받으시고 모세의 법대로 결례를 행하기 위해 부모님과 함께 성전에 왔습니다. 그때 하나님께서 시므온에게 감동을 주셔서 시간에 맞춰 성전에 들어갔습니다. 시므온은 거기서 아이를 안고 하나님을 찬송하기 시작합니다.

시므온은 어떤 사람입니까? 첫째, 시므온은 예루살렘에 살았습니다. 그는 인생의 마지막에 메시아를 보기 위해 예루살렘에 살고 있었습니다.

둘째, 시므온은 경건하고 의로운 사람이었습니다. 험한 세상에서 의롭게 사는 것은 힘든 일입니다. 그러나 시므온은 언제나 하나님 앞에서 바른 자세를 가졌습니다.

셋째, 시므온은 이스라엘의 위로의 날을 기대하며 살았습니다. 메시아가 오실 것을 알고 날마다 기대했습니다.

넷째, 성령이 시므온의 위에 있다고 했습니다(눅 2:25). 그는 성령이 이끄시는 대로 순종하며 살았습니다.

성탄절은 시므온처럼 준비된 자에게 소망과 기쁨의 찬송이 됩니다. 성탄절은 주님께서 오신 것을 환영하고 찬송하는 날입니다. 성령은 기대하며 기다리는 자의 입술에서 찬송이 넘치게 하십니다.

■ 예루살렘에 시므온이라 하는 사람이 있으니 이 사람은 의롭고 경건하여 이스라엘의 위로를 기다리는 자라 성령이 그 위에 계시더라(눅 2:25).

1221

안나의 오랜기도

성탄절을 기다립니까? 왜 기다리고 있습니까?

바누엘의 딸 안나라는 여선지자가 있었습니다. 그녀는 죽기 전에 메시아를 만났습니다. 성경에 기록된 그녀의 행적을 따져 보면, 그녀는 결혼 생활을 7년 했고 84년 동안 과부로 살았습니다. 결혼해서 과부로 산 것까지 합치니 91년이고 시집을 최소한 15살에서 20살 사이에 갔다고 보면, 아마도 106세에서 110세 사이의 할머니였을 겁니다. 그러나 이 여자는 죽지 않았습니다. 왜냐하면 메시아를 봐야 했기 때문입니다.

성탄절은 예수님을 만나는 날입니다. 안나가 예수님을 기다림 끝에 만났듯이 우리도 이 성탄절에 메시아를 만나는 축복을 누릴 수 있습니다.

예수님에 대해 깊이 생각하지 못하고 성탄절을 지낼 때가 많습니다. 예수님은 과연 어떤 분이십니까? 메시아이신 그분은 하나님의 아들, 인류의 구원자, 이방인들에게는 계시의 빛, 이스라엘에게는 영광의 하나님입니다. 이분이 성탄절의 주인공이십니다. 우리 비전의 주인공이십니다. 그분을 찬양하십시오. 그분을 경배하십시오. 그분의 이름을 높이십시오. 성탄절의 주인공이신 예수님과 만나는 기쁨을 기대하며 기도하십시오.

■ 과부가 되고 팔십사 세가 되었더라 이 사람이 성전을 떠나지 아니하고 주야로 금식하며 기도함으로 섬기더니(눅 2:37).

1222
하늘에는 영광 땅에는 평화

내가 생각하는 영광은 어떤 방법으로 임합니까?

예수님께서 베들레헴 말구유에서 태어나셨을 때 이를 안 사람은 많지 않았습니다. 제일 처음 예수님의 탄생 소식을 들은 사람들은 들에서 양을 치는 목자들이었습니다. 갑자기 하늘에서 주의 영광이 비추면서 나타난 천사를 보고 목자들은 충격을 받습니다. 이때 천사의 음성이 들렸습니다.

"두려워하지 마라. 보아라. 내가 모든 백성에게 큰 기쁨이 될 좋은 소식을 너희에게 알려 준다. 오늘 구주이신 주 그리스도가 다윗의 동네에서 태어나셨다. 너희가 천에 싸여 구유에 누워 있는 아기를 볼 것인데 그것이 너희에게 표적이 될 것이다"(눅 2:10-12).

천사와 함께 큰 무리가 하나님을 찬양합니다. "지극히 높은 곳에서는 하나님께 영광이요 땅에서는 하나님의 은총을 입는 사람들에게 평화로다"(눅 2:13-14).

하나님께서 희생하셨고, 포기하셨고, 자기를 버리셨지만, 바로 그것이 하나님 나라의 영광이요, 기쁨이요, 승리였습니다. 이것이 성탄의 메시지입니다. 하늘의 영광은 가장 낮고 가장 겸손한 방법으로 임했습니다. 그러나 그 영광과 함께 우리는 어디서도 받을 수 없었던 평화를 누릴 것입니다.

■ 지극히 높은 곳에서는 하나님께 영광이요 땅에서는 하나님이 기뻐하신 사람들 중에 평화로다 하니라(눅 2:14).

1223

인류 최대의 축제

크리스마스를 어떻게 보낼 계획입니까?

성탄절을 영어로 '크리스마스'라고 합니다. 'Christmas'라는 단어는 '예수'라는 뜻의 'Christ'와 '예배'라는 뜻의 'Mas'의 합성어입니다. 그래서 온 인류가 크리스마스가 되면 예수님의 탄생을 축하하고 경배합니다.

예수 그리스도가 어떤 분이시기에 그분의 탄생을 축하합니까? 왜 지난 2천 년 동안 온 인류가 그를 경배하고 찬양하며 축제를 베풀었을까요? 만약 예수가 보통 인간이었다면, 만약 무덤에 2천 년 동안 갇혀 있는 분이라면 어느 누구도 성탄절을 이렇게 기억하지 않을 것입니다. 그러나 예수님은 부활하셨습니다. 그래서 세월이 갈수록 인류 역사 가운데 생생하게 나타나실 것입니다. 그분이 지금 우리에게 오셔서 우리의 예배를 받으시고 경배와 찬양을 받으십니다.

12월 한 달 동안 예수 그리스도의 탄생을 축하하기 위해 준비했습니까? 마음과 뜻과 정성을 다해 살아 계신 예수님과 더불어 복된 크리스마스를 맞이하십시오.

■ 오늘 다윗의 동네에 너희를 위하여 구주가 나셨으니 곧 그리스도 주시니라(눅 2:11).

1224

하늘의 영광은 거룩입니다

성탄의 거룩함과 찬란한 하늘의 영광을 경험했습니까?

하나님께서 왜 고통스럽고 슬픈 대가를 치르셨을까요? 사랑 때문입니다. 우리를 사랑하시기 때문에 예수님을 보내 주셨습니다. 그렇기 때문에 하나님 나라에서 예수님의 탄생은 승리요, 영광이요, 축제인 것입니다.

영광은 무엇입니까? 거룩입니다. 영광은 찬란한 빛입니다. 영광은 끝없는 사랑입니다. 영광은 생명입니다. 많은 교회가 크리스마스를 준비합니다. 우리는 예쁜 크리스마스 카드와 선물, 멋진 칸타타를 경험합니다. 그러나 하늘의 거룩은 경험할 수 없습니다.

예수님의 탄생을 축하하는 모든 사람이 제일 먼저 경험해야 할 것은 하나님의 거룩입니다. 육신의 눈으로는 볼 수 없는 찬란한 하늘의 영광을 경험하십시오. 찬란한 하나님의 거룩이 우리 안에 임재하기를 기도하십시오.

하나님의 영광이 임하면 어둠이 사라집니다. 어둠이 사라지면 질병, 저주, 가난, 절망이 사라집니다. 하늘의 영광은 우리를 거룩하게 만들 것입니다.

■ 서로 불러 이르되 거룩하다 거룩하다 거룩하다 만군의 여호와여 그의 영광이 온 땅에 충만하도다 하더라(사 6:3).

1225

화목제물 예수 그리스도

성탄절인 오늘 어떤 기도를 드렸습니까?

예수님은 우리의 화평이십니다. 둘을 하나로 만드십니다. 분열을 종식시키십니다. 원수를 친구로 만드십니다. 이 세상은 갈등, 분열, 미움으로 가득합니다. 이것을 종식시킬 분이 예수 그리스도입니다. 성탄은 하늘에서는 영광의 사건이요, 땅에서는 평화의 사건입니다. 예수님은 평화의 왕이실 뿐만 아니라 화목제물이십니다.

"그분은 우리 죄를 대속하는 화목제물이십니다. 그리고 우리 죄뿐 아니라 온 세상의 죄를 위한 제물이십니다"(요일 2:2).

구약 시대에는 제물의 피를 흘려 제사를 드렸습니다. 그러나 예수님께서는 직접 자신의 피를 흘리시고 화목제물이 되셨습니다.

화려한 음악이나 장식을 본 것으로 오늘을 끝내지 마십시오. 이번 성탄절이 다 지나기 전에 예수님을 만나기를 기도하십시오.

"하나님, 하나님 나라에 있던 그 영광과 거룩을 조금이라도 경험하게 하옵소서. 그 빛이 내 안에 들어오게 하옵소서."

"이 땅에는 전쟁, 기아, 갈등, 폭력, 분리가 있습니다. 예수님께서 가시는 곳마다 평화가 이루어지고, 우리로 하여금 평화의 사도가 되게 하옵소서."

■ 그는 우리의 화평이신지라 둘로 하나를 만드사 원수 된 것 곧 중간에 막힌 담을 자기 육체로 허시고 법조문으로 된 계명의 율법을 폐하셨으니 이는 이 둘로 자기 안에서 한 새 사람을 지어 화평하게 하시고 또 십자가로 이 둘을 한 몸으로 하나님과 화목하게 하려 하심이라 원수 된 것을 십자가로 소멸하시고(엡 2:14-16).

1226

믿음의 능력

불가능한 일을 만나면 어떻게 합니까?

일이 어렵고 힘들면 불평하고 포기할 때가 많습니다. 불가능한 일 앞에서 무기력해지곤 합니다. 그런데 여리고 성 사건을 보십시오.

이스라엘 백성은 하나님 말씀에 순종하여 하나님께서 직접 여리고 성을 무너뜨리는 것을 목격했습니다. 하나님께서 역사에 직접 개입하셨습니다! 믿음을 가지고 불가능에 도전하십시오. 두려워하지 말고 어차피 무너뜨려야 할 성이라면 과감하게 도전하시기 바랍니다. 인간의 판단에 의지하지 말고 하나님 말씀을 믿고 따른다면 하나님께서 우리에게 창조의 능력을 주실 것입니다. 그 능력을 잡고 도전할 때 기적이 일어납니다.

바울은 어떤 경우에도 지치거나 절망하지 않습니다. 감옥에 갇혀 어려움을 겪어도 끝까지 불평하지 않았습니다. 크신 하나님의 능력을 굳게 믿었기 때문입니다. 바울은 자신이 겪은 고난의 강도만큼 위대한 작품을 만들어 냈습니다. 그의 꿈은 멈추지 않고 계속되었습니다. 끊임없이 도전하고 모험했습니다. 하나님께서는 바울이 가졌던 믿음을 우리에게도 주셨습니다. 포기하지 마십시오. 하나님 말씀의 능력을 믿으십시오.

■ 이르시되 너희 믿음이 작은 까닭이니라 진실로 너희에게 이르노니 만일 너희에게 믿음이 겨자씨 한 알 만큼만 있어도 이 산을 명하여 여기서 저기로 옮겨지라 하면 옮겨질 것이요 또 너희가 못할 것이 없으리라(마 17:20).

1227

기도하는 삶을 사십시오

오늘 몇 번이나 기도했습니까?

예수님의 생애는 기도로 가득 차 있었습니다. 겉으로 나타난 기적 이면에는 언제나 기도가 있었습니다.

신앙의 깊은 경지에 들어가 보면, 기도와 삶은 구분되지 않습니다. 삶과 동떨어진 기도는 존재하지 않습니다. 관념적이고 습관적이며 허공에 뜬 기도는 아무 소용이 없습니다. 예수님께서는 인간의 생각이나 느낌이 아니라 원칙과 기준에 맞는 기도를 권하셨습니다.

인간은 기도를 통해 하나님께 나아가고, 하나님께서는 말씀과 성령을 통해 응답하십니다. 기도하는 것과 생각하는 것은 엄청난 차이가 있습니다. 생각을 하면 인간이 보이고, 기도를 하면 하나님이 보입니다. 생각을 하면 인간이 움직이고, 기도를 하면 하나님께서 움직이십니다. 생각하는 사람은 남을 비판하고 열등감을 느낍니다. 그러나 기도하는 사람은 다른 사람들을 기쁨으로 섬깁니다. 비교 의식과 열등감의 나락에 빠지지 않습니다. 예수 그리스도와 함께 영광의 삶을 살게 됩니다. 이것이 바로 기도의 비밀입니다.

■ 무리를 보내신 후에 기도하려 따로 산에 올라가시니라 저물매 거기 혼자 계시더니 (마 14:23).

1228

심혈을 기울여 기도하십시오

천군 천사가 내 기도를 돕는 것을 느낍니까?

기도하기를 멈추지 말아야 합니다. 사탄은 기도하지 못하도록 우리를 유혹하고 방해합니다. 그러나 우리는 자신을 이기고 육체의 본능을 꺾고 기도해야 합니다. 고난이 깊을 때 두려워하지 마십시오. 우리는 홀로 있는 게 아닙니다. 참된 기도는 천군 천사가 도와줍니다. 참된 기도란 자신의 뜻을 하나님의 뜻으로 바꾸는 것입니다. 우리가 심혈을 기울여 기도할 때 천군 천사가 와서 격려하고 돕습니다.

우리의 문제는 기도하지 않는 데 있는 게 아닙니다. 적당히 기도하는 데 있습니다. 사생결단으로 기도할 때 인생의 겸손함과 진지함이 있고 마음의 청결함이 있습니다.

지금은 기도할 때입니다. 자녀들을 위해, 나라를 위해 기도할 때입니다. 게으르거나 영적으로 잠들지 말고 함께 깨어나 기도할 때입니다.

■ 천사가 하늘로부터 예수께 나타나 힘을 더하더라(눅 22:43).

1229

인생의 분기점

내 인생의 분기점은 언제였습니까? 그 후 어떻게 달라지고 있습니까?

크리스천은 삶의 분기점이 있습니다. 예수님을 믿고 하나님의 자녀가 되었다면 우리 삶에는 반드시 놀라운 분기점이 있습니다. 예수님을 믿고 나서도 아무런 분기점, 반환점, 변화 없이 믿기 전과 마찬가지로 살고 있다면 불행한 크리스천입니다.

진정 하나님을 만난 사람은 지나온 과거에 얽매이지 않고 미래를 바라봅니다. 과거를 깨끗이 청산하지 않은 사람은 미래로 나갈 수 없기 때문입니다. 과거의 상처, 아픔, 불행을 끌어안고 사는 사람들이 있습니다. 그러면 현재가 불행합니다. 미래가 열리지 않습니다.

예수님을 믿는다는 것은 불행한 과거를 끊는 일입니다. 옛사람을 벗어 버리는 것입니다. 나의 과거를 십자가에 못 박는 것입니다. 그리고 거듭난 내가 다시 시작하는 것입니다. 다시는 과거를 기억하지 마십시오. 슬프고 고통스러우며 불행했던 과거를 묻어 버리고 새롭게 변화된 미래를 향해 가십시오.

이제 우리는 신분도, 위치도 변했습니다. 인생이 변한 것입니다. 신앙이란 발전하는 게 아니라 변하는 것입니다.

■ 예수께서 이르시되 손에 쟁기를 잡고 뒤를 돌아보는 자는 하나님의 나라에 합당하지 아니하니라 하시니라(눅 9:62).

거룩과 순결을 지키십시오

내 삶은, 우리 교회는 거룩하고 순결합니까?

하나님의 관심은 우리가 무슨 일을 얼마나 많이 하는가에 있지 않습니다. 우리가 얼마나 거룩하고 흠 없는 하나님의 자녀인가에 있습니다. 수많은 우상과 돈의 위력이 판치는 세상 가운데서 교회와 성도는 거룩한 하나님의 신부로 살아가는가 하는 것입니다.

거룩과 순결을 지키기 위해서는 많은 희생을 치러야 합니다. 순결을 지킨다는 것은 유혹을 포기하고, 쾌락을 포기하고, 이익을 포기하는 것입니다. 그런데 교회가 순결하지 않은 모습을 변명합니다. 교회 일을 하고 주님의 일을 하는데 이 정도는 괜찮다고 생각합니다. 그런 생각 때문에 양심과 도덕이 무뎌져 갑니다.

교회에 거룩이 없으면 세상에 영향력을 끼칠 수 없습니다. 가짜 꽃은 영향력이 없습니다. 하지만 들에 핀 민들레는 비록 작고 초라할지라도 생명력이 있습니다. 교회는 규모가 중요하지 않습니다. 얼마나 거룩하고 순결하냐가 중요합니다. 외로움과 고독과 갈등 속에서도 교회의 본질은 거룩과 순결입니다. 교회의 본질을 지켜나가야 할 책임이 우리에게 있습니다.

■ 기록되었으되 내가 거룩하니 너희도 거룩할지어다 하셨느니라(벧전 1:16).

1231

시간을 아끼십시오

한 해를 돌아볼 때 헛되게 사용한 시간들이 있었습니까?

현대인의 특징 중 하나는 허무함, 권태, 무료함입니다. 그래서 삶의 의미를 찾지 못하는 사람은 시간을 계속 죽입니다.

시간을 아끼라는 말 속에는 '종말론적 시간을 살라'는 뜻이 있습니다. 역사는 시작이 있었으므로 반드시 끝도 있습니다. 내가 미래로 가는 것이 아니라, 하나님께서 약속하신 종말이 내게로 점점 다가오는 것입니다. 그래서 시간을 아끼라고 했습니다. 이 '시간' 안에 구원이 있습니다.

'시간을 아낀다'는 말은 무슨 의미입니까? 전도서에 나오는 '일할 때와 쉴 때', '사랑할 때와 미워할 때', '가질 때와 버릴 때'라는 말씀처럼 '때'를 아는 것입니다. 때를 알면 시간을 그냥 흘려보내지 않습니다.

시간을 흘려보내지 않으려면 성령 충만해야 합니다. 성령 충만한 사람은 성령 안에서 성령님과 함께 성령님을 따라 살아갑니다. 성령 충만하면 지혜로워질 것입니다. 하루의 시간을 죽이지 말고, 흘려버리지도 마십시오. 시간을 살리십시오. 올해를 마감하는 이 시간에 헛되게 사용한 시간을 돌아보며 반성하십시오. 그리고 내년부터는 하나님께서 주실 시간을 헛되이 사용하지 않겠다고 다짐하십시오.

■ 그런즉 너희가 어떻게 행할지를 자세히 주의하여 지혜 없는 자 같이 하지 말고 오직 지혜 있는 자 같이 하여 세월을 아끼라 때가 악하니라(엡 5:15-16).

| **자세히 보는 목차** |

1월 · 감사의 저녁

2월 · 소망을 이루기 위한 연습

3월 · 만물이 소생하는 기쁨

4월 · 하나님의 손을 잡고

5월 • 가정은 모든 복의 근원

6월 • 하루를 마무리하는 기도

9월 · 감출 수 없는 사랑

10월 · 참된 순종을 실천하는 삶

11월 · 사랑보다 큰 것은 없다

12월 · 또 다른 저녁을 준비하며